KB206938

남북통일, 해야 하는가?

남북통일, 해야 하는가?

안두순 지음

한국문화사

지은이 **안두순** dsahn@uos.ac.kr

독일 보쿰의 루르 대학교(Ruhr-University Bochum)에서 경제학을 공부하고 동 대학원에서 경제학 석사와 경제학 박사 학위를 취득하였다.

석사 학위 취득 후 루르 대학교 부설 발전연구소에서 연구원으로 활동하면서 동남아 여러 나라의 현지 체류를 통한 연구과제를 수행하였고 독일 개발협력성과 UN 아시아-태평양 경제사회이사회(ESCAP) 등에서도 연구용역 과제를 수행하였다.

1981년 귀국한 이래 서울시립대학교에서 경제학부 교수로 봉직하다 2012년 2월 퇴임하여 현재는 서울시립대학교 명예교수, 중앙노동위원회 공익위원, 한국기술교육대학교 이사 등으로 활동 중이다.

저서로는 『국제 합작투자』, 『후진국 간의 경제협력』, 『한국경제 구조 분석』 등에 관한 몇 권의 독일어 저서와 다수의 논문, 그리고 국내에 와서 『거시경제학』, 『경제정책론』, 『독일의 경제정책』, 『한반도 통일과 경제통합』, 『사회적 시장경제(편저)』, 『21세기 한국인의 삶의 질(편저)』 『혁신의 경제학』 등의 한국어 저서가 있고 몇 권의 번역서와 다수의 논문이 있다.

그동안 활발한 통일 관련 학술활동 및 다수의 논문을 통해서 한반도 통일 기반 조성에 대한 공로로 2000년 대한민국 정부로부터 대통령 표창을 받았다.

남북통일, 해야 하는가?

1판 1쇄 2012년 3월 10일
1판 2쇄 2018년 6월 30일

지 은 이 안 두 순
펴 낸 이 김 진 수
펴 낸 곳 **한국문화사**
등 록 1991년 11월 9일 제2-1276호
주 소 서울특별시 성동구 광나루로 130 서울숲 IT캐슬 1310호
전 화 02-464-7708
팩 스 02-499-0846
이 메 일 hkm7708@hanmail.net
홈페이지 www.hankookmunhwasa.co.kr

책값은 뒤표지에 있습니다.

ISBN 978-89-5726-950-3 03300

■ 머리말

필자는 1989년 11월, 베를린 장벽이 붕괴된 직후인 1990년 1월 동독지역을 순회할 기회를 가졌다. 당시 동독지역은 아직 체제붕괴의 소용돌이 속에서 무질서가 지배하고 모든 동독인들은 시름과 불안으로 우왕좌왕하던 때여서, 동독지역 순회는 나에게 평생 잊지 못할 깊은 인상을 남겼다. 이 기회는 독일의 에버트 제단(Friedrich-Ebert-Foundation)이 마련해 주었다.

순회 도중 많은 동독인들과 대화를 나누며 '폐허' 같았던 동독경제의 현주소를 파악할 수 있었다. 여기에서 일깨워진 나의 독일통일에 대한 관심은 자연스럽게 한반도 통일에 대한 관심으로 이어졌다.

당시 내가 독일통일의 현장에서 얻은 인상과 느낌, 그리고 한반도 통일에 대한 열망은 여행 중의 르포, 칼럼, 그리고 귀국 후 각종 학술대회에서의 발표와 토론의 밑거름이 되었다. 그 중 나름대로 언론과 학계의 주목을 받은 것으로는 '한반도 통일비용'과 '북한 경제특구 가설'도 포함된다.

1990년 한 월간지에 발표한 '한반도 통일비용'은 학회지가 아닌 월간지에 발표되었음에도 발표 이후 여러 학자들과 연구기관들의 후속 연구를 촉발시켰고 일본의 경제신문에도 소개되는 관심을 누렸다. 이는 국내에서 최초로 체계적으로 이루어진 '통일비용 시산'이라는 점을 인정받았기 때문으로 생각된다.

'북한 경제특구 가설'은 북한 체제가 예측되지 않은 상태에서 갑자기 붕괴된다는 만약의 경우를 상정한 가상적 상황의 대응방안으로 제시된 것이다. 수차례에 거쳐 여러 학술회의에서 간헐적으로 발표되던 것을 1994년 독일 라이프찌히(Leipzig)에서 있었던 '한국의 발전과 통일'에 대한 한·독 심포지엄[1]에서 좀 더 체계화시켜 하나의 비상계획(contingency plan)으로 발표했다. 이 '북한 경제특구 가설'은 최소한 두 가지 서로 다른 이유로 많은 비판을 받았다. 한 편에서는 북한의 붕괴를 통일정책의 목표로 삼는다는 오해를 불러일으킬 수 있다는 모형의 특성 때문에, 다른 편에서는 북한을 압박할 것이 아니라 적극적으로 도와주어야 한다는 이 가설의 결론이 마치 북한을 비호하는 듯한 인상을 준다는 이유로 비판을 받기도 했다.

찬반양론에 휩싸인 것이 어찌 이상 두 글뿐이겠는가? 이번에 정리된 것들을 포함, 한반도 통일과 관련된 필자의 모든 글들은 찬사와 비판을 동시에 받았고 앞으로도 받을 것이다. 그리고 필자는 이를 큰 영광으로 생각한다.

여기에 수록한 글들은 대부분 1990년부터 1996년 사이에 쓰인 것들이다. 왜 20년 전의 글들을 다시 모아서 펴내는가? 한반도 상황에 대해서 가끔 답답함을 느끼면서 무언가 말을 하고 싶은데 더 이상 할 말이 없다. 이미 다 해버렸기 때문이다. 그래서 지난 글들을 여기에 다시 모았다. 여기에 실린 많은 주장과 내용들은 현 시점에서 보아도 전혀 진부한 것도

[1] Ahn, Doo-Soon(1994), *Das Deutsche Schock-Modell: Seine Abschreckende Wirking auf Korea*, Economic Development and National Unification, Korea-German Symposium organized by Friedrich-Ebert-Stiftung Büro Leipzig, Leipzig October 21~23 1994, Mimeo.

아니고 시의성을 상실하지도 않았다고 생각하기 때문이다.

20년 전에 쓰인 것들이지만 지금에 와서도 어색하지 않고 또 현시점에서 새로이 쓰려 해도 별반 달리 쓸 내용이 없다면 이는 필자의 자만이다. 그러나 당시 피력되었던 필자의 견해나 주장 중 일부는 당시 아무나 생각할 수 없었던, 아니면 터부시되어 입 밖에 내지 못했던, 그래서 참신하고 기발했으며 때로는 '위험한' 것들도 없지 않았다.

남한주민들에게 자유롭게 북한 방문을 허용하자는 것, 북한 주민들이 남한에 와서 직접 경제활동을 하도록 허용하여 남한의 자유와 풍요를 직접 체험하도록 하자는 것, 만약 북한이 붕괴되면 남한을 포함한 한반도 전체의 재앙으로 이어질 수 있으니 북한체제의 갑작스러운 붕괴를 촉진시키면 안 된다는 등의 주장은 당시로서는 쉽게 펼 수 있는 것들이 아니었다. 남북경협 활성화를 위해서 정경분리원칙을 적용하고 핵문제와 분리시키자는 주장 역시 당시로서는 용기를 필요로 하는 것에 속했다.

이 책의 제목 '남북통일, 해야 하는가?'는 필자가 마치 통일의 필요성에 부정적인 듯한 인상을 줄지 모른다. 그러나 그렇지 않다. 필자도 대한민국의 대다수 국민이 그러하듯이 통일을 간절히 원한다. 다만 아무런 준비도 노력도 없이 "우리의 소원은 통일"이라고 구호만 외친다든지 "북한이 망하면 통일은 저절로 된다"는 식의 앞뒤 분간을 못하는 무분별한 주장들에 대해서는 경계심을 가지고 있다.

필자가 이 책을 엮은 목적은 단 하나, 통일을 어떻게 준비하고 또 혹시라도 준비 없는 상황에서 통일이 우리에게 다가오면 어떻게 대처할 것인지를 미리서 고민하자는 것이다. 필자가 여러 글에서 반복적으로 경계하는 바는 '통일은 지상 과제'라고 구호로만 외치거나, '우리끼리 잘살면 되지 통일은 왜?'라는 통일 거부감이다. 통일은 때가 되면 저절로 올 것이라는 막연한 기대 역시 무책임한 것이다.

20년 전에는 '통일이 왜 안 되는가?'가 핵심이었다면 이제는 '과연 우리는 통일을 원하는가?'에 초점이 맞추어진 느낌이다. 여기 피력된 논리나 주장이 얼마나 현실성 있고 실현 가능한지를 따지는 것은 논외로 치고 한반도의 더 밝은 장래를 위한 아이디어 차원에서 누군가가 참고해주기를 바랄 뿐이다.

이 책은 총 5부로 구성되어 있다. 글을 발표 순서대로 배열할까도 생각했지만 논리의 흐름을 고려하여 발표일자를 무시하고 주제별로 배치하였다.

제1부 한반도의 통일의식을 일깨운 독일통일 소식에서는 먼저 독일의 통일을 가능케 했던 시대적 역사적 배경을 국제지정학적 맥락에서 살펴본다. 막강한 경제력의 뒷받침 없이는 불가능했던 동서독 통일과, 그러나 통일은 결코 시대적 조류나 경제력이 만드는 것은 아니라는 점을 서독의 꾸준한 교류협력 정책을 통해 강조하고 한반도에도 독일의 충격요법식 통일이 가능하며 또 바람직한 것인지를 살펴본다. 여기에서 독자들은 20년 전에 전개된 통일담론을 오늘날의 시각에서 재조명해 보기를 기대한다.

제2부 동독 패망 원인과 통일후유증에서는 독일이 통일 후 겪었던 소위 통일후유증에 대해서 알아보고 이를 어떻게 극복했으며 그 과정 중에 어떠한 어려움들이 있었는지를 주로 르포 형식으로 다루었다. 후유증이라는 단순한 현상에 집중하지 않고 그 배경을 사회주의 계획경제가 남긴 유산에서 찾음으로써 장차 남북한 간의 경제통합에서 어떠한 난관을 극복해야 하는지에 대해 예상해 본다.

제3부 통일비용, 무엇이며 왜 필요한가? 에서는 '통일비용'이 무엇이며 왜 그에 대한 논의가 필요한지에 초점을 맞춘 글들을 모았다. 이러한 글들을 통해서 필자가 '한반도 통일비용'을 발표한 이래 그 동안 감상론에 치우쳤던 통일논의가 어떠한 변화를 보였으며 어떠한 오해를 일으켰는지에 대한 견해도 읽을 수 있다. 아울러 통일비용은 단순히 소모적인 부담이 아니라 미래를 위한 투자라는 점, 따라서 통일비용을 줄이기 위한 꾸준한 남북경협 추진이 중요한 통일준비라는 점을 부각시킨다.

제4부 만약 북한 체제가 붕괴된다면…에서는 준비 없는 상태에서 만약 한반도에 독일식 '흡수통일'이 될 때 어떤 위험성이 도사리고 있는지를 밝히고 이런 위험 방지를 위해서 적극적인 교류와 협력이 시급함을 강조한다. 그러나 '만약의 경우' 불가항력적으로 급진적 통일기회가 올 경우에 대비한 구상으로 소위 '경제특구 가설'에 대한 글들을 모았다. 이 구상은 추진 목표가 아니며 만약을 위한 하나의 '위기관리계획(contingency plan)'이며 긴급 상황이 벌어졌을 때 '과정의 통제'를 통해 점진적인 경제통합을 지향해야 함을 강조한다.

제5부 남북 교류와 접촉 지렛대로서의 경협에 실린 글들은 남북경협의 필요성을 반복적으로 강조하고 어떻게 하면 남북 간에 실효성 있는 성과로 연결될 수 있는지에 대한 방법도 제시된다. 북한의 독특한 사회주의식 경제관리 방식을 서술하고 북한의 자구노력 지원을 포함한 여러 경제협력 방식을 검토했다. 여기에서는 핵문제를 포함, 조건부적 상호주의를 탈피해야만 북한을 개혁과 개방으로 이끌 수 있다는 필자의 견해가 강조된다. 제안 중에는 남한의 북한진출에만 매달릴 것이 아니라 북한의 남한진출을 유도하여 접촉의 기반을 넓히자는 것도 있다. 예를 들어 북한 특산품 등을 판매하는 점포가 남한에 개점하면 장차 북한 상업대표부로서의 역

할로 발전할 수 있지 않을까 하는 필자의 기대가 숨어있다.

여러 글들을 모으다 보니 중복된 부분이 있어 이를 삭제하고 오탈자나 문장을 약간 손을 본 것 외에 원래 발표했던 글들의 원형을 가능하면 유지하도록 하였다. 여러 해에 걸쳐서 다양한 매체에 발표했던 글들인 관계로 어느 정도의 교정작업에도 불구하고 문체나 표현이 일관적이지 못한 부분이 없지 않다. 일부 중복된 내용들도 있을 것이며 서로 상충되는 듯한 부분도 없지 않을 것이다. 이점 독자들의 양해를 바란다.

원래 논문 형식으로 발표된 글들은 칼럼이나 에세이 형식으로 바꾸려 시도했다. 따라서 참고문헌과 인용문의 출처는 물론이고 자료원의 제시나 처리에 있어서 학술논문이 요구하는 엄격성은 지키지 못하였음을 밝혀둔다.

나에게 학부부터 박사학위까지 독일에서 전 과정을 무사히 마치도록 전액장학금을 지원해 준 독일의 에버트 제단(Friedrich-Ebert-Foundation)이 20여 년 전 또다시 독일통일의 현장을 볼 기회를 마련해 준 데 대해 이 지면을 통해 다시 한 번 감사드린다.

이 책의 출판을 기꺼이 맡아준 한국문화사의 김진수 사장님과 김태균 부장님, 이지은 대리, 그리고 편집부 여러분에게도 역시 감사드린다.

2012년 2월 29일

안 두 순

■ 차례

제1부

독일통일에서 한반도가 배울 것들

독일의 통일은 한반도 통일 논의에 어떤 영향을 미쳤는가? 독일의 통일 소식을 접한 한국 언론들의 보도나 논평들은 한반도에도 통일기운이 일어날 수 있으리라는 기대 섞인 감성적 색채가 강했다.

당시 동독인들은 정치적 통일이 안 되면 스스로 동독을 버리고라도 서독과 하나가 되기를 갈구하고 있기에 통독은 돌이킬 수 없는 대세임을 전해들은 한국에서는 한반도에도 기회가 어느 날 갑자기 닥칠지 모른다는 기대감을 나타내기도 했다. 또한 우리도 한반도 평화구조 창출에 도움이 되도록 하루빨리 우리 내부의 구조적 혼미부터 극복해야 한다는 다짐도 있었다.

이처럼 독일통일은 한반도 통일에 대한 본격적인 논의를 촉발시켰고 일반 국민들에게도 새로운 관심을 불러일으켰다.

여기에 실린 글들은 대부분 베를린 장벽이 붕괴된 직후인 1990년대 초반에 쓴 것들로 당시 독일통일 과정을 바라보며 느낀 한국인들의 감상과 분위기를 전하면서 통일을 달성한 독일의 저력이 어디에 있는지를 살펴보는 내용을 담고 있다.

독일통일의 숨 막혔던 순간들*

독일통일은 1990년 10월 3일에 동독지역의 5개주가 독일연방공화국(서독)에 가입함으로써 이루어졌다. 그러나 양 독일 간의 실질적인 통합은 이미 1990년 7월 1일에 '제1차 국가조약'의 발효로 달성되었다. 정치적 통일 이전에 이처럼 쉽게 경제통합이 선행될 수 있었던 것은 무엇 때문인가? 그 이면에는 서독의 꾸준한 인내와 치밀한 준비가 있었기 때문이다. 독일통일의 특징을 좀 더 확실히 하기 위해서 먼저 그 숨 막혔던 과정을 살펴보자.

1 통일의 전야, 베를린 장벽의 붕괴

독일통일의 첫 신호탄은 1989년 11월 9일 베를린 장벽의 붕괴였다. 유럽에서 동서냉전의 상징물이었던 베를린 장벽은 어떻게 무너졌는가? 이

* "독일통일의 경험이 남북한 경제통합에 주는 교훈 – 경제통합을 중심으로", 박기덕 · 이종석 편, 『남북한 체제비교와 통합모델의 모색』, 세종연구소(1995), 115~170쪽 중 일부.

사건이 가능했던 것은 탈냉전 추세와 동독국민의 개방압력 때문이었다.

동유럽국가 중 가장 먼저 체제개혁에 앞장섰던 헝가리는 1989년 5월 2일 오스트리아와의 국경을 개방하였다. 이때 헝가리에서 여름휴가를 보내던 약 900명의 동독국민들이 8월 19일 개방된 국경을 넘어 오스트리아를 거쳐 서독으로 탈출하였으며 시간이 갈수록 그 숫자는 증가했다. 체코와 폴란드에서 여름휴가를 보내던 동독인들도 곧 체코와 폴란드 주재 서독 대사관에 몰려가 서독으로의 탈출을 시도하였다. 10월 4일에는 체코의 프라하로부터 약 1만4000명의 동독인들이 특별열차편으로 서독으로 이주하였다.

이런 와중에 1971년 5월부터 동독을 통치해 오던 호네커 독일 사회주의통일당(SED) 서기장이 개혁과 개방 압력에 밀려 1989년 10월 18일 축출되고 크렌츠가 동독의 새 지도자가 되었다. 그는 당시 진행 중이던 소련식 개혁을 정책목표로 내세워 국민들에게 동독을 떠나지 말 것을 호소하는 한편, 11월 8일 개혁파인 신임 정치국원 모드로프를 새 내각 수상으로 지명하였다. 이런 상황에서 동독정부는 11월 9일 1961년에 설치하였던 분단의 벽을 허물었고, 베를린 장벽의 붕괴는 독일통일의 시발점이 되었다.

베를린 장벽 붕괴 다음날 동독 공산당은 자유선거 실시, 여행규제 철폐, 경제정책 전환 등 대대적인 개혁안을 발표하였고 1989년 11월 17일에는 모드로프 내각이 구성되었다. 개혁파 모드로프는 일련의 개혁안을 발표하면서 동서독 간의 '계약공동체'를 제안하였다. 이어서 11월 23일에 서기장 크렌츠는 공산당의 국가지배를 규정하고 있는 동독헌법 제1조를 폐기할 용의가 있다고 밝혔다.

2 콜 수상의 '10개항 프로그램'과 모드로프 수상의 '4단계 통일방안'

이러한 일련의 사태에 대해 서독의 입장은 어떠했는가? 서독의 콜 수상은 1989년 11월 중순까지 통일보다는 동독의 안정을 중시하는 입장이었다. 그러나 상당수의 서독인들은 이 시기를 통일을 위한 절호의 기회로 보고 이 기회를 포착할 것을 촉구하였다. 실제로 호네커 정권 몰락에 따른 권력 공백, 그 이후 일어난 동독 정계의 개혁과 개방 조치들, 소련의 개혁정책에 대한 불확실성 등은 동서독 국민들의 통일에 대한 기대감을 크게 고조시켰다.

이러한 상황에서 서독 수상 콜의 반응은, 특히 동독의 국민들에게는 실망스러운 것이었다. 그는 1989년 11월 28일 연방의회에서 동서독 관계에 관한 소위 '10개항 프로그램'을 밝혔다.

이 프로그램은

- 동독에 대한 즉각적이고 구체적인 원조,
- 동서독 간 협력 강화, 동독 공산당의 권력독점 종식,
- 동독의 자유선거 실시와 계획경제 폐지,
- 연방제 창설을 목표로 한 국가연합구조 형성,
- 유럽공동체 내에서의 동서독관계 발전,
- 유럽안전협력회의의 역동적 추진,
- 군축 및 군비통제의 지속적 추진

등을 주요내용으로 하고 있다.

콜 수상의 '10개항 프로그램'은 서독의 기존 통일정책 요소들을 재정리한 것일 뿐 새로운 내용은 없었다. 특히 연방제 실시 전 단계인 '국가연합구조'의 형성을 위한 구체적인 일정이나 계획도 제시하지 못하고 다만 '재통일, 즉 독일의 국가적 단일성 회복' 대신 '동서독 간에 가능한 한 방해받지 않는 통행이 이루어지게 하는' 단기적 목표에 초점을 맞춘 것이었다. 이로 미루어 이때까지 콜 정부는 통일에 대한 의지도 구상도 없었다고 판단된다.

그러나 상황이 그처럼 안이한 자세를 용인하지 않았다. 베를린 장벽 붕괴로 독일 내에서 통일의 열기가 달아오르고 특히 동독의 라이프찌히에서는 1990년 1월 8일 약 20만 명의 시민이 참가한 대규모 시위가 열렸다. 반공과 통일을 요구하는 대규모 시위는 즉시 타 지역으로까지 확산되자 그 동안 통일에 관한 논의 자체를 '성급하고 위험스러운 발상'이라고 거부하던 동독정부도 태도를 바꾸지 않을 수 없게 되었다. 통일에 대한 동독주민들의 고조된 열망에 놀란 동독 공산당의 반응은 즉각적이었다. 즉, 크렌츠의 뒤를 이어 공산당 제1서기가 된 기시(Gysi)는 통일을 반대하지 않는다고 발표하기에 이르렀고 동독에서의 자유총선거를 1990년 3월 18일로 원래 계획보다 두 달 앞당겨 실시하고 대 연정을 구성하겠다고 약속하였다.

그 와중에 모드로프 수상은 소련으로부터 자신의 통일구상에 대한 동의를 얻는데 성공하였다. 이에 따라 그는 1990년 2월 1일 동베를린에서 '4단계 통일방안'을 제시하였다.

'4단계 통일방안'의 주요 내용은

- 계약 공동체로서 협력과 선린관계에 관한 조약 체결,

• 공동의 기관을 갖는 국가연합 형성,
• 국가연합 권력기관으로 양국의 주권 이양,
• 양측에서의 선거를 통한 독일연방국가 창설 및 단일의회 구성

등이었다.

'4단계 통일방안'은 과도체제로 국가연합을 구성한 후 단일 연방국가를 창설한다는 점에서 콜 수상의 '10개항 프로그램'보다 통일방안을 더욱 구체화시킨 것이다. 또한 콜 수상의 통일안은 독일이 통일 이후에도 서방의 일원, 즉 NATO에 남는 것을 전제로 하였으나 모드로프 수상의 '4단계 통일방안'은 독일은 동서 진영에 대해 군사적 중립을 전제하고 있었다.[1]

3 동독에서의 자유총선거와 조기통일론의 득세

콜 수상은 모드로프의 제안이 자신의 제안보다 진일보 한 것이며 동독 측의 통일에 대한 의지가 강함을 알아차리자 1990년 2월 자신의 통일정책을 수정하였다. 즉, 조기통일 달성으로 전략을 수정한 것이다. 이러한 콜 수상의 통일정책 전환에는 다음과 같은 배경이 있다.

첫째, 콜 수상은 1990년 12월로 예정된 서독 연방하원 선거에서 자신의 정치적 위상 강화를 위해서 통일추진을 서두를 필요가 있었다.

둘째, 1990년 2월 모스크바 회합에서 콜과 고르바초프는 '통일문제의 결정권은 독일인에게 있으며, 독일인 스스로가 통일의 시점과 방법을

[1] 모드로프의 동서독 군사적 중립 안에 콜 수상은 즉각 반대의사를 표명하였다.

결정해야 한다'는 점에 합의하여 독일인들의 의지에 따른 통일 가능성을 열어놓았다.

셋째, 서독정부는 조기통일에 따른 문제점들을 인식하고 있었으나 혼란으로 치달을 위험성을 내포한 동독의 정치 경제적 상황이 빠른 조치를 취하는 압력으로 작용하였다.

넷째, 독일의 재통일이라는 역사적 업적으로 통일독일의 첫 수상이 되려는 콜 수상의 개인적인 야망이 있었다.

이와 같은 배경에서 조기통일을 목표로 정한 콜 수상은 1990년 3월 18일 58년 만에 처음 실시된 동독의 총선에서 동독 기민당을 적극적으로 지원하였다. 총선 결과 제1당이 된 기민당의 드 메지에르 당수가 사민당과의 연정 내각 수상이 되었다. 이 총선 결과는 콜 총리의 입지를 강화시키는 것이었다.

4월 12일 출범한 동독의 새 정부는 동서독 통합에 관한 기본원칙과 청사진을 담은 '국가조약'을 발표함으로써 독일통일은 구체적 실현단계로 접어들었다. 이 '국가조약'의 핵심은 동서독 간의 '제1차 국가조약' 시기를 7월 1일로 확정하고, 서독 기본법 제23조에 따라 정치통합을 실현하기로 한 것이다. 이는 그동안 동서독이 대등한 관계에서 새로운 헌법에 따라 통합할 것을 주장했던 사민당의 총선 패배로 동독인들의 조속한 통일요구가 관철된 결과가 되었다. 또한 군사동맹 문제와 관련, 동독의 새 정부는 '유럽안보체제가 성립될 때까지 과도기동안 NATO에 잔류한다'는 입장을 밝혀 통일에의 걸림돌 하나를 제거하였다.

4 '2+4 회담'과 주변 열강의 통일 승인

독일은 2차 대전의 패전국이다. 종전과 함께 독일은 전승 4개국에 의해서 분할 점령되었다. 즉, 전쟁에 승리한 미국, 영국, 프랑스, 소련 등 4국은 대전 종료와 더불어 전 독일 및 베를린에 대한 전승국으로서의 권리와 책임을 보유하고 있었다. 따라서 통일에 관한 현안들은 동서독 간의 합의 외에 전승국 및 주변국들의 동의 내지 승인을 받는 과제가 남아있었다. 그 중에는 다음과 같은 것들이 포함된다.

첫째, 패전국 독일의 주권 회복과 주변국의 독일통일에 대한 동의여부
둘째, 국제법적 측면에서 동서독의 유럽 국경 인정과 독일제국 영토의 포기,
셋째, 전승 4개국과 EC의 통독에 대한 동의여부,
넷째, 관련 당사국 간 평화조약의 체결여부 등.

이러한 미결 과제들의 해결은 결코 용이한 것이 아니었다. 독일통일을 모두가 반기는 것은 결코 아니었기 때문이다. 그럼에도 불구, 통일에 대한 주변 열강의 지지를 어떻게 끌어냈는가? 서독 당국의 설득과 회유, 협상과 양보 등의 끊임없는 노력은 3차에 걸친 전승 4개국과 동・서독 등 6개국 외무장관의 회담으로 이어졌고 결국 그 결실은 성공적인 제4차 '2+4 회담'에서 결실을 맺었다. 1990년 9월 12일 모스크바에서 개최된 제4차 '2+4 회담'에서 '독일에 관한 최종합의 조약'을 이끌어낸 것이다.

조약 전문에서는 독일통일과 더불어 전 독일 및 베를린에 대한 전승 4개국의 권리와 의무가 해지된다고 밝히고 있다. '독일에 관한 최종합의

조약'이 비록 독일과 전승 4개국 간의 평화조약은 아니었지만 전승 4개국이 이 조약을 통하여 독일통일을 인정하고 독일인에게 완전한 주권을 부여한 것이다. 이어서 나머지 4개의 현안, 즉 재통일 문제, 베를린 문제, 오데르-나이세 국경선 문제, 평화조약 체결 문제 등이 해결되었다. 이로써 1990년 10월 3일 통일을 선포한 독일은 완전한 민족자결권을 가진 주권국가로 등장할 수 있게 되었고, 유럽에서는 1945년 이후 형성되었던 얄타체제가 종식되었다.

드 메지에르가 이끄는 동독의 새 정부가 출범하자 동서독 간의 통일을 위한 협상이 급진전되었다. 5월 2일 동서독 간 협상이 종료되고 18일 드 메지에르 수상이 본을 방문하여 동독이 서독 마르크화와 '사회적 시장경제 체제' 및 사회보장제도를 도입하는 '제1차 국가조약'을 체결함으로써 동서독은 45년에 걸친 분단 상태를 사실상 마감하고 1990년 7월 1일부터 새로운 단일경제로 출범하게 되었다. 이 국가조약의 내용은 실질적인 통일을 위한 모든 준비는 끝났다고 보아도 과언이 아닐 정도로 획기적인 것이었다.

양 독일 간 '국가조약'으로 하나 된 독일*

베를린 장벽 붕괴와 동서독 간의 '통화 · 경제 · 사회 통합에 관한 국가조약', 일명 '제1차 국가조약'이 발효되면서 양 독일은 실질적인 국가통일을 이룩하였다. 이는 '국가조약'의 내용을 살펴보면 곧 납득이 간다. 서독 마르크화가 공식통화로 채택된 이외에 서독의 연방은행, 은행감독원이나 보험감독원 등이 동독의 관련기관 업무를 관장하게 되었다. 또한 동독의 재정 및 조세정책도 서독의 기구나 제도에 상응하도록 바뀌고 국가예산 운용도 서독과 협의를 거치도록 되었다. 동독의 사회주의적 계획경제는 폐지되고 서독식 사회적 시장경제가 동독에도 도입되어 사유재산, 자유경쟁, 시장가격, 노동 · 자본 · 재화의 자유로운 이동이 보장되도록 국가조약은 규정하고 있다.

자유민주주의와 시장경제에 반하는 동독의 법률들은 더 이상 적용되지 않고 사회주의나 계획경제를 수호하기 위한 형법은 폐기되며 동독정부는 사회적 시장경제가 동독에서도 기능을 발휘하도록 제도와 규정을 고치고 또 정책적인 뒷받침을 하기로 '지침'에 명문화되어 있다. 사법부의 독립에 반하는 동독의 법규, 예를 들면 동독 재판부의 지방의회에 대한 보고

---

* "'하나 된 독일' 그 후…", <국민일보> 국민시론, 1990년 7월 6일, 5면.

의무라든지 기타 기관의 재판부에 대한 비판권 등을 규정한 법률도 폐기된다.

이제 동독의 국가주권은 '국가조약'과 함께 소멸된 것이나 마찬가지이다. 이 조약은 서독의 기본법(헌법) 제23조에 따른 통일을 전제로 한 것이다. 동 23조는 연방공화국 이외의 '독일 영토'에서 자체적인 결의에 의해 연방국으로 통합을 원할 경우 이 영토는 자동적으로 연방국(서독)에 통합된다고 규정하고 있다. 비록 전승 4개국의 승인과 양 독일 통합 총선이라는 절차가 남아있기는 하지만 독일은 이미 1990년 7월 1일을 기해서 실질적으로 통일되었다.

최근(1990년 초)까지만 해도 '국가조약'에 의한 통합에 반대하는 견해가 양 독일 모두에서 많았다. 반대의 가장 큰 이유는 양 독일 모두 준비할 시간이 필요하고 부작용을 최소화시킬 장치 마련이 요구된다는 것이었다. 대안으로는 동서독화폐 간의 고정환율제 도입과 동독의 자주권을 인정하면서 대규모 경제 원조를 통해서 자생력과 국제경쟁력을 키운 다음에 점진적으로 단일경제로 통합하자는 것이었다.

그럼에도 불구하고 급진적 통합을 택한 이유는 작년(1989년) 11월 9일의 베를린 장벽 붕괴, 작년과 금년 초 동독인의 대규모 탈출, 금년 3월 동독 총선이 보여준 동독국민들의 통일에의 의지표명 등 복합적이다. 이와 함께 자칫 통일 기회를 놓칠 수 있다는 독일국민들의 불안감을 최대한 이용하여 독일국민들의 '불안을 해소하고 신뢰를 구축'하는 '국가조약'으로 연결시킨 집권당의 선거 전략도 한 몫을 했다.

40여 년 동안 사회주의의 지배가 동독국민에게 남긴 유산은 비효율성,

만성적인 물자부족, 낮은 생활수준, 그리고 억제된 자유뿐이었다. 서독에 비해 소득, 생산, 소비수준 등 지표로 나타난 모든 분야에서 동독의 열세가 절대적이다. 낮은 소득, 부족한 생필품, 높은 공산품과 수입제품 가격 등은 동서독 간의 생활수준 격차를 더욱 크게 하였다. 예를 들면 카세트 플레이어, 파인애플, 카메라, 스타킹 등은 동독이 서독보다 5~6배 비싸고 전화가설을 기다리는 가구 수가 금년(1990년) 초에 무려 120만 가구에 이르며 새로운 주택 배당을 위해서 10년씩 기다리는 것은 다반사였다.

이러한 경제적 피폐 상황에서 국민들의 불만은 급기야 작년 11월의 '평화혁명'과 한때 하루 평균 2000여 명의 서독으로의 탈주, 생산의욕의 저하와 체제저항 등으로 나타났으며 급기야는 동독의 진보적인 정당들뿐만 아니라 공산계열의 정당들까지도 서독식 '사회적 시장경제 체제'가 동독 경제를 살리는 유일한 길이라고 지난(1990년) 3월의 선거에서 열을 올리게 만들었다.

동독의 사회주의 체제가 무너지고 국가 주권이 소멸된 원인이 다름 아닌 그 체제의 경제적 유산이라는 사실은 우리에게 시사하는 바가 크다.

서독과의 빠른 경제통합이 그들의 경제적 난관타파의 유일한 방법이라고 믿었던 동독국민은 국가조약의 발효와 함께 불안도 커지고 있다. 동독 경제의 당면과제는 크게 첫째, 공기업의 사유화와 산업구조조정 둘째, 기업파산의 최소화와 고용의 창출 셋째, 급격한 임금상승의 방지와 생산성 제고 넷째, 노동력의 서독 탈주 방지와 중소기업의 창업활성화 다섯째, 저축증대와 저소득 계층의 생활안정 등으로 종합된다.

사유화 대상인 8000여 개의 공기업은 모두 경쟁력 없는 고철덩어리에 부채만 총 1000억 마르크에 달한다. 전문가들의 분석에 의하면 이중 50%

이상이 도산대상이며 그 결과 통합 이전에 약 10만 명에 머물던 실업자는 200만 명으로 늘 것이 우려된다.

양 독일 정부는 서독과 외국으로부터 많은 자본과 기술이 동독에 도입되어 비교적 싸고 질 좋은 동독 노동력과 결합되면 대량실업이 방지될 수 있을 것으로 기대하고 있다. 문제는 과연 동서독 간의 임금격차가 통합 후에도 계속 좁혀지지 않고 유지되느냐 하는 것과 동독의 노동력이 계속 동독에 머무르느냐는 것이다. 중소기업이 다수 창업되면 많은 노동력을 흡수할 수 있으리라고 기대하여 이에 대해 특별한 관심을 기울이고 있으나 그 성과 역시 아직 불확실하다.

통합이후 식료품, 주거비, 교통비 등에 대한 국가보조가 철폐되고 값싼 동독제품이 질 좋은 서독제품에 밀려 시장에서 구축되면 물가수준은 높아지고 저축은 감소될 위험이 다분하다. 이에 따라 국가 보조에 의존하던 동독의 하위계층은 생계에 위협받을 소지가 크고 이에 대한 불안 심리는 매우 심각한 것으로 알려져 있다.

급진적 통일전략을 채택한 서독의 경제부담은 엄청나다. 우선 1990년의 추경예산에 동독경제 원조를 위해서 48억 마르크(약 2조 원)가 계상되고 1994년까지 1150억 마르크의 '독일통일기금'을 조성하기로 했다. 또 1990년과 1991년 동독 예산지원을 위해서 600억 마르크가 필요하며 동독의 대 서방 및 대 중앙은행 부채 등 총 550억 마르크도 서독정부가 떠맡아야 할 것으로 예측된다.

국가조약을 서두르는 서독정부는 동서독 국민들의 불안 해소와 신뢰 구축을 위해서 빠른 결단이 필요했다. 조약 발효 하루 전날 서독총리는 서독국민의 '경제적 희생'을 위한 각오와 동독국민의 '희망과 인내'를 강조한 바 있다. 그러나 양 독일 국민들은 준비기간이 너무 짧아 정신이 없다고 볼멘소리다. 1970년부터 동방정책(Ostpolitik)을 통해서 통일을 준비한 독일의 준비기간이 짧다면 우리의 통일을 위한 준비상태는 역사로부터 어떤 평가를 받을 수 있을까?

독일통일,
역사의 선물인가 경제의 힘인가*

독일은 실질적인 통일 상황에 접어들었고 1990년 말 이전에 완전한 통일이 이루어질 전망이다. 같은 분단국으로서 인적 왕래는 물론 서신교환이나 전화통화도 할 수 없는 등 접촉 그 자체가 불가능한 우리의 입장에서 보면 날마다 달라지는 독일의 통일진전이 부러울 뿐이다. 통일적 상황으로 접근하기 위해 노력하는 것이 아니라 오히려 사사건건 남북이 가까워지려는 싹마저 짓밟아 버리는 것 같은 정치와 현실에 분노조차 느낀다.

근자에 우리나라의 언론매체나 각종 논평 등에 나타난 독일통일 과정에 대한 시각은 안이하고 무책임한 것 같다. 그 논조는 2차대전 이후 외부세력에 의해 분단되고 동서냉전의 첨병이었다는 공통점에도 불구, 독일은 여건이 좋아 통일을 하지만 우리는 사정이 좋지 않아 통일을 하지 못하니 답답하고 아쉽다는 정도가 대부분이다. 그러나 독일과 한반도는 분단이라는 사실 이외에는 하나도 비슷한 점이 없다. 분단 상황에 대한 인식이

* 경제정의실천연합, 『경제정의』, 1990년 9・10월호, 58~65쪽, 「독일통일, 역사의 선물인가 경제의 힘인가－남북 간의 접근방법, 독일통일 과정에서 배운다」 중 일부.

다르고 분단관리에 대한 정치계의 입장이 다르며 분단문제에 따른 국민들의 불편해소를 위한 접근방법이 너무나도 다르다.

1 독일통일 뒤에는 양 독일 정치권의 숨은 노력 있었다

독일통일은 우연히 굴러들어온 것이 아니다. 그렇다고 총칼로 한쪽을 굴복시켜서 얻어낸 것도 아니다. 분단 직후부터 꾸준하고 지속적으로, 그러나 요란하지 않고 은밀하게 타협과 절충으로 얻어낸 결실이다.

이 글은 독일이 어떻게 '실제적 통일상황'인 '통화 · 경제 및 사회통합에 관한 국가조약'에 도달하였고 12월의 정치통합 일정에 합의할 수 있었는가를 살펴보는 데 목적이 있다. 그렇다고 독일의 경험을 바로 한반도에 적용시키거나 성급하고 단편적인 정책적 결론을 유도하고자 하는 의도는 없다. 오히려 독일의 통일정책이 우리의 그것과 무엇이 어떻게 다른지를 부각시킬 수 있다면 다행이다.

지난(1990년) 5월 18일에 체결되어 7월 1일부터 발효된 동서독 간의 '국가조약'으로 양 독일은 그들이 꾸준하게 추구해 온 실질적 통일 상황을 이룩하였다. 이 조약은 그 이름이 말해주듯이 단일통화를 사용함으로써 분리된 채 발전되어 온 양 독일의 경제를 하나로 통합시키며 근로, 사회보장, 복지정책 등을 단일체계로 운영한다는 동서독 간의 합의를 내용으로 한다.

국가조약의 자세한 내용은 차후 살펴보기로 하고 그 정치적 의의부터 본다면 그 발효를 기해서 동서독 간에는 40여 년 동안의 분단과 대립관계가 청산되고 단일경제권이 형성되었다는 사실이다. 아직 금년(1990년) 12월로 예정된 정치통합 절차가 남아 있지만 동독은 실질적으로 이미 서독에 흡수·통합되었고 이제 '독일민주공화국'이라는 사회주의 국가는 없어진 것이나 마찬가지다.

독일의 예상하지 못한 급속도의 통일을 가능하게 한 원인에 대한 견해는 크게 두 가지로 집약된다. 첫째, 동서독 간의 경제통합은 '통합전쟁에서 이긴 서독 마르크(DM)의 힘'이라거나 '사회주의를 집어삼킨 서독마르크' 또는 '마르크화에 침몰당한 사회주의' 등의 표현이 말해주듯 서독의 막강한 경제력이 경제통합과 통일을 이끌어 낸 원동력이라고 보는 견해가 있다.

둘째, 소련의 페레스트로이카(개혁)와 글라스노스트(개방), 그에 따른 동서진영의 화해분위기, 폴란드, 체코, 헝가리, 유고 등 동유럽 국가들의 앞다툰 개방물결과 동독인들의 개방 압력, 40년에 걸친 군비경쟁에 지친 동서진영의 군비축소 필요성 등 시대적 조류가 독일에게 자연스러운 '역사적 선물'로 굴러온 것이 독일의 통일이라는 견해이다.

두 가지 견해 모두 나름대로의 논리와 분석적인 근거를 가지고 있다. 실제 소련의 개방과 개혁이 없었다면, 그리고 동유럽의 체제변화와 자유화 물결이 없었다면 동독인의 대거탈출이나 작년(1989년) 11월 9일의 베를린 장벽 붕괴도 없었을 것이다. 이러한 일련의 사태가 금년 3월 18일에 치러진 동독의 자유선거를 가능하게 했으며 그 결과가 신생 연립내각을 탄생시켜 서독이 제시하는 각본대로 통일에 합의한 것이 사실이다.

그러나 동서독 간에 합의한 경제통합의 내용이나 급속한 정치통일에의 접근을 단순히 '역사의 선물'로만 파악하는 것은 분단국가의 통일을 너무 안이한 시각으로 바라보는 잘못이다. 현 단계까지 접근하는 데는 동서독 양측의 정부와 민간분야의 부단하고 치밀한, 그러나 정치적 계산보다도 민족동질성의 유지가 더 앞선다는 기본 인식과 노력이 이룬 결실이라는 판단이 더 정확할 것이다. 또한 통일을 막강한 경제력으로 샀다든지 동독이라는 거대한 사회주의적 '부실기업' 하나를 인수 · 합병했다는 시각 역시 민족 동질성 유지와 '동족 간의 만남'을 위해서 동서독 양측의 노력, 인내, 끈기 그리고 치밀함을 간과한, 너무 외형적인 현상만 본 피상적인 판단이다.

양 독일을 '실질적인 통일 상태'로 이끈 '국가조약'의 내용을 분석한 후 동서독 간의 접근과정을 살펴보기로 하자.

2 이해와 타협, 절충으로 이루어진 통일정책

1990년 7월 1일을 기해서 발효된 '제1차 국가조약'은 6장 38조로 되어 있다. 1장부터 9조까지를 포함하는 Ⅰ장은 총칙의 형식을, 10조를 포함하는 Ⅱ장은 통화통합, 11조부터 16조까지의 Ⅲ장은 경제통합, 17조부터 25조까지를 포함한 Ⅳ장은 사회통합에 관한 제반 규정들을 담고 있다.

통화통합에서는 7월 1일 이후 동독 마르크화(OM)는 폐기되고 서독 마르크화(DM)가 전 독일에서 통용된다. 동독인 중 14세 미만에게는 2000 OM, 60세 이상에게는 6000 OM 그리고 그 외의 개인에게는 1인당 4000 OM까지 1대 1로 서독화폐로 교환해 주고 그 금액을 초과하는 현금과 예금자산은 모두 2 OM당 1 DM으로 바꾸어 준다. 그 외에 임금, 연금, 사회보장적 이전지출, 장학금 등 동독인의 소득의 원천에 대해서는 지금까지의 동독 OM을 역시 1대 1로 DM으로 지급한다.

DM대 OM 정상 환율이 평균 1대 6이라는 시장 상황에 비추어 볼 때 동서독화폐 교환비율을 1대 1로 한다는 것은 동독의 평균소득이 명목상 일시에 급상승함을 의미한다. 실제 구매력이 어느 정도 상승하는지는 여러 요인에 따라 달라지므로 단언하기는 어렵다. 그러나 전문가들의 계산으로는 동독인들의 소득구매력이 서독인들의 약 6분의 1 내지 3분의 1 수준에서 점진적으로 70%에까지 접근할 수 있으리라고 한다.

통화통합은 즉각 이루어졌지만 실질적인 경제통합은 이제 시작에 불과하다. 왜냐하면 동독의 경제체제를 서독의 '사회적 시장경제'로 전환시키고 동독기업을 사유화시킨다는 합의는 원칙적인 것이고 이러한 합의가 실제 실현되는 데는 시간과 자본이 많이 소요되기 때문이다. 동독의 사회주의적 생산 및 분배방식은 폐지되고 사유재산제도, 시장자율적 가격제도, 자유경쟁원칙과 직업 및 이주의 자유, 계약의 자유 등이 경제를 지배한다고 하지만 동독인들은 아직 무엇을 어떻게 하는지 모르고 서독의 자본과 기업은 9월로 예상되는 재산소유권과 정치적 미결사항에 대한 '제2의 국가조약'이 체결되기를 기다리고 있는 중이다.

서독인들은 경제통합이 추가적 조세부담, 통화팽창에 따른 물가상승, 사회보장제도 확대에 따른 부담가중 등으로 이어져 자신들에게 너무 큰 경제적 손실을 초래하지 않을까 불안해 하고 있다. 또한 모든 것이 너무 빠른 속도로 진척되는 데 대해 불안감을 감추지 못하고 있다.

반면 동독인들은 통합으로 자신들의 경제적 궁핍은 해소될 것으로 기대한다. 그러나 동시에 사회・경제적 구조조정의 와중에서 일자리를 잃을 것이라는 불안감과 정부보조금 철폐와 물가상승에 따른 실질구매력의 감소가 생활을 어렵게 만들 수도 있다는 데 대해서 초조해하고 있다. '국가조약'에 의하여 동독의 모든 기업은 사유화되고 식료품, 주거, 의료, 교통, 통신 등에 대한 정부의 보조금은 즉각 철폐되기 때문에 생필품 가격이 급상승한 것은 많이 보도되었다. 1988년의 통계에 의하면 동독의 소매업 총매출액 1270억 마르크 중 국가 보조금은 그 34%에 해당하는 440억 마르크에 달했다.

'사회통합'은 동독에 서독식 '사회적 시장경제'에 부응하는 노동질서와 능력공평 원칙과 사회적 형평이 동시에 고려되는 급료와 보수체계 및 사회보장제도가 도입되는 것을 주 내용으로 한다. 또한 1991년 1월부터 연금, 의료, 산재보험 및 실업보험제도를 서독과 통합하여 실시하고 여기에 필요한 추가재원은 서독이 재정지원 형태로 부담한다.

제26조부터 34조까지로 구성된 제Ⅴ장은 국가예산과 재정에 관한 내용을 담고 있다. 동독의 예산과 조세 등의 업무는 서독과 협의 하에서만 시행되거나 서독의 해당기관이 동독의 업무까지를 관장하기로 되어 있다. 서독은 당장 1990년 하반기에 동독에 220억 DM과 1991년에 350억 DM을 지원하고 그 외에 연금보험과 실업보험의 운영에 필요한 재정지원도 서독이 하도록 합의했다.

전체적으로 서독의 국가이념이라고 할 수 있는 자유, 민주, 연방, 법치국가 원칙에 위배되는 동독의 법규나 헌법, 제도는 그 효력을 상실하며 서독의 연방은행, 은행감독원과 보험감독원이 동독의 관련기관 업무를 관장한다. 또 재정 및 조세제도나 사회보장제도가 서독의 제도로 대체되고 국가예산운용도 실질적으로는 서독의 재무장관이 관장하기로 했다.

이처럼 주권국가로서의 동독은 이미 7월 1일부로 없어졌다. 국가조약의 지침에 관한 '의정서'에 따라 그동안 중앙당의 시녀노릇만 한다고 비판

받던 동독의 자유노동총연맹(FDGB)도 해체되고 동독에서 관행으로 되어 왔던 당 기관의 직간접적 간섭도 없어졌다.

파격적인 동서독 간의 초고속 접근은 결코 우리나라의 언론매체에서 다루는 것처럼 갑작스럽고 우연하게 이루어진 것이 아니다. 그 뒤에는 치밀하고도 끈질긴, 그러나 결코 당리당략적으로 이용하지 않고 은밀하고 조용하게 접촉을 계속한 양 독일 정치권의 노력이 숨어 있음을 잊어서는 안 된다.

3 정치적 이익보다 생활편익을 앞세운 통일정책

양 독일 간 접근을 위한 정책적 노력의 기원은 당시 서독 수상이었던 브란트의 동방정책(Ostpoiitik)에서 찾을 수 있다. 아데나우어 시대에는 동독의 국가적 실체를 인정하지 않고 국제사회에서 고립시키려는 정책이 주를 이루었으나 1969년에 집권한 브란트는 1970년 3월에 제1차 동서독 정상회담을 성사시켰고 그해 5월에는 제2차 정상회담이 열렸다. 이를 계기로 1972년에 동서독 간의 '기본조약'이 체결되었는데 이 조약이 동서독 간의 관계개선을 위한 이정표 역할을 해왔다. 이 조약은 평화유지를 위한 공동노력, 경계선 인정과 영토의 불가침, 양 독일 간 무력행사의 포기, 역사적 현실과 이념 차이의 상호인정, 국민복지증진을 위한 협력 등을 기본 정신으로 하여 상호 간 상대방의 독립과 자주권을 인정하기로 합의했다.

상주 대표부의 설치로 국가 간의 외교관계에 준하는 제도적 장치가 이때 마련되었으며 실질적이고 인도적인 차원에서의 양 독일 간 교류가 최우선적으로 다루어졌다. 또한 경제, 학술, 기술, 교통, 법적 교류와 우편, 통신, 건강, 문화, 체육, 환경보호 협정의 체결을 추진하도록 합의되었다.

이 조약의 기본 인식은 '두 개의 독일이 현존하는 특수한 현실적 상황'을 인정하고 양 독일 간의 긴장완화를 위해서 마련된 것이라는 점과 완전무결한 것이 아니라 양독관계가 '정치적 법률적으로 미결인 상태' 하에서 체결된 것을 양측이 모두 인정한다는 점이다. 이것은 잠정적인 조약으로 분단 상태를 고착화시킬 수 있는 위험을 배제하고 언제든지 개선시킬 수 있음을 염두에 둔 것이다.

물론 기본조약 이전에도 양 독일 간에 전화나 우편거래는 물론이고 인적 왕래가 완전히 끊어진 적은 없었다. 동독 한가운데 위치한 서베를린과 동독 간에 베를린 장벽이 구축된 1961년 이전에는 왕래가 자유로웠으며 장벽설치 이후인 1963년에도 서베를린과 동독 간의 합의에 의해서 이산가족이나 친척의 방문이 보장되었다. 또 1964년 이후 동독의 연금수혜자가 서독을 방문하는 것이 허용되었으며 1972년부터는 그 범위가 훨씬 넓어졌다.

인적 왕래에 서독 측 제한은 아무것도 없었다. 서독정부는 왕래의 방해자나 억제자의 역할을 하지 않는 데 그친 것이 아니고 동독 측으로부터의 제한을 최소화하고자 했던 것이 시종일관된 정책의 기본이었음은 우리에게 시사하는 바가 크다.

혹자는 베를린 장벽을 무너뜨린 것은 소련이나 동구라파의 개방화 물결이 아니라 서독의 자유와 풍요를 동경하는 동독인들의 인간적 욕구였다고 말한다.

주지하는 바와 같이 동독은 유럽의 어느 나라보다도 경제적으로 앞서 있었고 생활수준도 제일 높았다. 따라서 '평화혁명'에 이르는 동독국민들의 일련의 행동은 단순히 경제적 궁핍 때문만으로 보기는 힘들다. 동독인들이 서독과의 흡수통합을 행동으로 요구한 것은 생활수준이 절대적으로 낮아서가 아니라 상대적 빈곤감이 더 큰 역할을 했으며 이 상대적 빈곤감을 유발시킨 것은 서독의 상대적 풍요였음을 부인할 수 없다.

상대적 빈곤이나 풍요는 비교가 가능할 때에 느낀다. 인도주의적 입장에서, 그리고 민족동질성 유지를 위해서 적극 추진한 인적 문화적 교류는 모든 면에서 동서독 간의 비교를 가능케 했고 사고방식이나 생활 형태까지도 비슷하도록 만들어서 서독의 자유와 풍요가 동독의 폐쇄와 경직성을 무너뜨린 결과를 가져온 것이다.

이러한 의미에서 서독의 경제력이 동독을 와해시킨 것이라기보다는 동독에 밀려갔던 방문 교류의 홍수가 동독을 서독에 흡수하도록 만들었다는 판단이 더 타당할 것이다. 우리의 경우도 남한 국민들이 만약 제약과 제한 없이 북한주민들과 접촉을 자주 갖는다면 북한의 폐쇄성과 경직성도 쉽게 극복될 수 있으리라는 시사점을 동서독의 예에서 배울 수 있다.

동서독의 인적교류에서 서독이 가하는 제약은 아무것도 없음을 앞서 이야기했다. 서독인의 동독 방문은 동독으로부터 비자가 필요한데 허가 대상은 이산가족과 친지방문이 대부분이다. 동독인의 서독 방문은 동독 정부의 허가가 필요한데 그 대상은 노년층이 대부분이고 직계존비속의 경조사가 있을 경우 젊은 층에게도 인도주의적 견지에서 기회가 주어진다. 또한 이산가족의 경우 동독인의 서독이주도 허용되는데 예를 들면 1984년의 경우 35000건 정도의 이산가족 결합을 위한 이주허용이 있었다. 동서독 간 인적교류는 최근 매년 1000만~1200만에 이르고 있다.

이제 독일의 통일이 눈앞에 다가온 마당에 이러한 인적교류는 과거지사가 되어 버렸다. 그러나 우리에게는 꿈만 같은 이야기이다. 만나기는커녕 편지 한 장 전하지 못하는 우리의 현실에서 동서독의 과거 이야기에 부러워만 해야 하는 우리의 처지가 아쉽기만 하다.

통일은 결코 시대적 조류나 경제력이 만드는 것은 아니다*

1 "분단은 분배를 통해서만 극복될 수 있다"

동서독 간이 지속적인 인적교류가 가능했던 이면에는 서독정부의 '정치와 인도주의 간의 분리'라는 실용주의적 접근방법이 큰 역할을 했다. 서독은 분단이 가져다 준 국민생활의 불편을 최소화하고 민족의 동질성 유지를 대 동독 접촉의 최우선 목표로 삼았다. 동독의 호응을 얻기 위해서 서독은 일방적이고 독단적인 선언이나 계획을 발표하기보다는 상대방과 사전에 그것도 은밀하게 절충과 합의를 유도해 냈고 통일문제를 정치적으로 이용하는 것을 금기로 삼았다. 여론도 '민족문제를 정치에 악용'하는 것에 대해서는 언제나 엄했다. 또한 동독이 호응하는 명분을 주기 위해 동독에게 경제 지원으로 실리적 대가를 지불하는 것을 잊지 않았던 것도 성공의 열쇠 중 하나였다.

* 경제정의실천연합, 『경제정의』, 1990년 9 · 10월호, 58~65쪽. 「독일통일, 역사의 선물인가 경제의 힘인가 – 남북 간의 접근방법, 독일통일 과정에서 배운다」 중 일부.

동독은 분단과 베를린 장벽 설치 이후 대 서독 관계에서 특히 두 가지 문제 해결에 주력했는데 첫째는 서독과 국제사회로부터 동독이 제2의 '독일국가'임을 인정받고 국제적 고립에서 탈피하는 것이었다. 둘째는 소련과 동구권 편중으로 야기된 경제구조와 기반의 취약을 탈피하기 위해서 서독으로부터 경제원조를 받아내는 것이었다.

동독은 비록 인적교류에서 수동적 입장으로 일관했지만 이산가족의 접촉이나 친지방문 등은 지속적으로 허용함으로써 인도주의적 정부라는 대외 이미지 개선과 인적 교류의 장애제거에 대한 대가로 서독으로부터 경제적 이득을 취하는 것을 마다하지 않았다. 가끔은 반체제 인사를 서독에 넘겨주고 그 대가를 금전으로 받는 경우도 있었다. 이를 두고 '인신매매'라는 혹평도 없지는 않았지만 반체제 인사들을 냉정하게 억압하거나 제거하지 않고 체제경쟁관계에 있는 서독에 보내주는 것 자체가 독일의 정치에서 찾아볼 수 있는 인도주의의 한 측면이라고도 볼 수 있지 않을지…….

동서독 간 경제협력의 출발점은 1951년 9월에 맺어진 '베를린 협정'이다. 한국전쟁 등 동서 냉전이 고조된 와중에서도 이 협정이 맺어진 것은 당시로서는 획기적인 것이었다. 이 협정에서 동서독 간 교역을 국제무역이 아닌 '내독 교역'으로 규정짓고 또 교역 촉진 방안의 하나로 양 독일 중앙은행의 특별계좌에 의한 중앙 집중식 결재방식과 청산계정을 통해 매년 한 번씩 한꺼번에 결재하도록 배려하였다.

베를린협정 이후 동서독 간의 경협은 여러 형태로 발전했지만 내용면에서는 풍족한 형이 가난한 아우를 돕는다는 식의 혜택이 주를 이루었다. 이러한 경제적 혜택은 여러 면에서 파악되는데 첫째, 양 독일 간의 '내독교역'에서 스윙(Swing)이라는 청산결제 방식으로 한쪽(주로 동독)이 적자를 보이면 이것을 장부상으로 외상처리하고 교역에 장애가 되지 않도록 했다. 둘째, 지속적인 동독의 대 서독 무역적자 방지를 위해 서독은 전략적으로 동독으로부터의 수입을 촉진시키는 조처를 취해왔다. 셋째, 동서독 간의 교역을 국내교역으로 간주한 제도적 장치는 동독제품이 서독을 통하여 EC회원국에 관세나 기타 장벽 없이 수출되는 길을 확보했다. 넷째, 서독이 수차에 걸쳐 제공한 차관은 상업적인 성격이 아니라 정치적 고려에서 제공되었으며 동독이 외채 누적이나 경제가 어려울 때마다 실질적인 도움이 되도록 해왔다. 그 외에도 서독인들의 민간 이전지출이나 동독 방문 시의 강제환전(체류기간에 따라 서독 DM을 동독 OM로 1대 1로 바꾸는 것)도 서독이 동독을 위한 경제적 부담이다.

서독은 동독에게 거의 일방적인 원조를 제공하면서도 이것을 체제의 우월성이나 경제적 우위를 과시한다는 인상을 주지 않도록 세심한 주의를 기울였다. 특히 동독이 협상에서 양보한 대가를 얻는다는 명분을 살려줌으로써 상대방의 체면이나 자존심을 손상시키지 않고 관계가 계속 유지되도록 충분한 배려를 해왔음을 우리는 유의해야 한다. 상대방을 궁지에 몰아넣어서 반사이익을 얻고자 하는 것이 아니라 상대방에게도 명분과 체면을 살려주면서 상대방이 난처한 입장에서 빠져나오도록 도와주는 것이 서독의 일관된 대 동독 접근방식이었다.

이러한 서독의 정책이 동독의 태도에도 많은 영향을 주었고 그래서 통일을 앞당기게 되었다고 보인다. 즉 지속적으로 도움을 받는 입장에 있는 동독도 체제적 이념적으로 대립관계에 있는 것은 하나의 여건으로 간주하고 냉전 경쟁에서 탈피하여 인도적 교류를 통하여 국제적인 이미지 개선을 꾀하면서 서독으로부터 경제적 실리를 얻어냈다. 이것을 부끄럽게 생각하기보다는 뒤처진 동독경제의 발전을 위한 하나의 수단으로 여긴 듯하다.

'제1차 국가조약'에 나타난 서독의 동독에 대한 대폭적인 지원이 그 내용면에서 파격적이라는 평가를 받기는 하지만 지금까지의 양 독일 간 경협과정의 맥락에서 본다면 어쩌면 통일을 향한 과거의 경험을 확대, 연장한 것이 라고 보인다. 최근(1990년 7월)에 동독의 드 메지에르 총리는 국가조약의 발효에 즈음한 연설에서 분단은 양 독일 간의 분배를 통해서만이 극복될 수 있다는 말로 서독국민들의 통일을 위한 대가지불을 촉구한 것도 동독이 과거와 같이 이념에 얽매이지 않는 실용주의적 입장을 나타낸 것으로 보인다.

2 한반도와 독일, 상호 간의 접근방식이 다르다

독일통일에 대해 '역사적 선물'이라는 견해와 서독의 막강한 경제력이 사회주의적 '부실기업'인 동독을 인수・합병했다는 평가가 동시에 지배하고 있다. 분단이라는 비슷한 운명을 겪었던 우리나라는 아직 통일과는 너무 멀리 떨어져있어 안타까울 뿐이다.

동서독과 남북한의 통일을 위한 정책에는 너무나도 큰 차이가 있고 그 차이가 결국은 현실적인 차이로 나타났다. 서로 총부리를 겨누고 동족상잔의 전쟁을 치루지 않은 이외에도 독일의 통일정책이 남북한의 통일정책과 달랐던 몇 가지를 간단히 정리하면 다음과 같다.

첫째, 동서독 간에는 분단 이후 지속적으로 상호방문, 문화교류, 언론매체를 통해서 서로가 상대방의 실상을 알게 되었고 정보의 독점이나 차단이 없었다.

둘째, 동서냉전이 심한 상황에서도 양 독일은 체제수호를 위한 첨병 역할보다는 동서 간 대화의 창구역할을 해왔고 경제력의 격차를 체제경쟁 결과의 지표가 아닌, 지역경제적 발전정도의 격차로 파악하는 유연성을 보였다.

셋째, 상대방의 허를 찌르는 정치공세, 선언적 프로그램, 일방적 통일일정 발표 대신 상대방을 의식, 은밀하고 조용하게 사전 타협과 절충을 하는 것이 통일정책의 기조였다.

넷째, 통일 그 자체를 목표가 아니라 국민생활의 불편을 덜어주는 수단으로 보았다. 그렇기 때문에 주변여건이 통일을 허용하기 이전까지는 국민생활에 불편이 없는 '통일적 상황'의 실현에 초점을 맞추었다.

다섯째, 체제논쟁보다는 인적 문화적 교류를 통한 민족의 동질성 유지가 중요하다는 인식하에서 적대감의 조장보다는 쌍방 모두가 역사의 공통적 피해자라는 국민적 공감대 형성에도 게을리 하지 않았다.

여섯째, 상대방을 궁지에 몰아넣어서 반사이익을 노리지 않고 오히려 궁지에서 탈출하도록 도와주는 아량을 베풀면서 관계가 계속 유지되도록 배려해 왔다. 따라서 경제협력은 상호 접촉을 촉진하기 위한 수단이었다.

분단의 고통을 덜고 '실제적 통일 상황'을 실현하고자 한 서독정부의 노력은 이제 곧 하나의 역사적 과거로 묻히려 하고 있다. 그러나 우리에게는 이러한 노력과 실천이 과거가 아니라 미래에 속할 수밖에 없다. 이것이 먼 미래가 아니라 빠른 시일 안에 치러야 할 과제로 닥쳐오기를 바랄 뿐이다.

통일은 시대적 조류가 가져다주지도 않고 막강한 경제력만 가지고도 앞당길 수 없다.

독일, 통일에 앞선 화폐 및 경제통합*

동서독 간의 실질적인 통일은 '제1차 국가조약'으로 실현되었다. 이 조약은 그 이름이 말해주듯이 단일 화폐를 사용함으로서 분리된 체 발전되어온 양 독일의 경제를 하나로 통합시켜 서독의 모든 경제적 풍요와 사회적 복지 혜택을 동독인에게도 누리도록 한다는 것이다. 이제 그 구체적 내용을 살펴보자.

1 '제1차 국가조약'의 내용과 정치적 의미

'제1차 국가조약'의 내용에 대해서는 앞에서 자세히 서술하였다. 이 조약의 의정서에 따르면 시장경제 원리는 경쟁과 계약자유의 인정, 정부의 가격통제 배제, 사유재산권의 보장, 노사 간 독자적 단체협약권 등을 의미한다. 이러한 시장경제 원리는 기업 의사결정의 자주성과 민간기업에 대한 비차별성 원칙의 실현으로 구현된다. 이는 향후 동독의 모든 경제활동

---

* "양독간의 경제협력과 경제통합", 안두순, 『한반도 통일과 경제통합』, 한국경제신문사(1992), 53~63쪽 중 일부.

에 서독의 시장경제 원리가 지배함을 의미한다. 토지와 건물 등 부동산을 포함한 모든 생산수단은 사적 소유를 원칙으로 하고 과거 국가의 승인과 통제를 받던 기업의 설립과 운영은 이제 개인의 창의와 시장여건에 좌우된다. 경제활동의 자유는 서독 및 외국 자본이 동독으로 자유롭게 유입됨을 의미하며 과거 합작기업의 자본참여 비율을 49% 이내로 제한한 합작투자법은 소멸된다.

'제1차 국가조약'이 갖는 정치적 의의는 무엇인가? 이 조약의 발효를 기해서 양 독일 간에는 40여 년 동안의 분단과 대립관계가 청산되고 단일경제권이 형성되었다. 이로써 '통일조약', 일명 '제2차 국가조약'이 발효되기 이전에 벌써 동독의 모든 경제 및 사회제도는 서독의 체제에 흡수되어 독일민주공화국(DDR)이라는 사회주의 국가는 실질적으로 소멸된 것이다.

화폐 교환은 동독 내 은행에 보유하고 있는 계좌를 통해서만 가능토록 하였는데 이는 1990년 7월 1일을 기해서 동독 은행의 대차대조표가 조정되고 이에 따라 동독 은행의 채무가 부분적으로 당해 은행의 채권에 대한 교환비율(2대 1)과 달리 1대 1의 등가로 교환되도록 하기 위한 조치이다. 당시 중앙은행과 시중은행의 기능을 동시에 수행하던 동독 국립은행은 공적 금융기능을 수행하는 하나의 주(洲) 은행으로 축소되었다. 이로써 동독 국립은행의 중앙은행으로서의 기능은 서독 연방은행에 이관되었다. 또한 동독 국립은행 지점망이 수행하던 시중은행으로서의 활동은 1990년 4월 1일 이후 새로 설립된 독일신용은행으로 이관되고 동시에 농업은행을 대신해서 독일협동은행이 설립되었다.

서독 연방은행은 동독에서의 물가안정을 유지할 책임도 갖게 되며, 동독

지역 내에서의 직무를 수행하기 위하여 베를린에 임시행정사무소와 각 지역에 15개 지역사무소를 설치하였다. 아울러 동독정부에 의해 임명된 10인의 자문단이 구성되어 통화정책에 대해 동독정부와의 긴밀한 협력이 합의되었다.

2 시장경제 도입을 위한 경제통합과 '자본주의의 쓴 맛'

동서독 간 '제1차 국가조약'의 실천을 위해서는 동독에 즉각적인 경제개혁이 필요했다. 이를 감안, 제11조에서는 동독정부가 시장경제 원리에 부합되는 방향으로 경제 및 재정조치를 취하여야 하며 더 나아가 민간 주도의 시장기반 조성을 규정하고 있다. 통화통합은 즉각 달성되었지만 경제통합은 이제 시작에 불과했다.

사회주의 소유제도에 입각해서 조직된 동독의 기업은 주로 콤비나트와 협동조합이 소유주체였다. 그리고 이 재산들은 사회주의 체제 하에서 민간 소유자들로부터 몰수되거나 '사회주의화'했던 것이 대부분이다. 이제 동독에 사유재산제도가 도입되었기 때문에 이들 콤비나트와 협동조합의 소유주체도 민간이 되어야 한다. 몰수되었던 재산은 원소유자에게 반환을, 구동독 시절 설립된 기업체처럼 원소유자가 없는 재산에 대해서는 매각을 통해서 사유화하는 것을 원칙으로 하였다.

경제통합은 시간을 요한다. 동독민들의 경제적 궁핍은 서독의 도움으로 해소되었지만 아픔도 따랐다. 체제변화와 구조전환의 와중에서 일자리를 잃고 생활 보조금의 철폐와 물가상승에 따른 구매력 감소는 풍요에 대한 기대에 실망을 안겨주었다. 동독의 모든 국공유 기업 사유화 과정에서 일자리는 폐쇄되고 생필품 구매 시 국가로부터 34%에 달하는 보조금을 지급받던 동독인들은 식료품, 주거, 의료, 교통, 통신 등에 대한 정부보조금 철폐 때문에 생계비 부담은 급상승 했다.

1990년 7월 1일부터 농산물 및 생필품에 대한 가격보조금 제도가 철폐되고 시장가격이 지배한다. 다만 1990년 말까지 임대료, 리스료, 교통요금, 에너지가격 및 체신요금에 대해서는 가격현실화가 잠정 보류되어 체제전환의 충격을 다소 완화시키는 노력이 없지 않았다. 그러나 1991년 이후부터는 이들 가격도 서독 수준으로 현실화되었다. 또한 서독의 세제를 도입하여 시장경제 체제의 확산을 확고히 하였다.

3 복지혜택 확대를 위한 사회통합

동서독 간의 사회통합이란 동독에도 서독의 '사회적 시장경제'에 부응하는 노동질서, 성과공평원칙과 사회적 형평이 동시에 고려되는 급료 및 보수체제, 서독 사회보장제도의 동독 도입 등을 주 내용으로 하고 있다. 또한 1991년 1월부터 서독의 연금, 의료, 산재보험 및 실업보험을 동독에 적용하며 여기에 필요한 추가재원은 서독이 재정지원 형태로 부담한다.

서독의 노동법 및 노사관계도 동독에 그대로 적용되는데 이는 동독인에게도 단체 결성 및 단체행동권이 부여됨을 뜻한다. 따라서 임금 및 기타 근로조건은 국가에 의해서가 아니라 단체협약 당사자 간의 합의에 의해서 결정되며 노사 교섭이 결렬된 후에는 노동 쟁의가 허용된다. 또한 서독의 경영조직법과 공동결정법에 따라 경영조직에 근로자의 참여가 보장된다. 동독기업에 서독의 해고제한법이 그대로 적용되어 근로자의 중대한 귀책사유 등 불가피한 경우를 제외하고는 근로자를 자의적으로 해고할 수 없으며 해고를 하는 경우에도 일정한 예고 기간을 두어 직장을 구할 수 있는 시간적 여유를 주게 되었다.

'제1차 국가조약' 제18조는 동독지역에 서독의 제도와 동일한 사회보장제도의 적용을 규정하고 국가에 의해서 관리되어온 동독의 기존 단일 사회보장제도의 폐지를 명문화하고 있다. 서독의 사회보험에 대한 강제가입 규정이 동독에도 그대로 적용된다. 다만 자영업자나 자유직업의 경우 사적(私的) 보험에 가입하면 강제가입이 면제될 수 있다. 또한 동서독 지역의 상이한 경제적 조건을 감안, 과도기적인 예외조치를 인정하고 있다. 개별적인 사회보장 부문을 살펴보면 다음과 같다.

- 실업보험과 고용촉진: 동독지역에 서독의 고용촉진법이 그대로 적용되며 실업자 직업알선, 전직교육, 직업훈련 등을 통해서 고용증진을 위한 장치가 마련된다. 실업수당은 부양가족이 있는 경우 실업 전 임금의 58~68%, 부양가족이 없는 경우 53~63%등 서독의 실업보험과 동일한 실업수당을 제공한다. 단축조업의 경우 서독처럼 단축조업 수당을 제공한다.
- 연금보험: 동독의 국가연금보험이 서독 제도로 통합됨에 따라 연금 급부 수준도 기여금의 납부수준에 따라 결정된다. 기존 연금수혜자나 가까운 장래에 퇴직하는 사람의 경우 연금기여금과 연금급부의 직접적 연계가 사실상 곤란한 바, 이들의 선의의 피해를 막기 위해서 기본생활이 유지될 수 있는 수준으로 연금급부를 결정한다. 즉 45년간의 연금기여금 납부실적이 있는 사람은 동독지역의 평균임금 70%를, 그 외의 수혜자는 납부 실적에 따라 급부수준을 조정한다. 연금가입자 중 일정수준 이하의 소득자에게는 기여금 부담을 줄이기 위해 1990년 12월 31일

까지 보조금을 지급한다.

- 의료보험: 서독 의료보험 제도의 도입으로 대부분의 동독 근로자는 의료보험 가입이 의무화되고 극히 소수에게만 사(私)보험이 적용된다. 과거 동독의 의료보험제도는 국가에 의해서 운영되고 의료서비스나 약제는 국가가 제공했기 때문에 서비스의 질은 비록 낮은 수준이었지만 원칙적인 의료보장수혜는 모든 의료분야를 포괄하였다. 이제 서독의 제도 도입으로 수혜의 범위가 다소 축소되는 사례가 발생할 수도 있다. 동독지역 의료기관의 재원 조달은 서독형의 2중 체계 도입에 따라 병원의 시설 투자는 정부 재정에서 부담되며 그 이외의 경상비나 약제비 등은 병원의 수입을 통해서 조달된다.
- 기타 사회보장 제도: 산재보험 및 공적 부조 등 기타 사회복지 역시 서독의 제도가 그대로 적용되며 상대적으로 낮은 동독의 소득 수준으로 인하여 공적 부조의 수혜 대상자 비율은 서독에 비해서 높을 것으로 예상된다.

동서독 경제통합은 왜 충격요법이어야 했는가?*

1 독일식 '흡수통일'의 의미

'제1차 국가조약'으로 통일에 필요한 양 독일 간의 경제 사회적 통합 절차를 모두 마친 양측은 다음 단계를 위한 절차도 신속하게 취하였다. 즉, 공식적 통일의 날을 10월 3일로 정한 다음 통일 방법은 동독이 서독에 편입하는 형식을 취하기로 하였다. 그 법적 근거는 일명 '통일조약'으로 불리는 '제2차 국가조약'이 제공하였다.

독일의 통일은 총 9장 45조와 의정서를 포함한 '통일조약'으로 완성된 셈이다. '통일조약' 제1조는 기본법 제23조에 따라 동독의 5개주가 1990년 10월 3일 독일연방공화국에 편입되며, 베를린의 23개구가 베를린 주를 구성한다고 규정하고 있다. 제2조는 독일의 수도는 베를린이나, 의회와 정부의 소재지는 통일 이후에 정하도록 하였고 제3조는 동독의 편입과 더불어 서독 기본법이 동독 5개주 및 동베를린에 적용된다고 밝히고 있다.

---

* "체제전환에 대한 충격요법과 점진주의 간의 쟁점", 안두순, 『한반도 통일과 경제통합』, 한국경제신문사(1992), 129~144쪽 중 일부.

그 외에 동서독 간에 논란을 빚어 온 동독 내 부동산의 원소유주로의 반환문제, 세원 배분문제, 낙태법문제 등이 '제2차 국가조약'을 통하여 조정되고 통일을 위한 법적 · 정치적 기반이 완성되었다

우리는 독일의 통일을 '흡수통일'이라고 부른다. 하지만 정작 독일인들은 이 용어를 쓰지 않는다. 우리가 독일의 통일을 흡수통일라고 말하는 이유는 다음과 같은 특수성 때문이다. 서독의 헌법인 기본법은 통일에 대비하여 두 가지 독자적인 조항을 가지고 있었다. 기본법 제23조는 기존의 서독지역에 속한 주들만을 기본법이 적용되는 독일연방공화국으로 규정하고 서독 이외의 독일지역은 독일연방에 가입(Beitritt)함으로써 기본법의 적용을 받는다고 명시하고 있다. 반면에 제146조에는 '기본법은 독일국민의 자유로운 결정에 의한 헌법이 발효되는 날 그 효력을 상실한다'고 규정하여 통일의회의 구성과 새로운 통일헌법 제정을 통한 통일의 길을 열어놓았다. 이에 따라 기본법 제23조에 의한 통일은 기존의 독일연방공화국에 여타 지역이 '흡수'되는 것이고 제146조에 의한 통일은 분단된 지역 간 합의에 의해서 통일방식과 절차를 결정하고 정치, 경제, 사회 등 모든 영역의 통합을 통해서 달성함을 의미한다.

'제1차 국가조약'의 발효로 주권 국가로서의 동독은 1990년 7월 1일부로 없어지고 동서독 간에 화폐, 경제 및 사회적 분야에 실질적 통일 상황이 지배했지만 공식적인 통일은 '제2차 국가조약'에 의해서 1990년 10월 3일에 달성되었다. 특히 '제1차 국가조약'에 의한 '실질적 통일 상황'은 1989년 11월 베를린 장벽 붕괴 불과 7개월 만에 이루어진, 매우 급진적인 것이었다. 이러한 충격요법 식 체제통합에 대해서는 많은 논란이 있었다.

2 충격요법의 경제정책적 배경

동독의 경제가 일시에 서독으로 통합된 것에 대해 '준비운동 없이 찬물에 뛰어드는 것'으로 비유, 그 위험성을 경고하는 목소리도 높았다. 동서독 간에는 너무 큰 경제력 격차가 존재하므로 통합 이전에 상호 적응을 위한 상당 정도의 과도기가 있어야 한다는 주장이다. 그럼에도 불구하고 충격요법이 적용된 이유는 무엇인가? 여기에는 통화통합과 체제전환이 동시에 일어나야 한다는 논리가 크게 작용하였다.

먼저 급진적 통화통합의 이유부터 살펴보자.

첫째, 서독화폐가 동독에서는 복지의 표상이었기 때문에 동독민들의 복지 증진을 위해서는 DM으로의 통화 통합이 절실했다.

둘째, 국제 유통이 안 되는 동독화폐 대신 국제 유통이 활발한 DM으로 바뀌어야 교역이 원활해져서 동독의 빠른 경제재건에 절대적인 도움이 된다.

셋째, 동독경제에 DM의 구매력을 제공해야 동독민들의 욕구를 충족시킬 수 있다.

넷째, 완전평등원칙에 입각한 동독의 임금체계가 시장경제 체제로 빨리 바뀌어야만 동독경제의 생산성이 향상된다.

다섯째, 즉각적 통화통합으로 환율 변동의 불확실 요인이 제거되고 이에 따라 동독에서 투자활동이 촉진된다.

이상의 논리는 왜 통화통합에 충격요법이 적용되어야 하는지에 대한 것이다. 그럼 경제통합에서의 충격요법 찬성론은 무엇인가?

첫째, 과거 계획경제가 어려울 때마다 시장경제적 요소를 일부 도입, 위기 극복 시도가 있었으나 매번 실패하여 오히려 경제난만 가중시켰다. 따라서 동독의 경제난 극복은 계획경제의 완전한 포기와 시장경제 도입만이 유일한 길이다.

둘째, 시장기구의 기능은 가격, 대외무역, 외환시장 등이 동시에 자유화되어야 발휘된다. 그러기 위해서 체제전환은 일시에 일어나야 한다.

셋째, 점진적 체제전환은 개별 기업이나 생산 단위의 저항과 무사안일주의적 회피로 국민경제적 효율성 손실이 너무 크고 또 체제전환이 도모하는 본연의 개혁 의지가 퇴색될 소지가 크다.

넷째, 생활수준이 단기간에 향상될 수 있다는 신뢰가 점진주의보다 급진주의 처방의 경우 더 크다. 즉 사회주의 경제에 실망한 국민 대다수는 빠른 변화를 갈망하기 때문에 더 큰 공감대를 기대할 수 있다.

전체적으로 어차피 시장경제 외에 다른 대안이 없는 이상 충격요법은 바로 시장경제 도입에 따른 시차와 저항을 최소화하는 전략으로 파악되었다.

3 충격요법이 초래한 '충격'

급진주의를 옹호하는 입장에서는 양 독일 간의 생산성 격차가 주로 동독의 불충분한 조직력, 경제적 유인효과와 추진 동기의 결여, 노후한 생산설비 등에 기인하는 관계로, 서독과의 통합으로 동독에 자체적 성장 메커니즘이 가동되면 생산성 격차는 빠른 시일 안에 해소될 수 있다고 보았다. 그러나 충격요법에 뒤따르는 대가 또한 결코 작지 않았다.

첫째, 충분한 사전 준비가 없이 개방된 동독시장은 외부 충격을 견디지 못하고, 통화통합으로 야기된 동독제품의 경쟁력 상실, 기업도산, 구조적인 대량실업 등을 초래하였다.

둘째, 임금과 모든 비용을 DM 기준으로 지급해야 하는 동독기업들은 유동성 압박과 운영난에 직면하였다. 뿐만 아니라 밀려오는 서독과 외국 제품의 높은 경쟁력 앞에서 동독제품의 매출액은 급격히 떨어졌다.

셋째, 시설과 기술 현대화를 위해서 새로운 투자 재원이 필요한데, 담보력이 약한 대부분의 동독기업들은 도산의 소용돌이에 휘말려 동독경제 전체가 커다란 구조적 위기에 빠졌다.

넷째, 빠른 실업증가와 기업도산은 실업자 수당과 재교육비 등 많은 사회적 비용을 초래하고, 생필품과 집세 등에 대한 보조금 철폐로 가계부담이 커져서 이의 보전을 위한 재정압박이 컸다.

다섯째, 기업의 사유화와 재정비를 위해서 초기 대차대조표에서 대변의 자산가치는 DM 표시 시장가치로, 차변의 부채는 2 대 1의 비율로 재평가되었다. 이로써 자산가치 수축이 부채의 수축보다 상대적으로 경쟁력을 갖춘 기업까지도 장부상의 손실로 인하여 도산의 위협을 받았다.

이러한 부작용은 이미 사전에 예측된 것이었다. 그러나 실업을 모르고 지내던 동독민들에게 통일 후 제일먼저 경험한 기업도산과 대량해고는 이만저만 큰 충격이 아니었다. 경제통합 일 년 후 구동독의 산업 생산은 통합직전의 3분의 1에 불과하고 국민총생산은 무려 25%의 감소를 보였다. 더구나 이러한 퇴행 국면은 통합 후 수 년 동안 지속되어 분위기를 무겁게 만들었다.

경제통합이 이루어진 1990년 후반에 신규 기업의 등록은 매월 약 3만

건으로 비교적 활발한 듯이 보였다. 그러나 내용면에서는 기존 기업들의 재등록이 많았고 순수 창업의 경우에도 주로 소매업이나 요식업 및 자영 수공업이 대부분이어서 급증하는 실업을 막는 데는 별반 도움이 되지 못했다. 더구나 이런 창업도 1990년 말부터는 차츰 감소세를 보여 기대했던 창업 붐은 무산되었다. 1990년 하반기의 총 투자액도 170억 마르크로 서독의 10분의 1수준에 불과했다. 자료에 의하면 1991년에 서독기업의 동독 투자 계획은 100억 마르크 뿐이고 외국으로부터의 투자는 그 10분의 1인 10억 마르크에 불과하여 체질개선이 시급한 동독경제의 활성화에는 별다른 도움이 되지 못하였다.

이처럼 부진한 투자는 어쩌면 당연한 것이다. 하루아침에 이루어진 국경철폐와 1대 1로 이루어진 화폐통합은 임금이나 부채 등 모든 비용을 갑자기 3~4배 상승시키는 효과로 작용하였고 이미 언급한 여러 가지 애로와 장애가 쉽사리 해소되지도 않았기 때문이다.

동독 각계각층의 욕구 분출과 특히 생산성과 무관한 임금상승 요구는 동서독 간의 생활수준 격차가 통일과 동시에 해소될 것처럼 헛된 기대를 불러일으킨 정치적 선전의 잘못도 없지 않다. 전문가들의 계산에 의하면 만약 동독기업의 노무비가 당시의 50% 수준에 억제되었더라면 생존 가능한 동독기업의 수는 4배로, 노무비를 75% 수준에 억제할 수 있었다면 동독기업의 4분의 3은 생존이 가능할 수 있었으리라고 한다. 물론 이는 상당 기간 동독을 서독과 분리시켜야 함을 뜻한다.

4 사회주의 동독경제가 남긴 유산

초기의 낙관론에도 불구하고 통일 후 동독의 경제상황은 점차 악화되었다. 그 원인은 어디에 있는가? 원인의 하나는 역시 통일정부가 채택한 체제전환 방법과 속도 및 순서 등에서 보여준 정책실패에 있다. 그러나 더 근본적인 원인은 동독경제 전반에 남긴 사회주의 계획경제의 유산이었다. 그 부정적인 유산은 단기간에 정리되기에는 너무 큰 것이었다.

(1) 구동독기업의 자산과 부채

당초 계산으로는 사회주의 동독이 남긴 재산들을 매각하여 통일비용의 상당부분을 마련할 수 있다고 생각했다. 재산 중 가장 큰 몫을 차지하는 것은 구동독기업 재산과 공공 소유의 토지였다. 그러나 현실은 달랐다. 체제전환 과정에서 동독기업들은 재산이 아닌, 오히려 국가적 부담으로 떠올랐다. 그 이유는 간단하다. 원래의 기대와는 달리 구동독기업을 매각하여 얻을 수 있는 수익보다 정리하는 데 드는 비용이 더 많았다. 즉, 구동독기업은 통일정부에게 수익원이 아니라 오히려 처치 곤란한 부채 덩어리였다. 왜 그렇게 되었을까?

기대와 달리 사유화가 부진하고 많은 통일비용을 발생시킨 이유를 간단히 정리하면 다음 질문들과 관련이 있다.

1. 구체제 하에서의 기업 부채를 누가 부담하는가
2. 구체제의 잔재로 남은 환경파괴와 공해 제거비용을 누가 부담하는가
3. 1949년부터 통일 직전까지 사이에 변화된 소유권과 처분권 문제는

어떻게 처리될 것인가

4. 매각 대상 기업에 고용되어 있는 근로자들의 취업은 누가 어느 선까지 보장해야 하는가.

이상 질문에 답이 주어지지 않는 상황에서 사유화 대상으로 나온 동독 기업들을 선뜻 인수하고자 하는 기업은 나서지 않고 시간이 갈수록 그 자산가치는 하락하였다.

원래 '제1차 국가조약'에 따르면 1949년 이후 국유화된 재산은 원주인에게 반환하고 단지 그것이 현실적으로 불가능할 때만 보상을 하도록 했었다. 현실적인 불가능이란 해당 토지나 부동산에 건축물, 사회간접자본 혹은 공업시설 등이 들어선 경우를 말한다. 반환원칙으로 인해 공한지에 생산시설을 조성하거나 신탁관리청으로부터 인수한 기업이라도 원주인이 나타나면 소유권을 이전해 주어야 하는 위험 부담이 체제전환과 투자 활성화의 큰 장애였다. 잠재적 투자가가 있는 경우에도 소유권 이전을 해줄 수 없어서 사유화를 성사시키지 못하는 경우가 많았으며 특히 1991년 초에는 단지 소유권 반환청구가 있다는 이유만으로 많은 기업의 사유화가 벽에 부딪치는 사례가 허다했다.

이러한 사태를 방지하기 위해서 연방의회는 1991년 3월 22일에 '기업 사유화 장애제거 및 투자촉진법'이라는 긴 이름의 법을 통과시켰다. 약칭 '투자장애제거법(Enthemungsgesetz)'에서는 우선 사유화를 통해서 추가적인 투자가 유도되고 일자리가 창출 또는 유지된다면 원 소유자에게 반환하지 않고 보상만 해주도록 하는 것이다. 이 법이 통과된 후 사유화는 좀 더 원활한 진행을 보였지만 초기의 어려움이 남긴 후유증은 쉽사리

가시지 않았다. 이러한 어려움은 당분간 계속되었는데 예를 들어 1993년 6월까지 동독 재산의 소유권 반환청구 건수가 200만 건을 넘었다. 동독의 법질서 체계가 완전히 붕괴되고 구법관들 모두가 해고된 상황이었던 통합 초기에 이러한 청구를 모두 처리하는 데는 엄청난 시간이 소요되기 때문에 동독경제의 전도를 더욱 어둡게 하였다.

(2) 콤비나트와 협동농장의 재산은 누구에게?

구동독의 사회주의식 소유관계를 탈피하여 시장경제적 기업활동을 촉진하는 것이 독일식 경제통합의 시급한 과제였다. 구동독 재산의 소유관계 정리와 사유화 촉진 과제를 수행하기 위해 '신탁관리청(Treuhandanstalt)'을 설립하였다. 신탁관리청의 핵심 과제는 1990년 10월 1일까지 약 8000개에 달하는 콤비나트와 협동조합식 기업을 법인체로 전환시킨 다음 매각을 통한 사유화, 회생을 위한 재정비, 회생이 불가능한 기업은 도산정리를 하는 것이었다. 그 외에 경제활동을 위한 부동산 제공(매각 혹은 장기대여를 통하여), 구조조정과 투자를 위한 자금대출, 산하 관리기업에게 유동성 확보를 위한 대출 지급보증 등도 과제에 포함된다.

대상 기업의 사유화 방법은 규모와 종류에 따라 달랐다. 대기업은 신탁관리청이 비공개로 직접 협상을 통해서, 그리고 식당, 약국, 소매업, 자영수공업 등의 소규모 국유재산은 공개 입찰을 통한 매각방식이 채택되었다. 대기업에게 비공개 매각 방식이 적용된 이유는 가격보다는 투자계획과 일자리보장, 그리고 경영주체의 신뢰성 등을 함께 고려하는, 경제 활성화를 위한 정책적 요소가 동시에 고려된 때문이다.

이처럼 구조전환을 통한 동독경제의 개혁 목표는 초기부터 많은 어려움을 겪었다. 특히 기업의 유동성 부족, 초기 대차대조표 작성의 어려움, 제도 미비와 이해 당사자 간의 갈등 등은 경제통합의 큰 장애였다. 이들을 순서대로 좀 더 자세히 살펴보자.

동독기업들의 유동성 부족문제는 전환 과정에서 발생하는 자연스러운 결과였다. 경쟁압력 없이 국가의 보호 하에서 생존 가능했던 동독기업의 제품이 국경개방과 동시에 전혀 팔리지 않았다. 반면 임금을 포함, 경상비는 서독화폐로 지불되어야 하는데 그 자금마련이 원활하지 않았다. 1990년 7월부터 1991년 말까지 총 500억 DM 정도의 자금이 요구되었으나 연방정부의 지불보증은 단지 170억 DM에 머물렀고 그 결과는 많은 동독 '인민소유 기업'의 도산이었다. 경쟁력 없는 기업에게 과도한 현금차입은 구조조정을 지연시키고 정부 재정에 압박을 주어 시장금리를 인상시킨다는 이유가 한 몫을 했다. 기업의 초기 대차대조표 평가가 어렵고 수익전망에 대한 분석도 쉽지가 않아서 지급보증이나 현금차입 허용에 위험부담이 뒤따른 것도 사실이다.

초기 대차대조표 작성과 평가도 어려웠다. 동독의 경영진이나 관리직 중에 시장경제가 요구하는 회계 체계를 아는 전문가가 없고 지금까지 유효한 시장이 존재하지 않았기 때문에 자산과 부채를 어떻게 시장가격으로 재평가 할 것인지도 불확실했다. 부동산도 대차대조표에 포함시켜야 하나 그 가격 설정이 어렵고 체제변화에 따라서 소유권 문제와 결부되기 때문에 이점 역시 추가적인 불확실요인으로 작용했다. 당시 시기상의 급박함을 감안, 초기 대차대조표에 나타난 명목 자본을 일단 그대로 인정하여 신탁관리청에 소속시키고 신탁관리청은 다시 자기자본으로 재평가 할 수 있도록 허용하는 편법이 적용되었다. 당시 기업의 구조조정, 매각, 신규자본 투입 등의 권한을 가진 신탁관리청의 역할은 매우 컸다. 하지만 경제구조, 지역개발, 산업조직 등에 대한 포괄적 구상이 없었던 관계로 표류하는 듯 한 인상을 많이 남겼다.

인민재산의 처리에 대한 계획 단계에서 자산가치는 과대평가하고 구조전환과 체제정비 비용은 과소평가하는 우를 범했다. 콤비나트와 협동조합 소속 기업들을 매각하면 엄청난 금액의 자산(약 3000억 마르크로 추정)이 형성될 것을 기대한 이해당사자 간의 지분 챙기기에 따른 갈등이 표출되어 추진에 혼선을 야기시키기도 했다.[1]

동독기업의 사유화 정책은 처음부터 매각 위주였다. 그러나 하나의 국민경제 전체를 단기간에 사유화하는 것 자체가 역사상 유래없는 시도였다. 그리고 이 구상은 구동독 재산의 사유화가 성공적일 때에만 동독경제가 살 수 있도록 짜여 있었다. 즉, 신탁관리청의 명확한 과제와 범위의 설정 없이 오로지 낙관적 예측에 기초한 동독경제 활성화 목표는 처음부터 '실패'를 잉태한 것이었는지도 모른다.

신탁관리청은 사유화 수익으로 상환한다는 전제 하에 1991년에 250억과 1992년에 320억 DM을 차입하였다. 그러나 1992년 초반에 이미 신탁

---

[1] 신탁관리청은 기업과 설비 및 부동산의 매각이나 임대를 통해서 발생한 유동성을 구조조정에 투입하여 동독경제를 '전면파산'에서 구재하는 것이 급선무였던 반면 연방정부에서는 사유화에서 나오는 자금을 일부라도 예산에 편입시켜서 동독지역의 적자규모를 최소화하고자 하는 데 관심이 있었다. 근로자들은 지금까지 자신들이 평생직장으로 알고 일했던 기업을 매각하면 매각대금 중 최소한 일부라도 근로자 재산형성을 위한 '근로자 기금'의 조성에 사용되어야 할 것이라는 입장을 제시하였다. 또한 시민운동가나 일부 좌익계 정당에서는 매각대상이 된 동독의 기업들이 말 그대로 인민소유기업인이상 체제가 전환되더라도 동독민의 소유권이 보장되어야 한다는 주장을 강력히 펴왔다.

관리청의 순자산은 한 푼도 없는 것으로 판명되었다. 즉 매각수입에서 구부채와 사회보장비용 및 구조개편 비용을 제하고 또 환경오염 제거비용을 감하면 아무 것도 남는 것이 없다는 것이다.

원래 신탁관리청은 모드로프(Modrow)정권에 의해서 '인민소유기업'을 '국민주'나 '우리사주' 형태로 동독인들에게 분할할 목적으로 설립되었으나 통일 후에는 구인민재산의 사유화를 달성해도 남는 것이 없기 때문에 동독민에게 돌려줄 것이 없어서 사유화에만 최우선 순위가 주어졌고 '국민주'나 '우리사주'에 대한 신탁관리청의 의무는 아예 논의의 대상조차 되지 못하였다. 동독경제를 살리기 위해 설립된 신탁관리청이 동독경제 공동화의 주범이 되었다고 주장한다면 과장된 바 없지 않지만 그렇다고 흘려들을 말만은 아닌 것 같다.

(3) 독일식 노동시장 통합의 특징과 부작용

동독과 서독 근로자의 통일에 대한 생각과 기대는 달랐다. 분리되어있던 두 개의 노동시장을 일시에 통합시키는 데에는 부작용이 따르기 마련이다. 서독의 노사관계에 관한 법적 제도적 장치가 그대로 동독에 적용되면서 구동독에게 생소한 단체협약(Tarif-Autonomie)이나 임금정책은 구동독 근로자들에게 하나의 목적갈등이었다. 즉, 한편으로는 동서독 간 임금격차가 신속하게 해소되는 것이 바람직하나 다른 한편 동독의 낮은 노동생산성을 감안한다면 동독의 임금이 빨리 오를수록 동서독 간의 경제력 격차는 더욱 벌어질 위험성이 크다.

구조조정이 한창이던 1992년 말 동독 실업자는 120만 명으로 공식 실업률은 약 15%였다. 하지만 잠재실업으로 간주되는 단축조업자 200만을 포함하면 실업률은 무려 35%에 달한다. 더 나아가 직업훈련 중인 근로자까지 포함하면 동독의 실업자는 1993년 중 전체 노동인력의 50%에까지 달한다. 단축조업자들은 실제 완전실업자나 다름없지만 단지 구동독의 사회정책적 고려 때문에 직장에서 내보내지 못한 인력이다.

높은 실업률이나 낮은 노동생산성과 상관없이 임금은 매우 빠르게 상승했다. 예를 들면 통합 직전 동독 노동생산성은 서독의 약 3분의 1정도였는데 명목 임금은 6개월 만에 약 30% 증가했다. 1990년 말경의 구동독 임금은 이미 서독의 50%를 상회했고 건설업의 경우에는 1991년 4월에 이미 65%를 넘어섰다. 이에 따라 동독경제의 생산은 더욱 감소했다.

이러한 상황에서 독일 금속노조와 고용주 단체는 구동독지역의 금속·전자산업에 적용되는 특이한 내용의 단체협약을 체결한 바 있다. 즉, 1991년 구동독의 임금을 서독의 60%로 정하고 그 비율을 점진적으로 높여 1994년에는 격차를 완전히 해소하기로 하였다. 이 단체협약 모형은 철강산업이나 공공서비스에도 그대로 적용되어 구동독 지역 단체협약에 하나의 이정표적인 의미를 갖게 되었다.

구동독의 생산성이 과연 이처럼 짧은 기간에 서독과 같은 수준에 접근할 수 있는지는 회의적이다. 또한 초년도의 임금수준을 구서독의 60%로 합의한 것도 너무 높아 구동독의 노동시장을 계속 압박하는 요인으로 작용할 것이라는 지적도 있었다. 그럼에도 이 모형이 공감을 얻었던 이유는 동서독 간의 소득격차를 빨리 해소하고 미래에의 확실한 비전을 제시한다는 데 있다. 특히 근로자들에게 그들의 임금이 수 년 내에 서독 수준에 도달한다는 희망을 주어서 서독으로의 이주를 방지하는 효과를 노렸다.

이 협정이 기업인들에게 주는 신호 효과도 있었다. 동독 근로자들의 서독 이주 성향이 줄어들고 또 임금 상승 폭에 대한 사전 예측이 가능해지기 때문이다. 또한 구동독지역의 산업 평화가 우선 4년 동안은 보장된 셈이다. 통일 후 구동독의 근로자들은 그들의 임금수준을 빨리 서독수준으로 올리라는 쟁의가 많아서 불안 요인으로 작용했었지만 이제 그 불안요인은 일부 해소되었기 때문이다.

설사 4년 후(공공분야는 5년 후)에 동서독의 임금수준이 평준화된다고 해도 기업의 노무비용 전체가 동일해지지는 않는다. 왜냐하면 사회보장 관련 부대비용과 복리후생 관련 비용은 4년 후에도 아직 서독 수준에 미치지 못할 것이기 때문이다. 이에 따른 노무비용상의 격차는 4년 후 약 20~30%로 추정된다.

충격요법식 체제통합 사례가 주는 시사점*

1 통일 후 재산소유권 처리와 사유화 방안에 대한 시사점

사유재산제도는 시장경제의 필수조건이다. 체제전환을 서두르는 구사회주의 국가들도 외국자본을 유치하기 위해서, 그리고 민간분야의 역동성과 창의력을 활성화시키기 위해서 국가재산의 사유화를 서두르고 있다. 사유화 방법으로는 구소유주에게 반환, 종업원들에게 지분의 유·무상 배급, 매각, 분할과 재편을 통한 자본주의식 공기업으로의 전환 등 다양하며 순서, 속도 등에도 여러 변형이 있다. 소유권과 재산제도 문제는 남북간의 통일 논의에서도 큰 과제중 하나로 떠오를 것이기 때문에 우리의 관심을 끈다.

동독은 통일로 인하여 동구권의 어느 국가보다도 자본, 기술, 노하우, 행정지원 등을 서독으로부터 받을 수 있는 유리한 조건을 갖추었다. 그러나 이러한 형식적인 여건 외에 당장 급증하는 기업도산과 실업증가를

* 「독일통일의 경험이 남북한 경제통합에 주는 교훈-경제동합을 중심으로」, 세종연구소, 1995년 8월 25일, 남북한 통합모델 학술회의 발표논문 중 일부.

막으면서 시장경제 체제로 전환시키는 일은 결코 쉬운 과제가 아니다.

사회주의 계획경제가 시장경제로 전환되기 위해서는 첫째, 시장경제가 자랑하는 가격기구에 의한 정보체계 둘째, 시장과 경쟁제도의 정착, 민간경제의 자율성 보장, 사회간접자본의 구비 등 제도와 정책의 정비 셋째, 자율적이고 동태적인 인간자본의 형성 등이 요구되는데 이러한 여건들은 단시일 내에 구비될 수 있는 것들이 아니다.

독일은 구소유권 반환과 매각을 통한 사유화를 택했다. 그 중 식당, 극장, 소매상 및 기타 소규모 자영업은 공개입찰 식 매각을, 대규모 기업은 직접 협상을 통한 매각방식을 택했다. 동독경제는 산업별 지역별 집중도가 매우 크고 대규모 기업 집단으로 이루어진 콤비나트 중심이었다. 이를 대상으로 하는 구조조정 작업은 여러 난관이 있었다.

첫째, 특정 산업분야에 국한된 구조조정이 아니라 실질적으로 동독 산업 전체를 대상으로 하기 때문에 그 작업 범위가 매우 컸다. 뿐만 아니라 순수한 경제적 차원을 떠나서 고용과 장래 생활보장 등 사회정책 전반의 문제와 연관되어 어려움은 더욱 컸다.

둘째, 동독경제의 생산력 대부분이 콤비나트에 집중되고 많은 지역경제가 소수 혹은 단일의 콤비나트에 크게 의존했기 때문에 콤비나트 정리의 향방에 따라 특정 산업과 지역 전체의 운명이 좌우되는 예가 많다. 그런데 이들 대형 콤비나트를 정리하지 않으면 새로운 경제의 활성화를 위한 노동력, 공업용지, 상업 및 유통 서비스 등이 차단되어 외부의 자본과 기술 도입이 어려웠다.

셋째, 경쟁 위주의 시장제도가 동독에 아직 정착되지 않아 신규투자가 부진하고 따라서 신탁관리청이 추진하는 사유화나 구조조정에 많은 시간이 요구되며 시간이 지날수록 기업도산은 증가하였다.

넷째, 구조조정과 체질개선을 위해서는 인력의 재교육과 전직훈련을 필요로 하지만 통합 초기에 이에 필요한 제도적 여건이나 교육훈련 시설 미비로 많은 어려움을 겪었다.

경제통합 초기에는 동독경제 전체가 서독인들의 손에 넘어가는 데 대한 우려의 소리가 높았고 이에 따라 소위 투매가설이 고개를 들었다. 그러나 시간이 지나고 신탁관리청의 실적이 부진하고 기업도산이 속출하자 동독지역 전체가 이탈리아 남부의 메쪼 조르노(Mezzo Giorno) 지역처럼 공동화되지 않을까 하는 공동화가설이 더 큰 현안으로 떠올랐다.

2 독일식 충격요법의 종합평가

실제로 독일의 급진적 경제통합은 세계적인 부자나라 서독으로서도 감당하기 힘든 부담을 수반하였으며 이러한 부작용은 예상된 것이기도 했다. 예상에도 불구하고 충격요법이 채택된 이유는 경제보다는 정치적 논리로 설명이 가능하다.

- 점진적 방법을 택할 경우 절호의 통일기회를 혹시라도 놓치지 않을까 하는 우려가 크게 작용했다.
- 동독민들이 이룩한 11월 평화혁명이 지난 45년의 동독 역사에 대한 전면적인 부정이었기 때문에 동독의 구체제적 요소는 시급히 제거되어야 했다.
- 동독민들 모두가 서독과의 빠른 통합을 갈망했으며 이것은 수차례에

걸친 선거에서도 나타난 사실이다.

- 동독화폐를 서독화폐로 대체시키는 것은 동독인들의 강력한 요망사항이며 동독 구체제의 청산을 상징하는 것으로 받아들이는 분위기 때문에 시급하게 이루어져야 했다.
- 1990년대 초 매일 수천 명씩 넘어오는 동독 탈주자들을 정지시키는 유일한 길이 즉각적인 통화통합이었다.

이 중 가장 결정적이고 직접적인 배경은 역시 이주자 문제였다. 베를린 장벽은 붕괴되었지만 통일 여부가 불분명 할수록 동독인들의 장래에 대한 불안은 더욱 커질 것이다. 당시 매일 수 천 명씩 서독으로 넘어오는 탈주자들과 함께 '서독 DM을 보내라 그렇지 않으면 우리가 (DM에게로) 가겠다'는 시위대의 구호도 크게 역할을 했다. 빠른 의사결정과 행동을 요구하는 당시의 분위기는 선거를 의식한 콜 수상의 정치적인 계산과 급진적 동서 통합의 이해가 맞아떨어진 것이다.

주변국들의 정치적 상황 역시 급진적 통합을 위해서 중요한 논리를 제공하였다. 즉 독일의 통일을 적극 지지했던 소련에서 내부 갈등이 표면화되고 고르바초프의 지위가 불확실해졌다. 또 외무장관이던 세바르드나제가 퇴임하는 사태가 벌어졌다. 이러한 일련의 사태에 직면한 독일에서는 과연 소련이 계속해서 독일의 통일에 긍정적인 입장을 취하겠는가에 대한 회의가 제기되었다. 따라서 목전에 도달한 통일기회를 포착하는 데에는 민첩하고 강력한 추진, 바로 급진주의적 충격요법을 통한 양 독일의 통합 이외에 다른 대안은 없었다.

한반도에도 독일식 통일은 가능한가?*

1 한반도 통일 환경은 독일과 어떻게 다른가?

한국과 독일은 양국 모두 2차 대전 이후 분단된 단일민족국가였으며 동서냉전의 소용돌이에 휘말려 있었다. 그러나 동서독과 한반도 간에는 많은 차이점이 있는 것도 사실이다. 한반도의 통일 환경은 독일과 어떻게 다른가?

첫째, 동서독은 교류와 접촉이 꾸준히 지속되었으나 남북한은 불신과 대립이 장기간 지속되었다. 양 독일 간에는 서신왕래, 상호방문, 경제협력은 물론이고 도시간의 자매결연, 체육 및 문화교류, 신문과 방송 및 교통 분야의 협력, 학생 교류 등 광범위하고 지속적인 교류와 협력이 있었다. 브란트(W. Brandt)의 동방정책 결과 1972년에 체결된 양 독일 간의 기본조약에서 이미 동서독 간의 관계개선을 위한 하나의 이정표가 세워졌다. 즉, 상주대표부의 교환, 유엔 동시가입과 국제적 외교자주권의 상호 인정, 직교역과 교류 확대, 상호 불가침 등이 합의되었고 실행되었다. 그 이후

---

* 한독경상학회 <경상논총> 제9호(1991년 12월)의 「통독 경험과 한반도의 통일정책적 과제」 중 일부.

서독에서는 국민생활의 불편을 해소하는 실질적이고 인도적인 차원의 교류 촉진이 최우선 과제로 다루어졌으며 양 독일 간에 경제, 학술, 기술, 교통, 법적 교류와 우편, 통신, 의료, 문화, 체육, 환경보호 등의 분야에서 많은 협력이 이루어졌다. 기본조약 이전에도 전화나 서신교환은 물론이고 인적 왕래가 끊어진 적은 없었다. 동독의 노인들에게는 1964년 이후 서독 이주가 허용되었으며 친척이나 이산가족의 상호 방문도 어려움이 없었다.[1]

둘째, 통일 전의 서독은 여러 면에서 세계에서 가장 부유한 나라 중 하나였으나 남한의 경제력은 북한을 끌어안을 만큼 충분하지 못하다. 서독의 경제력은 동서독 간의 통일에 따르는 막대한 통일비용도 별 무리 없이 잘 소화해낼 수 있었다. 그럼에도 불구하고 통일 이후 독일은 통일비용 문제로 큰 어려움을 겪고 있다. 통일 후의 경제에 대한 낙관적 예상이 빗나가고 실망과 비관적 분위기가 고조되면서 1991년 초부터 통일비용 조달 방법에 대한 논의가 격렬하게 일었다. 통일 후 10년 동안에 약 1조 마르크면 되리라던 통일비용은 시간이 지남에 따라 두 배로 늘고 재원확보가 심각한 과제로 대두되었다. 세금을 인상하지 않겠다던 선거공약과 달리 소득세나 법인세 등 여러 조세나 분담금을 인상한 바 있다.

셋째, 지정학적 역사적 배경이 다르고 분단을 극복하고자 했던 동서독의 정부입장이 남북한의 정부 입장과도 다르다. 한국과 달랐던 독일의

---

[1] 예를 들면 1988년만 하더라도 2만9031명의 동독인들이 서독으로 합법적으로 이주할 수 있었고 약 675만 명의 동독인들이 서독과 서베를린을 그리고 약 555만 명의 서독인이 동독을 방문한 바 있다. 또한 헝가리나 체코 주재 서독 대사관에 동독의 난민들이 몰려들어 동서독 간의 외교 분쟁이 극에 달했던 1989년 가을까지도 동서독의 도시 간에 또는 대학 간에 자매결연이 맺어지고 서독의 전기가 동독에 새로이 공급되기 시작했으며 동서독 화가들의 교환 전시회가 열리는 등 다방면의 교류와 협력은 계속되었다.

통일환경을 정리하면 다음과 같다.

1. 남북한은 동서냉전의 최첨병으로 동족상잔의 전쟁을 치렀으나 동서독은 비록 외세에 의해 분리되었지만 서로가 냉전의 희생자라는 의식을 가지고 평화공존의 길을 모색하는 입장이었다.
2. 독일은 패전국으로 미·영·불·소 등 4개 전승국에 의해서 분할되었으며 통일을 위해서는 4개 전승국의 공식적인 동의 내지는 승인을 얻어야 했으며 주변국과의 국경 문제가 복잡했다.
3. 서독은 구주공동체(EC)라는 강력한 지역경협기구와 유럽안보협력회의(CSCE)를 활용하여 동서독 간에 분쟁 대신 평화무드를 조성하는 데 노력했다.
4. 접촉과 교류를 위해서 중요한 역할을 하는 베를린이라는 접촉 매개지역이 있었다.
5. 독일에서는 동독이 일찍부터 1국가 2체제, 유엔 동시가입, 국제적 동시 승인을 적극 추진했으며 서독은 통일을 국내적인 문제로 유도하고자 하는 자세를 견지했다.
6. 이산가족 간의 접촉은 시종일관 서독정부에 의해서 적극 장려되었고 동독에서도 인도주의적 차원에서의 상호 방문과 접촉을 완전히 단절시킨 적은 한 번도 없었다.
7. 서독은 일방적이고 선언적인 정책발표를 지양하고 꾸준한 접촉과 막후 협상을 내독정책의 기본으로 삼았다.
8. 동서독 간의 경제력 격차는 매우 컸지만 서독은 경제적 우위를 체제우월성과 직결시키지 않고 동독정부의 국내외적 입지를 강화시켜 명분을 실려주면서 지속적인 경제협력과 대화를 유지시켰다.
9. 접촉과 교류는 정치적 목적에 이용하기 이전에 민족동질성의 유지·회복을 위해서, 그리고 국민생활의 불편 해소를 우선목표로 삼았다.

10. 동서 간에는 TV나 라디오, 신문 등 언론매체의 교류가 있어서 국민들 상호 간에 최소한의 정보교환이 이루어져 왔었다.

통일 이후에도 동서독 국민 간의 사회적 심리적 이질감은 매우 큰 것으로 남아 있다. 동서독보다 더 오랫동안 완전히 단절된 상황에서 동질성 회복보다는 오히려 이질감과 적대감을 고취 받아 온 남북한 국민들의 처지를 생각해 볼 때 구태의연한 통일논의가 얼마나 무책임한 것이며 막연한 통일 기대감과 열망이 얼마나 감상에 치우친 것인지를 느끼게 한다. 우리의 경제력이 북한을 월등히 앞서는 것은 사실이지만 서독과 남한의 경제력을 비교해 보면 그 격차는 엄청나다. 이런 점으로 미루어 우리의 경제력이 과연 충분한 사전준비 없이 통일을 감당해 낼 수 있는지에 대해서도 신중한 검토가 요구된다.

2 통일에 앞서 교류와 협력을 계속했던 독일

독일의 통일 환경이 한반도의 그것과 가장 큰 차이를 보이는 부분은 교류와 접촉의 범위와 빈도에서 나타난다. 동서독 간에는 교류와 협력이 어떻게 이루어져 왔는가?

(1) '기본조약'의 체결과 그 의의

1945년 8월 포츠담 회담에서 전승연합국은 점령된 독일을 단일경제권으로 취급한다는 원칙에 합의했다. 또한 1947년의 민덴협정(Mindener

Abkommen)에서 점령지 간의 교역을 합법적인 것으로 인정하였고 1948년의 프랑크푸르트협정(Frankfurter Abkommen)에서는 이를 제도적으로 정착시켰다. 프랑크푸르트협정은 1951년에 베를린협정(Berliner Abkommen)으로 대체되었다. 여기에서는 양 독일이 단일시장이라는 원칙을 재확인하고, 내독교역과 경제협력을 장기적으로 정착시키는 제반 규정을 강화시켰으며, 내독교역이 독일통일의 교두보 역할을 하도록 한다는 의지도 재확인하였다.

서독은 1951년부터 GATT의 정식 회원이 되면서 동서를 막론하고 독일을 원산지로 하는 모든 상품의 교역에 대한 기존의 규정이나 제도를 수정할 필요가 없다고 인정을 받았다. 더 나아가 EC회원국으로부터도 양 독일 간의 교역이 내독교역임을 분명히 했다. 이에 따라 양 독일 간의 교역이 무관세로 이루어지고 동독의 공산품이 서독을 통해서 EC회원국으로 수출되는 길도 터놓아서 동독이 마치 EC의 준회원국 같은 특혜를 누리도록 했다.

이처럼 서독은 이념과 체제경쟁의 틀에 얽매이지 않고서 동독주민의 생활수준 개선과 민족 동질성의 유지를 위한 정책적 차원에서 내독교역을 추진하였고 내독교역은 실제로 양 독일을 연결시키는 가장 확실한 접촉 도구로의 역할을 충실히 수행해 왔다.

이러한 의미에서 서독의 경제력이 동독을 와해시켰다기보다는 동독에 밀려갔던 방문과 교류의 홍수가 동독을 서독에 흡수시킨 원동력이 되었다는 판단이 더 타당할 것이다. 즉, 베를린 장벽을 무너뜨린 것은 서독의 자유와 풍요를 동경하는 동독인들의 인간적 욕구였다. 이러한 욕구는 교류와 접촉을 통해서 확산되었음을 우리는 인식할 필요가 있다.

동서독 간의 인적 교류는 1년에 1000건 이상일 때도 있었다. 이처럼 활발한 인적 교류의 이면에는 서독정부의 '정치와 인적 왕래 간의 분리'라는 실용주의적 접근 방법이 큰 역할을 했다.

둘째, 서독은 교역을 확장시키는 여러 조치를 통해서 동독경제에 도움을 주었다. 예를 들면 1967년 3월에 서독은 대 동독 시설기자재 공급에 대한 정부 지불보증의 길을 열었고 동년 5월에 산업설비금융회사(Gesellschaft zur Finanzierung von Industrieanlagen)를 설립, 역시 동독에 공급되는 설비에 대한 또 다른 금융지원의 길을 터놓았다.

1972년 이래로 활발해진 교류와 협력을 통해서 양 독일은 상대방을 서로 잘 안다고 믿었고 신문과 방송 등 상대방의 언론 매체가 거의 개방되었던 점 등은 한반도 상황과는 비교가 안 될 정도였다. 인구는 서독이 동독의 4배인 반면 남한은 북한의 2배이고 면적은 서독이 동독의 2.3배인 반면 남한은 북한의 0.8배에 불과하다. 일인당 소득격차는 서독이 동독의 3배인데 남한은 북한의 10배에 달한다. 다른 여건이 비슷하다고 가정하면 통일 후 서독인 4명이 동독인 1명을 도와주면 되지만 남한은 2명이 북한인 1명을 감당해야 한다고 극적으로 표현할 수도 있다.

통일비용을 축소시키는 첩경은 남북 간의 경제력 격차를 줄이는 것이다. 남북 간의 경제력 격차는 점차 커져만 가고 있고 지금 추세라면 시간이 갈수록 더욱 커질 것이다. 이는 통일이 늦어질수록 통일비용 부담은 더욱 커진다는 것을 의미한다. 이에 대한 준비가 절실히 요구된다.

(2) 남한의 사회와 경제는 북한을 받아들일 능력이 있는가?

사회주의 경제의 체제전환 초기에는 실업, 물가불안 및 생필품 조달의 어려움 등 부작용이 따르기 마련이다. 통일이 풍요사회로 연결되리라는 환상에 젖어있던 국민들에게 이러한 고통은 일종의 배신감으로 느껴지기 마련이다. 더구나 사회주의 국가에서는 국민들에게 실업, 인플레이션, 시장의 불안 등이 마치 전형적인 자본주의 시장경제의 폐단인 것처럼 선전되어 왔다. 그러므로 과도기적 혼란기의 이러한 현상은 자본주의의 모순에서 오는 것이 아니고 사회주의 계획경제의 병적인 유산임을 알릴 필요가 있다.

또한 사회주의 계획경제가 남긴 파멸적인 상황에서 빠져나올 수 있는 유일한 길이 체제전환이라는 점과 이러한 의미에서 체제전환이란 시장경제의 도입임을 인식시키는 노력도 필요하다. 그러나 더욱 중요한 것은 과도기적 적응과정에서 어려움을 겪는 주민들의 생활을 어떻게 안정시킬지 사전에 방안을 마련하는 것이다.

자본주의 시장경제에서는 개인에게 직업선택의 자유가 있음과 동시에 자신의 생계는 일차적으로 자신이 해결해야 할 의무를 가진다. 그러나 개인은 자신이 충분한 노력을 기울여도 생계를 꾸릴 수 없는 경우가 허다하다. 예를 들면 전쟁이나 천재지변에 의한 불행이나 질병, 지체부자유, 노환, 실업상태 등이 이에 속한다.

남한에서도 다른 선진국과 마찬가지로 어느 정도 사회보장체계가 갖추어져 있으나 충분치 못하다. 특히 모든 생계를 일단 국가가 책임지는 것으로 되어있는 공산체제에 익숙해 있던 북한의 주민들을 포용하기 위해서 현재 남한의 사회보장제도는 취약한 것이 사실이다. 이에 대한 보완의 필요성은 서독의 잘 발달된 사회보장제도가 동독민들을 서독으로 큰 무리 없이 포용하는 데 결정적인 역할을 했다는 사실에서 분명해진다. 따라서 개인적인 경제활동의 기회가 충분히 주어지는 것 외에, 사회보장 체계가 확충되고 서민을 생계의 위협에서 보호해 줄 수 있는 정부의 사회정책 수단의 개발과 확충이 필요하다. 아울러 남한사회에 팽배해 있는 신자유주의식 경제운용 방식을 보완하는 것이 큰 과제로 대두될 것이다.

남한식 시장경제의 결정적인 취약점은 빈부의 격차와 지역 간 계층 간 및 기업 간의 불균형이다. 시장경제에서는 가격기구와 경쟁이 공정한 분배를 보장한다고 하지만 모든 경쟁자가 동일한 출발기회(재산소유의 정도, 상속이나 증여의 유무 등)를 갖지 않은 관계로 능력이나 노력과는 일치하지 않는 결과에 도달하기 마련이다. 특히 남한에서 그동안의 고도성장기간 중 주택을 포함한 토지와 부동산의 소유여부, 교육기회와 환경의 차이, 정경유착과 정보 접근성의 차이 등과 함께 정치적인 이권배분의 수혜여부에 따라서 각종 형태의 불균형과 불공평이 확대되어 왔음은 주지의 사실이다.

누진세 제도를 위시하여 시장결과를 보완하는 장치가 없는 것은 아니지만 기회균등의 실현을 위한 더욱 근본적인 체제개혁이 없이는 남한에서 제기되는 더 많은 공평에의 요구는 물론 사회주의에 젖은 북한주민을 포용하기가 매우 힘들 것이다. 따라서 통일을 준비하기 위해서는 부의 축적 못지않게 남한의 체제개혁도 중요해 보인다.

제2부

동독 패망 원인과 통일후유증

양 독일의 통합 과정 초기에는 우리도 독일처럼 통일되면 얼마나 좋을까 하는 감상적 통일기대가 한국의 지배적 분위기였다. 그러나 독일에서 통일 초기부터 '통일후유증'이야기가 나오면서 관심의 초점은 통일비용이 얼마나 발생할 것이며 어떻게 감당할지에 모아졌다. 즉, 심각하게 대두된 통일후유증과 예상을 뛰어넘는 통일비용에 대한 보도와 논평은 '통일 지상주의'에 경고를 주는 계기가 된 것도 사실이다.

통일후유증 논의는 사회주의 동독경제가 왜 망하게 되었는지, 사회주의 체제를 자본주의 시장경제로 체제전환을 시키는데 어떠한 난관이 있는지에 대한 분석으로 연결되었다. 여기에서 얻은 결론 하나는 경제통합의 방식과 속도에 따라 후유증의 정도는 달라지며 초고속으로 진행된 독일의 통일방식은 어쩔 수 없이 국민들 간의 물질적 심리적 괴리감을 증대시키는 후유증을 유발할 수밖에 없다는 점이다.

여기에 모아진 글들은 동독이 왜 망할 수밖에 없었고, 정치적 통합을 완성한 독일이 겪는 통일후유증에는 어떤 것들이 있는지를 소개한다. 아울러 통일후유증을 극복하는 통일정부의 접근방법을 르포 형식으로 전달하면서 한국에 주는 시사점을 도출한다.

통일독일이 아직 해결해야 할 과제들*

지난 10월 3일 동독이 독일연방에 가입하고 12월 2일 독일 전역에 걸친 총선을 마침으로써 독일은 모든 통일절차를 마쳤다. 통일과 함께 독일인들은 무엇을 생각하는가. 독일인들은 이제 걷잡을 수 없이 휘몰아쳤던 통일의 열풍에서 벗어나 서서히 현실적인 문제를 인식하면서 자신들이 무엇을 해냈고 또 앞으로 얼마나 많은 문제를 해결해야 하는가에 새삼 놀라고 있다.

현재(1990년) 독일에서 많이 팔리는 비소설부문 책으로 헬레노 사냐의 『제4제국, 독일의 사후적 승리』와 하인츠 주어의 『동독은 우리에게 얼마짜리인가?』가 꼽힌다. 『독일을 아십니까?』라는 책으로 이미 유명해진 스페인 출신 작가 헬레노 사냐는 그의 새 저서에서 독일의 통일방식을 국수주의의 재등장이라고 맹렬하게 비난하고 있다. 그는 통독을 지정학적 여건 변화가 가져다준 '역사의 선물'이 아니라 독일만이 가지고 있는 강한 민족주의와 '강대국 증후군'이라고 주장한다. 패전 이후 경제재건으로 힘을 기르면서 기회만 엿보다가 전승연합국의 힘이 상대적으로 약화되고 동구 국가들이 경제파탄에 빠지자 이때를 놓치지 않고 무서운 돌파력으로

---

* "독일통일의 겉과 속", <매일경제>, 1990년 12월 20일.

단숨에 통일을 거머쥐었다는 것이다.

이상에서 '제4제국'으로의 첫발을 내디딘 독일의 세계적 헤게모니 강화추세에 대한 우려가 엿보인다. 이러한 비판에 독일의 지식인들은 매우 예민하다. 그들은 독일이 강대국이 아니고 강대국이 되지도 않을 것이라며 자신들의 잠재력을 부정하려 애쓴다.

그러나 볼프강 헬레서의 저서 『민족적 도취』나 사민당 수상후보였던 오스카 라퐁탱의 『제4제국의 망령』에 대한 경고가 시사하듯 독일의 민족주의는 남다르게 강한 것이 사실인 것 같다. 독일인들은 분명 국가가 분단된 순간부터 남모르게 통일을 준비해왔고 동서냉전의 첨병역할을 거부하고 접촉과 교역을 통해서 민족의 동질성 유지에 큰 의미를 부여해왔다.

혹자는 통독 이후 나타나는 여러 경제사회적 부작용과 그에 대한 국민들의 불만에 대해서 많은 독일국민들이 통일을 반대한다고 말한다. 실제 최근(1990년 10월)의 여론조사에 따르면 독일인들의 가장 큰 관심사는 ①통일비용 ②세금 인상 ③실업문제 ④중동위기 ⑤동독지역의 기업도산 등의 순서로 나타났다. 즉 통일에 따른 경제적 문제가 커다란 현안인 것이다. 그런데 재미있는 것은 관심의 정도나 통일비용의 부담방법과 부담능력에 대해서 동독인과 서독인 사이에 큰 견해차이가 있다는 점이다.

서독인들은 통일비용과 세금 부담에 가장 큰 관심을 가진 반면 동독인들은 실업문제를 가장 심각한 문제로 보았다. 또 금년(1990년) 여름 실시된 여론조사에서 통일비용을 위해 개인적 희생을 감수해야 하는가에 대한 질문에 동독인들은 78%가 찬성, 서독인들은 73%가 반대의견을 제시했다. 동독인의 3분의 2는 서독 경제가 막강하여 동독경제를 재건하는데 어려움이 없을 것이라고 본데 반하여 서독인들은 단지 23%만이 같은 견해를 나타냈다.

이처럼 끈끈한 응집력과 강한 돌파력으로 통일을 달성한 독일인상(像)과, 실업, 사회복지, 조세부담 등 통일부작용에 대한 거부감을 보이는 독일인상(像) 간에는 큰 괴리를 느낀다. 이러한 괴리를 보고 혹자는 독일을 통일시킨 것은 독일의 '엘리트 민족주의'이지 독일국민 자체가 아니라고도 말한다. 즉 지식인들과 정치인들이 국민을 통일의 열기로 몰아넣었다는 것이다. 이러한 주장의 진위를 떠나서 독일의 통일을 가능케 한 것은 기회를 포착할 수 있는 사전준비를 철저히 해온 독일의 정치계와 여의치 않았던 지정학적 여건을 동질성 회복 노력으로 극복하고자 했던 독일국민의 힘이었음을 부정할 수 없다.

우리나라에서도 감상론적 통일 기대나 '안 되는 통일을 열망하면 무엇하겠느냐'는 자포자기적 자세도 없지는 않다. 그러나 우리가 통독 과정에서 배울 수 있는 것은 조급한 통일열망이나 자포자기적 현실론이 아니라 체계적이고 실질적인 통일준비를 하고 있어야만 기회를 포착할 수 있다는 사실이다.

통일을 이룩한 독일에도 문제는 산적해 있다. 진정 통일된 것은 화폐뿐이고 정치통일은 5년, 경제통일은 10년, 사회통일은 50년쯤 걸릴 것이며, 동서독 사이의 인간적 통일은 아마도 수세대가 지나야 하지 않을까 생각한다.

통일로 더욱 커진 심리적 괴리감*

지난 크리스마스는 구동독인들이 통일 후 처음 맞는 크리스마스였다. 작년(1990년) 이맘때 쯤 동독인들에게는 11월의 평화혁명 이후 정치가 어떻게 돌아가는지가 가장 큰 관심사였다. 저녁때면 모두 TV앞에 모여 40년 동안 그들을 지배했던 동독공산당이 어떻게 무너지는가를 흥분과 불안감으로 지켜보았다고 한다. 물론 서독의 TV를 통해서였다.

일 년이 지난 지금 그들은 구태여 서독 프로그램만을 고집할 필요가 없어졌다. 동독의 TV도 내용면에서 다를 것이 없기 때문이다. 사회주의 사상교육과 체제선전 대신 자본주의적 상품광고가 동독의 TV에서도 홍수처럼 쏟아지고 있다. 동독인들에게는 이제 정치적인 내용보다 상품광고를 보는 것이 일상이 되었다.

동독에서조차 동독제품은 이제 아무도 거들떠보지 않는다. 값이 전보다 반 이상 내려가도 마찬가지다. 서독에서 좋은 가죽장갑 한 켤레에 약 60 DM이고 동독제품은 그 20분의 1인 3 DM이어도 구태여 서독제품에만 눈이 간다.

---

* “옛 동독의 상대적 빈곤감”, <매일경제>, 1991년 1월 6일.

서독기업들은 대목을 놓칠세라 상품광고에 엄청난 투자를 하고 자본주의적 경영체제를 도입한 동독의 TV社들은 광고수입이 커다란 매력이기도 하다. 통일 덕택에 서독의 유통업은 사상 유례없는 호황을 누렸고 지난 연말대목의 매상고도 사상 최고였다. 그러나 많은 동독인들은 TV에서 쏟아지는 상품광고를 눈으로 즐기는 것으로 만족해야 한다. 통일 전에는 상품이 없어서 자의반 타의반 소득의 많은 부분을 저축하였고 동・서독 화폐를 1대 1로 교환한 화폐통합 덕택에 돈이 없는 것은 아니다. 그러나 그나마 저축한 돈을 비싼 서독 물건 구매에 지출하고 나면 장래에 닥쳐올지 모를 경제적 위기에 대책이 없기 때문에 함부로 쓸 수가 없는 것이다.

날마다 들려오는 공장, 사무실, 대학교, 연구소 등 직장에서 쫓겨나는 공무원, 사상가, 이론가, 당원들, 그리고 많은 공장 근로자들, 점차 올라가는 각종 물가 등은 TV의 상품 광고와 함께 그들의 '상대적인 빈곤'이 얼마나 큰가를 절감하게 만든다. 40년 동안 그들의 생활을 지배했던 공산주의식 통제경제가 자신들의 생활수준을 얼마나 퇴보시켰는지를 다시 한번 되씹게 한다.

동독국민들의 생활수준이 낮다고만 말할 수 없다. 동독 가계 중 90%이상이 세탁기, 진공청소기, 냉장고 등을 가졌고 54%가 컬러 TV를, 48%가 자동차를, 그리고 69%가 자전거를 가지고 있다. 매우 부족한 것 중 하나는 전화로 100가구 중 9가구만이 가지고 있다. 이로 미루어 그들의 절대적인 생활수준을 결코 낮지 않다. 문제는 서독과의 비교에서 오는 '상대적인 박탈감'이다. 그것은 비단 TV광고에서만 알 수 있는 것이 아니다. 동독의 체제변화를 위해서 서독의 여러 행정부서에서 동독에 자문역 공무원들이 파견된다. 이들의 급료는 동독의 기업체나 부서의 장이 받는 급료보다 3배가량 많다.

드 메지에르 내각시절에 4000 DM으로 만족하던 동독 장관들은 통일 후 콜 내각의 무임소장관으로 5명이 임명되었는데 그들에게는 15000 DM의 월급 외에 130만 DM에 해당하는 각종 특전이 주어졌다. 여기에 끼지 못하면 실업자가 되는데 그 두 운명사이에는 '빈곤의 격차'가 너무 크다.

또 다른 예를 보자. 서독의 83세 된 한 할머니는 연금으로 매월 2100 DM을 받는다. 그중 집세, 전기・전화세, 신문구독료, 보험료 등을 지불하고 또 손자들에게 주는 선물 값(300 DM)을 제하고도 약 1200 DM이 남아 저축하며 풍족하게 산다. 반면에 동독의 87세 된 한 할머니는 535 DM의 연금을 탄다. 그것도 통일된 덕택에 많아진 금액이다. 그 중 기본적으로 나가는 경비를 제하면 300 DM이 남는데 이 금액으로 식비와 살림도우미의 사례비까지를 해결해야 한다. 저축이란 꿈에도 생각을 못한다. 두 할머니가 모두 일생동안 일을 했고 그 대가로 연금을 받기는 하지만 사상과 체제가 그들 간의 격차를 이처럼 크게 만든 것이다.

급증하는 실업자 수, 파산으로 문을 닫는 공장과 사무실, 차츰 올라가는 집세와 각종 공과금, 전년의 60%에도 못 미치는 생산규모 등 악화되는 경제 사정에도 불구하고 동독국민들은 이제 '폴리틱(정치)' 대신 '폴리세(보험약정서)'에 대해서 더 많이 이야기 한다. 모든 것을 국가가 책임져 주던 시대는 지나고 자신의 위험에 대해서 스스로 책임져야 한다는 서독 보험사원들의 끈질긴 판매전략 덕택이기도 하다.

동독인들은 어려운 경제사정을 갑작스러운 통일로 야기된 과도기적 현상이라고 생각하고 (어쩌면 억지로 그렇게 믿고 싶은지도 모른다) 연방정부와 부자인 서독의 동포들이 모든 것을 잘 해결해 줄 것이라고 곧잘 말한다. 그러나 서독 사람들의 생각은 다르다. 시장경제는 자율의 경제이며 모든 것은 스스로 해결해야 한다는 것이다. 서독이 도와줄 수 있는 것은 단지 자조를 위한 지원만이 있을 따름이라고 말한다. 서독인들이 통일비용에 대한 거부감 못지않게 동독인들이 통일환상으로부터 받은 실망감도 크지 않을까 염려된다.

동독은 서독의 식민지인가?*

“우리는 요즈음 전쟁에 패해서 무조건 항복을 한 것으로 착각할 때가 많다.” 이 말은 동독의 한 방송관계자가 한 말이다. 동독의 방송국에는 다른 공공기관과 마찬가지로 서독에서 새로운 책임자가 파견되고 모든 결정권은 이 새로운 책임자에게 이양되었기 때문이다.

필자가 만난 많은 동독의 지식층이나 관료들의 심정도 이 방송관계자와 비슷하다. 그들의 눈으로 보면 동독은 통일과 함께 서독의 일부분이 되었다기보다 하나의 식민지로 변한 느낌이다. 물론 필자와 의견을 교환한 서독의 지식층이나 학자, 그리고 고위직 공무원들은 이러한 가설을 극구 부인하고 나름대로 변명에 애를 쓴다. 그러나 너무나 많은 현상들이 예속화 추세를 뒷받침한다.

우선 1월 1일을 기해서 동독 학문의 중추였던 훔볼트대학 사회과학분야 여섯 개 학과가 ‘정비 대상’으로 실질적인 폐쇄 명령을 받았다. 즉 경제학, 정치학, 철학, 역사학, 교육학, 사회학은 모두 맑스-레닌사상을 기초로 한 학문이기 때문에 민주주의 시장경제 체제와 맞지 않아서 전면 개편되어야 한다는 것이다. 따라서 과거에 강의와 연구를 맡았던 교수나 연구진

* “옛 동독의 경제 예속”, <매일경제>, 1991년 2월 6일.

은 쓸모가 없어졌을 뿐만 아니라 오히려 장애요인으로 취급되어 전체가 교체될 예정이다. 동독의 학술원 회원 중 인문사회과학 분야도 같은 운명에 처해졌다.

예속화 현상은 학문분야보다 관료체계에서 더욱 심하다. 동독의 모든 중앙부서가 없어진 것은 말할 필요도 없고 일부 존속시키는 기관들도 모두 서독의 관련부서에 통합되고 중요한 자리는 모두 서독에서 파견된 '식민지 통치자'로 채워졌다. 이러한 현상들은 과거 동독에서 지도적 위치에 있던 사람들에게는 어쩌면 당연한 응징일 것이다.

여론조사에 따르면 대부분의 동독국민들도 과거의 고위 관료나 군인, 경찰 간부들은 축출되어야 한다고 생각한다. 이러한 통합방식을 당분간 어쩔 수 없는 과거 청산의 한 과정으로 보는 듯하다. 그러나 동독경제가 서독의 손아귀에 들어가는 데 대해서는 상당한 경계심도 없지 않다.

필자의 눈으로 보면 동독의 경제적 예속화는 부인할 수 없는 현실이다. 요즈음 독일 신문의 경제면에서는 서독기업의 동독 진출과 서독의 어느 누가 동독의 어떤 기업경영을 인계받기 위해서 동독으로 파견되었다는 등의 기사를 많이 발견한다. 또한 1990년에 서독의 경제가 지난 1976년 이래 최고의 실질성장률(4.6%)를 보인 것은 새로이 개방된 동독이 서독의 '소비시장' 역할을 톡톡히 한 덕택이라고 일컬어지기도 한다.

문제는 동독이 가진 딜레마 상황이다. 서독에서 자본과 기술이 들어오지 않으면 이탈리아 남부지역의 '메조 조르노'처럼 산업공동화 지역이 되든지, 서독의 자본과 기술이 대량으로 유입되어 서독의 '경제 식민지'가 되든지 하는 매우 어려운 기로에 있기 때문이다.

동독은 경제 식민지가 가질 수 있는 모든 요건을 다 갖추고 있다. 즉

▲소비시장으로서의 역할 ▲투자지역으로서의 역할 ▲산업구조 보완 지역으로서의 역할 ▲노동력 공급지로서의 역할 ▲조세 감면지역으로서의 역할 등을 모두 수행하고 있는 것이다. 완전한 경제 식민지가 되지 않기 위해서는 동독국민들이 자신들의 '국민재산'에 대한 소유권을 확보해야 하고 많은 자영기업이 신설되어야 할 뿐만 아니라 신탁공사가 추진하는 사유화 작업에서 매각하는 중소기업을 인수할 수 있어야 한다. 그러나 동독에는 사유화에 참여할 수 있는 자본주도, 정통성을 갖춘 단체도 없다.

동독의 국가통제 체제가 사유재산을 인정하지 않았기 때문에 사적인 자본축적이 있을 수 없었고 자신들의 소유라고 선전되었던 '인민재산' 전부를 매각해도 부채와 환경오염 제거비용에도 모자란다.

결국 모든 경제력은 서독의 자본가나 대기업에, 그리고 식당, 여관, 소매상까지도 서독인들의 손에 넘어가고 있다. 동독인에게는 자본만 부족한 것이 아니다. 시장경제의 원리도 모르고 기술도 경험도 또한 경영능력도 없다. 은행 대출을 받고자 해도 축적된 사유재산이 없기 때문에 담보가 있을 수 없고 그래서 자본에 접근할 길이 없다.

이상의 모든 상황들은 동독의 경제가 전형적인 후진국 식민지 경제의 특성을 다 내포하고 있음을 말해준다. 그럼에도 불구하고 동서독의 모든 국민들이 커다란 문제의식을 느끼지 않은 이유는 서독의 잘 발달된 사회보장제도가 동독에 그대로 적용되기 때문이다.

독일기본법 72조에 따라 '모든 생활여건은 통일되도록' 정책이 이루어져야 하며 동독이 독일연방의 일원이 된 이상 정부의 이전지출과 각종 사회보장제도, 지방 간의 소득격차 해소를 위한 경제구조 및 지역경제정책 등이 '경제 식민지화'를 방지해 줄 것으로 모두 믿고 있다. 그래서 독일의 통일에서는 사회적 통합이 정치나 경제보다 더욱 중요시 되는 것이다.

독일통일은 돈으로 산 것인가?*

1 경제통합과 실제적 통일 상황

지난해(1989년) 11월 베를린 장벽 붕괴를 사람들은 '평화혁명'이라 했고 지난(1990년) 7월 1일 발효된 동서독 간의 '통화 · 경제 및 사회통합에 관한 국가조약'을 보면서는 경제가 이념과 체제경쟁을 극복한 사례라고 평했다.

아직 형식절차로만 남아있는 정치통일을 이루기 위한 준비도 완료된 상태이다. 수개월 전만 해도 상상조차 할 수 없었던 통일을 이처럼 급속도로 진전시키는 데에 서독의 막강한 경제력이 큰 역할을 했다는 것이 지배적인 견해다. 언론이나 평론가들은 '사회주의를 침몰시킨 서독 마르크화', '통일을 돈으로 사버린 서독 경제력' 또는 '사회주의 대신 서독 마르크화를 선택한 동독국민' 등의 표현으로 서독의 막강한 경제력이 통독을 가능케 한 주역임을 강조한다.

서독의 경제력은 과연 그처럼 막강한가? 그리고 2차 대전 패배 후 '암흑

---

* "흡수통일의 견인차, 서독 經済力의 실체", <월간중앙> 1990년 9월호, 378~387쪽 중 일부.

과 절망의 시절'에서 라인 강의 기적을 이룩한 저력은 어디에서 나왔는가? 독일의 통일로 마지막 분단국가로 남게 된 우리의 감회는 이러한 질문에 대해서도 남다를 수밖에 없다.

독일의 '경제적 기적'에 대한 주요 원동력으로는 다음의 네 가지가 많이 언급된다. 첫째, 1948년에 시행된 통화개혁 둘째, 자유경쟁을 기초로 하는 '사회적 시장경제'의 도입과 운영 셋째, 마셜 플랜에 의한 원조의 활용 넷째, 독일인 특유의 근면성과 강한 경제재건 의지 등이다.

이 글에서는 먼저 서독의 경제상황을 국제적 비교와 동서독 간의 경제력 격차를 통해서 살펴본 다음 서독 경제력의 기초와 원동력으로 꼽히는 통화개혁 및 '사회적 시장경제 체제'의 내용과 특수성을 분석해 보고자 한다. 통일 달성을 위해서 서독은 과연 얼마만큼의 비용을 계산하고 있는지도 관심사이다. 이 글의 마지막 부분은 통일을 위한 서독의 재정수지를 살펴봄으로써 맺고자 한다.

경제력을 나타내는 데는 각종 수치가 중요한 역할을 한다. 그러나 대부분의 수치들은 사후적 결과이기 때문에 그 결과가 나오게 된 배경이나 과정을 설명해주지 못한다. 더구나 이 글에서는 독일의 통일과정을 구성하는 요소 중의 하나인 경제력이 그 고찰대상이기 때문에 절대적 혹은 상대적 수치에 얽매이는 것은 큰 의미가 없다. 따라서 사상이나 이념은 물론 제도까지도 전혀 다른 동독을 별다른 저항 없이 흡수통합하는 서독 경제력의 배경이 어디에 있는지에 관심의 초점을 맞추고자 한다.

2 서독경제의 국제적 위상

1950년에 미국의 1인당 소득을 100으로 볼 때 덴마크 66, 프랑스 47, 영국 58 등이었으나 서독은 그중 가장 낮은 40에 불과했다. 그러나 전후 꾸준한 성장을 지속해 온 서독경제는 최근에 들어 1인당 국민소득 면에서 선진공업국 중에서도 가장 선두에 속한다. 1988년을 예로 들면 서독의 1인당 국민소득은 1만9739달러로 1만9813달러를 기록한 미국과 맞먹으며 인접한 프랑스, 영국, 이탈리아보다 훨씬 앞선다.

국민총생산(GNP)면에서도 같은 해에 1조2080억 달러를 기록한 서독경제는 프랑스, 영국, 이탈리아 등을 훨씬 앞지르고 있다.(<표 2-1> 참조). 서독의 경제적 지위는 수출이나 국제수지면에서 더욱 두드러진다. 1989년 독일의 총 수출액은 3413억9000만 달러로 미국의 3639억8500만 달러에 거의 육박하는 세계 제2위며 3위인 일본이나 4위인 프랑스보다 월등히 앞선다.

〈표 2-1〉 주요 선진국의 국민소득과 수출

	국민총생산(GNP) (단위: 10억$) 1998	1인당 소득 (단위: $) 1998	총 수출액 (단위: 100만$) 1989
서독	1,208	19,739	341,390
영국	833	14,590	152,344
프랑스	950	17,000	179,394
이탈리아	828	14,415	미상
미국	4,881	19,813	363,985
일본	2,859	23,317	273,932

자료: IMF 및 한국은행

서독의 금과 외환보유고는 일본과 미국에 이어 3위를 차지하며 금액으로는 650억8100만 달러다. 이 순위는 IMF 지분이나 특별인출권(SDR)까지를 포함한 금액이기 때문에 만약 이 두 항목을 제외한다면 서독이 미국을 앞지른다. 1989년 11월 기준으로 한 OECD의 추계에 따르면 1220억 달러의 적자를 본 미국을 위시하여 프랑스, 영국, 이탈리아 등이 모두 막대한 국제수지 적자를 본 반면 서독은 610억 달러의 흑자를 기록, 일본과 함께 세계에서 가장 큰 국제수지 흑자국이다.

동일규모의 흑자를 본 일본은 그 GNP 비중이 2.2%인 반면 서독은 5.1%로서 GNP 비중 면에서 보면 서독의 국제수지 흑자폭이 매우 크다. 서독의 대외순자산도 그 규모가 일본에 이어 세계에서 두 번째로 많고 해외투자규모 역시 미국과 영국에 뒤이어 세계 3위를 점하고 있다.

이상 몇 가지 수치만 보더라도 서독의 경제력은 선진공업국 중에서도 선두에 있다. 그러나 서독의 진정한 경제력을 몇 가지 물량적인 수치에서만 파악하는 것은 너무 피상적이다. 서독의 경제정책 목표 중 가장 중요한 것은 경제적 · 사회적 안정이지 물량 위주의 팽창이 아니다.

그렇기 때문에 모든 경제정책의 수행은 사회적 영향을 검토한 다음 추진되며 경제적 효율성이 높은 대안이라도 사회적인 부작용이 뒤따를 경우 그에 따른 보완조치가 강구된다. '더 많은 공장 대신 화장실부터'라는 말은 비단 물량 위주의 팽창주의 경제를 향한 지탄에 그치지 않고 서독의 경제정책적 우선순위가 어디에 있는지를 잘 표현한다.

서독경제의 또 다른 강점은 사회적·경제적 갈등을 관리하고 분쟁을 해소시킬 수 있는 제도적 장치가 마련되어서 어떠한 사회계층이나 집단도 일방적으로 피해를 받지 않는다는 신뢰가 두텁다. 서독이 어느 선진

공업국보다도 더 안정된 기반 위에서 경제적 부강을 누릴 수 있었던 것은 이러한 갈등관리에 있다고 보인다.

3 동서독 간의 경제력 격차

서독 경제력의 막강함은 서방 선진국과의 비교에서만이 아니라 동독과의 경제력 격차에서 더욱 두드러진다. 몇 가지 거시적 경제지표를 통해 그 격차를 살펴보면 <표 2-2>와 같다.

〈표 2-2〉 동서독 간의 경제지표 비교

	단위	동독	서독	기준년도
인구	백만	16.3	62.1	1989년말
피용자 수	백만	8.8	24.9	1989년말
경제활동인구 비중	%	56	45	1989년말
국내총생산	10억 DM	225*	2,237	1989년
피용자 월평균 급료	OM/DM	1,230	3,970	1989년
노동생산성	서독=100	33*	100	1990년
수출 비중	%	22.5*	34.8	1989년

OM=Ost Mark(동독마르크) DM=Deutsche Mark(서독 마르크) *=추정치
자료: Institut für Weltwirtschaft Kiel 1990

서독인구의 26%를 가진 동독은 그동안 동구의 모범생이라는 소리를 들을 정도로 경제가 견실한 것으로 평가되었다. 그러나 서독과 비교해

보면 그 격차는 매우 큰 것을 표에서 알 수 있다.

서독의 국내총생산은 동독의 약 10배에 해당하며 근로자의 월 평균 임금을 보면 동독은 1230 OM(동독마르크)이고 서독은 3970 DM(서독마르크)이다. 이 수치는 화폐단위가 달라 직접 비교는 어렵다. '경제통합' 이전의 DM 대 OM 공식 환율이 2.5 내지 3 대 1이었음을 감안하면 동서독 간의 임금격차는 명목상 8 내지 9대 1에 달한다.

동독의 산업생산성은 모든 산업분야에서 서독에 훨씬 뒤지며 노동생산성은 서독의 3분의 1에도 못 미치는 것으로 평가된다. 수치상 나타난 거시적 경제력 격차보다도 더욱 심각한 것이 생활수준 혹은 구매력 차이다. 속도제한 없이 전국 어디로나 뻗어있는 서독의 고속도로망과 덜컹거려서 제한속도(60~80km)도 달릴 수 없는 동독의 도로망은 너무 대조적이다. 그 외에 주택난은 말할 것도 없고 전화 한 대를 가설하기 위해 10년까지도 기다려야만 했던 대기기간, 1년 봉급을 다 주어도 사기 힘들었던 2기통 자동차등이 동독경제의 일면을 보여준다.

식료품이나 기타 생필품은 국가보조금 때문에 값싸게 구입할 수 있지만 사치품으로 취급받는 가전제품이나 수입 기호품 등의 가격은 우리를 놀라게 한다. 예를 들면 동독에서는 서독에 비해 유치원비는 5%, 전차비는 10%, 빵은 15%, 집세는 18%, 전기세는 18%에 불과해 매우 저렴했다. 하지만 카세트는 600%, 파인애플은 550%, 카메라는 530%, 스타킹은 510%, 전자계산기는 490%가 서독보다 비싸고 컬러TV나 커피 등도 300~400%가 비싸다. 흑백TV 하나에 2030 OM으로 근로자의 두 달분 월급이고 비교적 단순한 라디오 하나에 1350 OM으로 한달 월급을 초과하는 것이 경제통합 직전의 동독경제 실태였다.

4 서독경제의 출발점과 통화개혁

양 독일 간에 '실제적인 통일상황'으로 이끌었던 동서독 간의 '제1차 국가조약'이 포함하고 있는 통합은 그 내용이나 기본 정신 면에서 1948년에 서독이 실시한 통화개혁과 유사한 점이 많다. 통화개혁의 내용과 역사적인 배경을 알아야만 서독의 경제력을 알 수 있기 때문에 먼저 그 내용을 살펴본 후 서독 경제력의 지주역할을 한 '사회적 시장경제'에 관하여 살펴보자.

서독인들은 1945년과 1948년 사이를 '암흑과 절망의 시대'라고 표현한다. 전후 가장 시급한 경제적 과제는 의식주의 해결이었다. 식량부족은 전쟁에 의한 생산 부진 외에도 많은 피란민과 실지(失地)에서의 추방민들로 인구가 급증하여 더욱 가중되었다.

1939년에 3930만 명이었던 서독 인구가 1946년에는 4370만, 그리고 1949년에는 4680만 명으로 늘었다. 또 1939년의 농업생산을 100으로 보면 1948년에는 불과 72로 생산도 매우 부진하였다. 철저한 배급제가 실시된 식량수급은 정상적인 소비수준의 40%에도 못 미치는 지경이었다.

주택문제 또한 매우 심각했다. 전쟁 중에 20% 이상의 주거용 건물이 완전 파괴되었으며 수백만의 인구 급증은 수요를 더욱 부채질했다. 1939년에 1070만 채였던 주택이 1946년에는 800만 채로 줄고 주택 당 수용인수는 1939년 3.7명에서 1946년에는 5.6명으로 늘었다. 피복이나 기타 생필품, 석탄, 전기, 가스, 목재 등 연료 또한 부족하기는 마찬가지였으며 특히 추웠던 1946년 겨울에는 동사자가 속출했었다.

서독지역의 1946년 공업산출량은 1938년의 30%에 불과했고 에너지나 생필품의 재고는 전승국에 의해서 강제징발을 당하거나 소비로 바닥이 났고 폭락하는 화폐가치 때문에 사재기가 성행하고 급기야는 물물교환 외의 거래는 이루어지지 않았다.

히틀러 치하 독일의 화폐 및 금융정책은 군비확충과 전쟁수행에 따라 엄청난 통화팽창을 남겼다. 통화량 변화추세를 보면 1933년에 39억 RM에서 1939년에 90억 RM으로, 1945년에는 무려 600억 RM으로 늘어났고 같은 기간에 요구불예금이나 저축성예금도 900% 내외로 팽창했다.

이러한 통화증발과 물자부족이 상호작용하여 인플레이션이 일어나서 자칫하면 1차 대전 후 겪었던 최악의 사태까지도 발전될 가능성이 있었다. 이미 1939년부터 실시된 가격통제는 잠재 인플레이션을 키우고 암시장 가격은 공정가격의 100배까지 치솟고 있었다. 이러한 파탄에서 경제를 구하기 위해서 실시된 1948년의 통화개혁은 그 목적이 금융자산의 축소와 실물자산의 축재자에 대한 징세효과를 거두면서 자산을 재분배하고 실물 경제를 활성화하는 데 두었다.

1948년 6월 20일을 기해서 소련점령지역(지금의 동독)을 제외한 독일에서 실시된 통화개혁은 RM 대신 DM이 등장하고 연방은행이 발권은행으로 지정되었다. 구화는 신화와 100대 5로 바꾸되 모든 국민 1인당 60 DM에 한해서 구화와 신화를 1대 1로 교환하고 모든 고용주에게는 피용자 1인당 60 DM씩 대부형식으로 제공되었다. 모든 공공기관의 채권은 무효화되고 임금 · 연금 · 임대료 등을 제외한 모든 채무관계는 10대 1로 축소되며 이에 따라 발생하는 채무자의 이익차액은 공동기금에 불입되었다.

통화개혁과 동시에 서독의 경제는 활기를 되찾아서 그 효과가 그처럼 빨리 나온데 대해서는 당시의 정책당국이나 전문가 모두 놀랐다고 한다. 암시장은 사라지고 시장마다 물건이 공급되고 공장들은 가동되기 시작했으며 새로운 중소기업과 자영업자들의 창업이 활기를 띠었다. 그래서 통화개혁이 라인 강의 기적을 촉발시킨 시초라고 보는 것이다.

지난 7월 1일부터 발효된 동서독 간의 통화 및 경제통합도 그 궁극적인 목표는 완전한 양 독일의 통일이지만 동독경제의 입장에서 보면 1948년 서독에 한해서 실시되었던 통화개혁이 이제야 실시되는 것으로도 볼 수 있다.

5 '사회적 시장경제'의 강점

통화개혁을 기점으로 자리를 잡은 '사회적 시장경제'는 그 전까지 중앙집권적 통제와 계획이 주를 이루던 행태에서 벗어나서 안정된 통화제도를 발판으로 정착된 독일 특유의 시장경제 체제이다.

1990년 7월 1일 발효된 '국가조약' 제1조에는 '사회적 시장경제'를 독일 전역의 공통적 경제체제로 실현시킬 것을 명시하고 있다. 그 외에 시행규칙이나 추가적 합의에서도 '사회적 시장경제'의 실현에 장애가 되는 동독의 제도나 법률 혹은 관행은 더 이상 활용되지 않는다고 못 박았다. 한마디로 '국가조약'은 동독에도 서독의 국가 기본이념이라고 할 수 있는 '사회적 시장경제'를 실현하는 내용이 지배하고 있다. '사회적 시장경제'가 무엇이기에 통일을 성사시킨 '국가조약'에서 그처럼 큰 비중을 차지했는가?

'사회적 시장경제'는 개인의 경제적 자유를 최대한 보장하는 순수시장경제와 국가계획 하에서 생산과 분배가 통제되는 중앙계획경제의 장점을 종합하여 만들어 낸 서독 고유의 '제3의 혼합경제 체제'라고 할 수 있다. '사회적'이라는 의미와 '시장경제'라는 의미가 모두 포함된 이 경제체제는 경제적 자유의 실현을 우선으로 하되 만약 개인의 자유가 사회적으로 바람직하지 못하면 국가가 조정을 하도록 한다.

따라서 법치국가적 경제자유와 사회적 정의를 동시에 추구하는 것이 서독의 '사회적 시장경제'라고 할 수 있다. 개인의 자유는 최대한 보장하되 사회적인 부작용이 발생할 소지가 있으면 제한을 한다는 의미에서 혹자는 '사회적 책임을 동반한 시장경제 체제'라고도 부른다.

사유재산제도, 소비선택의 자유, 영리추구의 자유, 경쟁의 자유, 생산 및 거래의 자유, 직업 및 직장선택의 자유 등 자유주의적인 요소들은 시장경제의 기본이다. 시장경제가 사회적 요소를 포함한다는 것은 경쟁과 효율이 만인의 복지증진을 위한 전제조건임과 동시에 이러한 자유는 사회적으로 바람직하지 못한 여파, 예를 들면 경제력 집중이나 공해, 또는 심각한 빈부의 격차를 초래한다면 그러한 개인의 자유는 사회적 견지에서 제한을 받아야 하고 그 제한자 역할은 정부가 맡는다는 것이 사회적 시장경제의 구상이다.

사회적 책임을 동반하는 시장경제를 실현시키기 위해서 서독에서는 여러 가지 법적 · 제도적 장치를 마련해 두었다. 대표적으로 노사공동결정제도, 다자간의 투자조정제도, 근로자의 산업분야별 이윤참여제도 등은 기업집중이나 독과점으로 인한 경제과실의 편중 방지, 또는 근로자 권익을 보호하는 장치이다. 특히 관심을 끄는 것은 1967년에 제정된 '경제안정 및 성장촉진법'으로 과도한 분배갈등을 지양하면서 성장, 물가안정,

높은 고용수준 및 국제수지 균형을 달성하도록 각종 행태규범을 규정해 놓은 서독의 특수한 경제법이다.

또 1973년에 개정된 독과점금지법은 기업흡수나 합병 등을 억제하고 불공정 거래행위를 제재하는, 즉 영리활동의 자유와 사유재산제도의 일부를 제한하기 위한 장치다.

그 외에 연금, 실업, 의료, 산재보험 등 사회보장분야와 '연방교육촉진법' 같은 고등교육 분야에 사회적 요소를 특별히 많이 고려한 것이 서독 경제체제의 특징이다.

이 점을 감안한다면 동서독 간의 경제통합을 보면서 동독인들이 사회주의 대신 서독 마르크화를 선택했다고 평하는 것은 너무 피상적인 평가다. 서독의 경제력이 큰 작용을 했음은 사실이지만 자유경쟁과 효율성 증대를 중요시하면서도 사회주의 국가인 동독보다도 더 '사회적'인 사회보험과 복지제도를 서독이 보유하고 있었기 때문에 사회주의 국가의 모범생이었던 동독을 저항 없이 흡수 통합할 수 있었다는 점을 우리는 유의해야 한다.

통일후유증, '어떻게 극복하고 있나'*

독일이 공식적으로 통일이 된 것은 1990년 10월 3일이지만 양 독일이 경제 및 사회적으로 실질적인 통합을 이룩한 것은 '제1차 국가조약'이 발효된 1990년 7월 1일부터다. 세계의 경제대국 서독과 동유럽권 국가 중에서 가장 높은 경제수준을 자랑하던 동독의 통합으로 독일은 새로운 강대국으로 부상하였다.

1 '엘베 강의 기적'을 기대했던 동독

독일민주공화국(동독)의 말로와 함께 구동독의 사회주의 경제는 시장경제 체제로 일거에 통합되어 모든 기구와 제도는 서독의 것이 도입되었다. 사유재산제도와 영업활동의 자유가 보장되고 임대료와 공공서비스를 제외한 모든 가격통제는 해소되었으며 임금결정도 노사 간의 자율에 맡겨졌다.

* "통일후유증, '어떻게 극복하고 있나'", <월간중앙>, 1991년 9월, 382~393쪽 중 일부.

전에 없던 시중은행과 기타 상업성 금융기관이 등장했고 경제는 국가 경영 체제에서 탈피하여 민간주도로 운영된다. 전통적으로 독점적 지위를 향유하던 316개의 콤비나트는 분해되고 여기에서 분할된 8000여 개 기업의 매각, 도산 정리 혹은 회생 지원을 위해 '인민재산 사유화를 위한 신탁관리청'이 설립되었다.

(1) 상대적으로 유리했던 동독의 입지

신속하고도 파격적인 동서독 간의 경제통합은 구동독 지역에 '라인 강의 기적'에 견줄 만한 '엘베 강의 기적'이 일어날 것이라는 기대를 낳았다. 이러한 기대는 동유럽 제국의 여건과 비교하여 구동독이 많은 강점을 가진 데서 정당화되었다. 이러한 논리의 요점을 정리하면 다음과 같다.

첫째, 동독은 서독이라는 부자 형제국가를 가졌으며 통일 후 구동독의 경제는 서독의 경제력에 비교하면 하나의 지역경제 정도의 비중만을 갖기 때문에 동서독 경제통합이 용이하다.

둘째, 통일과 함께 구동독은 시행착오를 거칠 필요가 없이 구서독의 안정적 체제와 제도를 직수입하기 때문에 체제전환에 따른 마찰과 손실을 최소화할 수 있다.

셋째, 모든 구동독국민들에게 서독의 사회보장 혜택이 주어지기 때문에 체제전환 과정에서 겪어야 하는 저항과 마찰이 방지될 수 있다.

넷째, 시장경제 경험이 전무한 동유럽국가와 달리 구동독은 고급인력, 행정과 경영경험, 기술원조 등이 모두 서독으로부터 제공되기 때문에 시간과 노력을 절약하는 등 출발조건이 매우 유리하다.

다섯째, 갑작스러운 '국가적 파산'에도 불구하고 서독의 재정과 통화 체계가 적용되는 관계로 인플레이션이나 재정적자는 동독이 아닌 통일 독일이 해결할 문제가 되며, 그 부담은 상대적으로 작다. 통합과 더불어 외채문제도 함께 해결된다.

여섯째, 구동독의 노동생산성은 상대적으로 높은 것으로 평가되기 때문에 서독으로부터의 자본, 기술 및 인력 유입이 활발하여 통일 후 구동독에서의 투자는 매우 활발해진다.

일곱째, 동독의 내수시장 이외에 동유럽 시장과의 인접성과 과거의 경협관계, 동서 유럽을 잇는 입지적 호조건 등도 활발한 투자를 기대하도록 하는 요인이다.

(2) 구동독의 심각한 경기침체와 실업

이러한 모든 긍정적인 요인 때문에 신탁관리청의 과제, 즉 8000여 개의 인민소유 기업을 쉽게 사유화하고, 이에 따라 동독의 경제는 그 출발부터 매우 활발할 것이라는 예상이 지배적이었다. 그러나 통일된 지 1년이 지나자 이러한 기대는 사라지고 대신 통일후유증이 동서독 국민 모두에게 불안감을 키우고 있다. 통일비용을 위한 증세(增稅)에도 불구하고 구서독의 경제는 15년 만에 처음 호황을 맞았고, 고용 수준이나 경제성장률도 만족스러운 결과를 가져왔다. 반면 구동독 지역의 사정은 다르다.

통일 후 동독민들이 제일 먼저 경험한 것은 기업도산과 직장해고였다. 실업을 모르고 지내던 그들에게 그 충격은 이만저만 큰 것이 아니었다. 경제통합 1년이 지난 현재 구동독의 산업 생산은 1989년의 3분의 1에 불과하고 국민총생산은 무려 25%의 감소를 보였다. 통합 초기에는 이러한 침체 현상을 일시적인 것으로 보았다. 그러나 1991년에 들어서도 경제퇴행 국면이 계속되자 이것이 결코 과도기적 현상이 아님을 인식하기 시작하였다. 예측에 의하면 구동독의 경제는 1991년 후반에도 퇴보해 산업생산은 1990년 전반기의 4분의 1 수준에 머물 것이라고 한다.

동독경제가 경쟁력을 높이기 위해서 빠른 구조전환이 있어야 한다는 데는 재론의 여지가 없다. 그러나 통합 이후에도 경쟁력 제고를 위한 동독경제의 구조전환은 이루어지지 않았고, 정부보조를 받는 산업을 제외한 나머지는 모두 퇴보를 보이고 있다. 즉, 정부의 대폭적인 지원을 받은 건설업과 수공업, 유통업과 서비스업만이 약간의 회복세를 보이고 있다. 이러한 정도의 부분적인 회복세만으로 현재 심각한 지경에 이른 대량실업 문제를 해결하기는 역부족이다.

1991년 4월 말 현재 동독 실업자는 85만 명으로 실업률이 약 10%이지만 잠재실업으로 간주되는 단축조업자 200만 명까지 포함하면 실업률은 무려 35%에 달한다. 단축조업자의 대부분은 비록 직장에서 해고되지는 않았지만 대기나 직업훈련 상태이며, 직접 생산활동은 하지 않는다. 이들은 실제 완전실업이나 다름없다. 단지 구동독의 사회정책적 고려 때문에 직장에서 내보내지 못하고 있는 것이다.

이러한 점을 감안하면 동독경제의 어려움이 얼마나 심각한지를 짐작할 수 있다. 연방노동청의 예측에 의하면 동독의 실업자는 금년 중으로 300만~400만 명까지 늘어 실업률은 30%~50%에 달할 것이라 한다.

(3) 임금은 노동생산성과 상관없이 올라

높은 실업률과는 상관없이 구동독의 임금 상승률은 매우 높으며, 임금 수준은 노동생산성과도 무관하게 결정된다. 통합 직전 동독의 노동생산성은 서독의 약 3분의 1정도로 추산되었다. 그런데 구동독의 명목임금은 경제통합 후 6개월 만에 약 30% 증가하여 1990년 말에 서독의 50%를 상회했고 건설업의 경우에는 1991년 4월에 이미 65%를 넘어섰다.

약 4.4 대 1로 추정되던 동서독 환율을 갑자기 1대 1로 변화시킨 통화통합은 동독제품의 상대적인 가격상승을 초래했고, 이것이 동독경제의 붕괴원인으로 작용했다. 즉, 내수는 서독제품으로 몰리고 대외무역의 70%를 점하던 동유럽국의 교역도 거의 중단되어 생산은 급격히 줄어들 수밖에 없었다.

경제통합이 발효되던 1990년 7월의 단 한 달만에 산업생산이 무려 35% 감소했으며, 국민총생산은 전년 대비 20% 이상 감소했다. 문제는 이러한 추세가 꺾이지 않고 1991년에도 계속되리라는 점이다. 갈망하던 통일은 되었지만 800만 근로자 중 300만 명이 이미 실업상태인 동독의 분위기는 실망과 분노 바로 그것이다.

2 동독경제의 붕괴원인

경제사정이 이처럼 심각하게 된 이유는 어디에 있는가? 가장 큰 원인은 사회주의 계획경제를 자본주의 시장경제로 갑자기 전환하는 것이 얼마나 어려운지를 과소평가한 데 있다. 체제전환을 성공적으로 수행하기 위해서는 구체제의 잔재를 얼마나 빨리 해소시키는가에 달려 있다. 그럼 그 잔재들이란 무엇인가?

첫째, 물리적 사회간접자본이 부족하다. 도로・항만・철도・전신・전화 등 거의 모든 사회간접자본이 노후화하고 기술수준이 전근대적이어서 경제발전의 제약으로 작용한다. 예를 들어 통일 직전 구동독 우편 및 통신 시설의 45%가 20년 이상 된 노후시설이고, 32000개의 도로교량 중 25%는 사용 시 큰 위험이 뒤따를 정도로 상태가 나쁘다. 또한 8000개의 철교 중 1400개는 사용이 불가능하다. 따라서 잠재적인 투자가들은 모두 관망하고 있거나 투자입지를 다른 곳으로 바꾸고 있다.

둘째, 행정조직의 공백상태가 심각하다. 구동독의 체제붕괴와 함께 모든 행정체계가 서독제도로 전환은 되었으나, 지위 고하를 막론하고 새로운 체제에서 관료들이 무엇을 어떻게 해야 하는지에 대한 경험이 없어 많은 혼란이 일어나고 있다. 예를 들면 소유권에 대한 처리방법을 모르고, 또 설사 안다고 하더라도 소유권을 증명할 만한 근거 서류가 파손되거나 폐기된 경우가 많아 현재 100만 건 이상 쌓여 있는 소유권 반환청구소송을 처리하는 데 큰 어려움을 겪고 있다.

많은 고위관리들이 과거의 정치행적 때문에 제거되었고, 서독식 행정조직이 미처 구비되지 못한 상태에서 경제의 침체는 세수의 공백을 가져왔다. 많은 지방 행정기관이 지불불능에 빠졌으며, 업무수행을 포기한 경우가 허다하다. 시간을 다투는 창업지원이나 경제개발을 위한 지원은 말할 것도 없고 사법기관, 교육기관, 노동조합 등도 제 기능을 하지 못하고 있다. 또 갑작스러운 서독제도의 도입은 법관들의 준비부족으로 일 처리를 지연시키는 또 다른 요인으로 작용하고 있다.

셋째, 전근대적인 경제구조가 문제다. 동독의 경제는 콤비나트와 협동조합 중심으로 구성되어 있고, 농업・광업・제조업과 정부서비스의 비중이 큰 반면, 금융・보험・사회 및 개인서비스, 도소매・음식・숙박업 및 기타서비스업 등 3차 산업의 비중은 상대적으로 낮다.

1989년 당시 동독 총 취업인구의 47%가 농업, 광업, 그리고 제조업에 종사했었다. 이는 서독에서의 비중 37%보다 월등히 높은 것으로, 여기에서 동독 산업구조의 후진성을 알 수 있다. 제조업의 경우 서독에서 사양산업이 동독에서는 아직도 주류를 이루고 있다.

넷째, 국제경제와의 단절성도 문제이다. 동독경제의 대내 지향적 구조와 국제 분업체계의 후진성도 체제전환의 장애로 꼽힌다. 서유럽 제국의 경우 수출은 국민총생산의 40~50%를 점하나, 동독의 경우 25%에 불과하다. 수출의 70%는 동유럽 시장에 집중되고 그동안 품질개선과 기술혁신 혹은 원가절감을 위한 유인동기가 없는 여건에서 활동해 온 기업과 근로자들은 개방된 국제 여건에 적응하는 데 어려움을 겪고 있다. 동유럽 국가간의 경쟁 없는 특화정책은 비교우위에 입각한 국제분업과는 거리가 먼 것이었다.

다섯째, 구동독은 생산시설 노후화, 유지상태 불량, 환경오염 등, 구조적 문제를 내포하고 있다. 산업시설의 절반 이상이 10년 이상, 21%는 20년이 넘는 것이다. 최근 5년 이내에 투자된 시설은 서독의 경우 40% 이상인 반면 동독에서는 불과 25%인 것만 보아도 동독경제의 문제가 어디에 있는지 알 수 있다.

설사 여건이 갑작스럽게 변했다 해도 자유경쟁이 몸에 밴 민간기업이라면 적응이 이처럼 어렵지는 않았을 것이다. 민간기업은 여건이 변하면 새로운 시장을 찾아 나서고 신제품을 개발하며 생산공정이나 판매방법을 바꾸는 등 변화된 여건에 신속하게 대응책을 모색하는 생명력이 있기 때문이다. 사회주의 계획경제 체제에 익숙한 동독의 기구와 제도가 시장경제에 적응하는 데에는 많은 시간을 요한다.

실제로 통합 후 동독의 기업들은 신상품 개발이나 생산공정 현대화보다는 지출을 줄이는 데 급급했다. 근로자 해고, 조업단축과 생산 품목 수

축소 등이 동독기업인들이 수행했던 대부분의 일이었다. 전체적으로 40년 동안 '인민재산'이라는 미명 하에 국가 관료의 정치적 지침에 의해서 운영되던 동독의 기업이 개방적인 시장경제 체제에 적응하기를 기대한다는 것 자체가 잘못이었다. 국영기업 사유화와 대폭적인 신규투자 유치만이 유일한 해결책이라는 인식 하에서 여러 제도와 법률이 제정・시행되었으나 여기에도 많은 시행착오가 있었다.

독일의 통일후유증 제거를 위한 조치*

1 통일비용 증가와 사유화의 촉진

통일 후 독일의 정책 방향은 분명하다. 경쟁력 제고를 통해 기업도산을 막고 '인민소유기업'을 빨리 사유화하며 실업의 증가를 정지시켜야 한다.

이러한 목적 달성을 위해서 독일정부는 통합 직후부터 이미 여러 수단을 강구한 바 있는데 그 중 다음과 같은 것들이 특히 중요하다.

- 시설투자 비용의 12%에 달하는 투자보조금 지급
- 초기 5년간 50%까지 특별감가상각 허용
- 시설투자의 10%에 달하는 조세감면혜택
- 각종 정책금융 및 지불보증 등.

이상은 동독지역의 신규투자나 기업인수에 주는 혜택이다. 그러나 앞서 지적된 각종 투자 장애요인이 상존하므로 이러한 특혜조건도 별다른 효과를 거두지 못했으며 고용사정도 개선되기는커녕 악화일로에 있다.

---

* "통일후유증, '어떻게 극복하고 있나'", <월간중앙>, 1991년 9월, 382~393쪽 중 일부.

통일비용의 조달에 대한 관심은 통일경제에 대한 낙관적 예상이 빗나가고 실망과 비관적 분위기가 지배하면서 1991년 초부터 커졌다. 민간분야의 투자수요를 포함, 앞으로 10년 동안에 약 1조 마르크로 예상되던 통일비용은 시간이 지남에 따라 더욱 커지고 그 재원확보가 심각한 과제로 대두되었다. 더구나 콜 수상이 이끄는 집권 기민당(CDU)은 통일에 따른 세금인상을 하지 않겠다는 선거공약을 내걸었기 때문에 많은 곤란을 겪었다.

이에 따라 재원조달이 문제가 되자 취해진 조치가 조세 및 부담금 인상을 통한 통일비용 증액과 소유권처리법 개정을 통한 사유화의 촉진이었다. 즉, 심각해진 통일후유증을 더 이상 감당할 수 없다는 판단 하에 1991년 초 일련의 조세인상 법안을 의결하였다. 이 법안에 의해 한시적 소득세 및 법인세 7.5% 인상과 함께, 실업보험료, 석유세, 전화요금 등도 인상했다. 구서독의 경제계와 소비자에게 추가부담을 요구하는 이러한 조치들은 통일비용을 위한 재원확보 외에 동서 간의 소득격차를 해소하는 데도 어느 정도는 도움이 되리라고 기대된다.

통일경제에 대한 초기의 낙관론에도 불구하고 경제상황이 점차 악화되면서 가장 많은 비판의 대상이 되었던 것이 구동독 재산에 대한 소유권법이었다. 구동독의 기업들은 통일 후 국가 '재산'이 아닌, 오히려 국가의 '부담'으로 작용하였다. 그 이유는 원래의 기대와 달리 사유화가 되지 않아 정부에게 처치 곤란한 애물덩어리가 되었기 때문이다.

사유화가 부진한 이유는 여러 가지가 있지만 다음의 미결 과제들이 문제였다.

- 구체제 하에서의 기업부채를 누가 부담하는가

- 구체제 하 환경파괴와 공해제거 비용을 누가 부담하는가
- '인민재산' 소유권의 분쟁은 어떻게 처리될 것인가
- 매각대상 기업 근로자들의 취업은 누가 어느 선까지 보장해야 하는가 등.

이러한 미결 과제 때문에 사유화나 신규투자는 매우 부진했다. 원래 제1차 국가조약에 따르면 1949년 이후 국유화한 재산은 원주민에게서 반환하는 것을 원칙으로 하고 그것이 현실적으로 불가능할 때는 보상하도록 했다. 현실적 불가능이란 해당 토지나 부동산에 건축물, 사회간접자본이나 공업시설 등이 들어선 경우를 말한다. 이로 인한 반환원칙에 따른 불확실성은 체제전환과 투자활성화의 큰 장애였다.

동독 내 재산에 대한 소유권 반환청구 건수가 이미 1991년 초에 100만 건을 넘었으며, 그 중 17000건은 기업이나 지분 반환요구였다. 신탁관리청은 잠재적 투자가에게 소유권 이전을 해줄 수 없어서 사유화를 성사시키지 못하는 경우가 허다했다. 특히 1991년 초에는 단지 소유권 반환청구가 있다는 이유만으로 기업의 사유화가 벽에 부딪치는 사례가 허다했다. 더구나 동독의 법질서 체계가 완전히 붕괴되고 구법관들 모두가 해고된 상황에서 이러한 청구를 모두 처리하는 데는 엄청난 시간이 소요되기 때문에 동독경제의 전도를 더욱 어둡게 했다.

이러한 사태를 방지하기 위해 연방의회는 1991년 3월 22일 '기업사유화 장애제거 및 투자촉진법'이라는 긴 이름의 법을 통과시켰다. 약칭 '투자장애제거법'인 이 법안은 우선 사유화를 통해 투자가 유도되고 일자리가 유지 혹은 증가된다면 원소유자가 부동산이나 생산시설 등에 대한 소유권 반환을 요구하더라도 해당 재산을 원주인에게 반환하지 않고 보상

만을 해주도록 한 것이다.

2 '고용창출회사'에 대한 지원

통일독일 정부가 가장 광범위하게, 그리고 가장 집중적으로 취한 조치는 동독인들에게 새로운 체제와 환경에 적응하고 자본주의 사회에서 자율적으로 자신의 생계를 해결할 방법을 배우도록 하는 교육과 직업훈련 기회의 제공이었다.

동독인들에게 제공되는 교육훈련의 종류는 크게 ▲근로자의 자질향상을 위한 교육 ▲직업 재교육 및 기술훈련 ▲직업전환 교육훈련 등으로 구분된다.

통일 후 많은 정부지원에도 불구하고 훈련기관이나 훈련교사의 경험부족 등으로 소기의 성과를 거두지 못하였다. 직업교육 시설의 마련 이외에 교육 대상자들의 생계비 지원, 각종 상담 기회의 확대, 교육 훈련 프로그램의 개발 등에 대한 준비가 미처 충분하지 못하였기 때문이다. 또한 수요자의 입장에서 재교육 후 취업에 대한 전망이 불확실한 것도 성과부진의 원인이었다. 통일 전 서독에서는 1년에 약 30만 명 정도 직업훈련을 시킨 점을 감안한다면 설사 동독지역의 인력과 시설이 확충된다고 하더라도 1년에 10만 명 이상을 훈련시키기는 어려울 것으로 예상된다. 실질적으로 동독의 전 국민이 체제전환에 따른 재교육을 받아야 하는 현실에 비추어 단기간에 고용문제 해결을 기대하는 것 자체가 무리로 보인다.

직업훈련 강화 외에 신탁관리청에서 '고용창출회사'를 적극 지원한 것도 늘어나는 실업을 억제하려는 조치였다. 이는 도산 위기에 있는 구동독 기업 종사자들의 실업위험을 방지하고 직업훈련을 이제까지 자신이 일하던 직장에서 받게 하는 제도적 장치다. 실업위기에 놓인 구동독의 많은 노동력을 일단 기존의 일자리에서 계속 취업상태로 유지하면서 새로운 기업 환경에 적용할 수 있는 훈련을 시키는 것이다. 이들의 임금은 단축조업 근로자 보수의 형식으로 지급되며 교육훈련은 종전의 직장에서 계속 된다.

기업의 생존기회 확대를 위한 또 다른 제도로 MBO와 MBI라는 것이 있다.[1] 이는 '경영자에게 매각'과 '경영자 영입을 통한 매각'이라는 것으로 MBO는 만약에 과거 경영진에 종사하던 사람이 해당 기업을 인수하고자 하면 이를 우선적으로 허용한다. 즉, 과거의 경영진에게 기업을 계속 운영하도록 인도해준다. 반면 MBI는 기존 기업을 경영하고자 하는 외부의 경영진을 영입하여 기업을 존속시키는 제도이다. 두 방식 모두 새로운 경영진에게 기업의 경영권을 허용할 뿐만 아니라 추가적인 혜택도 준다. 이때 전제조건은 경영진이 해당기업 근로자들의 동의를 얻고 또 해당 후보자는 해당분야의 전문지식과 경영능력을 인정받아야 한다. 이러한 경우 콤비나트나 대규모 기업 전체를 인수할 필요 없이 일부분만을 인수받을 수도 있다. 이 제도는 재력이 약한 구동독 출신 기업인들에게 기회를 부여하면서 소기업도 양성하고, 더 많은 기업도산도 방지할 수 있는 강점을 갖고 있다.

MBO나 MBI에는 인수기업의 모든 지분을 경영주가 갖지 않고 근로자와 공동으로 인수할 수 있는 길도 터놓았다. 이 역시 근로자들의 참여의식 제고를 통해 고용을 촉진하고 도산의 위기에 있는 기업을 회생시키고자

---

[1] MBO=Management-Buy-Out; MBI=Management-Buy-In.

하는 목적에서 나온 것이다.

3 동서독 간 임금격차 해소 정책

'제1차 국가조약' 발효로 구동독에도 서독의 노사관계에 관한 법적·제도적 장치가 그대로 적용되었다. 그 중에서도 특히 노사 간의 단체협약 자율권은 구동독에 생소한 제도다. 따라서 노동조합과 고용주단체 사이의 자율적 단체교섭에서 많은 시행착오가 발생할 것으로 예견되었다. 기업인이나 정부당국뿐만 아니라 구동독의 근로자에게도 임금정책은 하나의 목적갈등이었기 때문이다. 즉, 한편으로는 동서독 간의 임금격차가 신속하게 해소되는 것이 바람직하다. 그러나 다른 한편 동독경제의 취약한 경쟁력과 낮은 노동생산성을 감안한다면 동독의 임금이 빨리 오를수록 동독경제는 더 큰 타격을 받게 된다.

이러한 특수 상황에서 독일 금속노조와 해당 분야의 고용주 단체는 구동독지역의 금속·전자산업에 적용되는 특별 단체협약을 체결하였다. 이 협약의 특징은 1991년도의 구동독 임금수준을 서독의 60%로 정하고 그 비율을 점진적으로 높여 1994년에는 동서독 간의 격차를 완전히 해소한다는 것이다. 이 협약은 철강 산업이나 공공서비스에도 그대로 적용되어 구동독 지역의 노사 간 단체협약에 하나의 이정표적인 역할을 했다.

구동독이 과연 이처럼 짧은 기간에 서독의 생산성에 접근할 수 있는지에 대해서는 많은 의문이 제기되고 있다. 또한 1991년도의 임금수준을 구서독의 60%로 합의한 것도 너무 높은 것이어서, 구동독의 노동시장은 계속 압박을 받을 것이라는 비판이 매우 강하다. 그럼에도 불구하고 이 모형은 많은 공감을 얻고 있는데, 그 이유는 동서독 간의 소득격차를 빨리 해소해야 한다는 목적 이외에 근로자나 기업인 모두에게 미래에의 비전을 제시한다는 데 있다. 즉, 근로자들에게 그들의 임금이 수년 내 서독 수준에 도달한다는 희망을 주어서, 서독지역으로의 이주를 방지하자는 것이다.

이 협정이 기업인들에게 주는 긍정적 효과는 어쩌면 근로자들에게 주는 것보다 더 클지도 모른다. 많은 동독 근로자들이 서독으로 이주하려는 성향이 줄어들고 또 임금이 턱없이 빠른 속도로 오르지 않는다는 확실성은 보장된 셈이다. 그러나 그것보다 더욱 큰 효과는 구동독 지역의 산업평화가 우선 4년 동안은 보장되었다는 점이다.

통일 후 임금을 빨리 서독 수준으로 올려달라는 구동독 근로자들의 쟁의는 불안 요인으로 작용했었는데 이제 그 불안 요인은 해소된 셈이다. 그러나 4년 후(공공분야는 5년 후)에 동서독의 임금 수준이 평준화된다고 해도 기업의 노무비용 전체가 동일해지지는 않는다. 왜냐하면 동독의 사회보장 부대비용과 근로 시간이나 휴가에 관한 수혜 기준은 4년 후에도 서독 수준에 미치지 못하기 때문이다. 이에 따른 노무비용 격차는 4년 후 약 20~30%로 추정된다.

4 환경정화비용 면책과 기업부채 탕감

경제통합 이후 동독경제가 어려움을 겪는 것은 구체제가 남긴 구조적 문제 외에 정책적 시행착오도 작용했다. 여기에는 ▲기업인수자가 과거의 환경오염까지도 책임을 지는 문제 ▲기업인수자가 과거의 기업부채까지 책임을 지는 문제 ▲기업인수와 함께 근로자들의 고용을 보장해야 하는 문제 등이 포함된다.

특히 환경정화비용이나 과중한 기업채무는 모두 과거의 사회주의가 남긴 유산인 만큼 새로운 투자자에게 안길 부담이 아니라는 주장도 제기되었다. 이러한 부담은 당연히 정부가 떠맡아야 사유화가 촉진되고, 궁극적으로 정부의 재정부담도 경감된다는 주장이 받아들여져서 '투자장애제거법' 중 소유권에 우선하는 투자자 보호와 사유화 촉진을 위한 몇 가지 규정을 변경하였다.

첫째, 1990년 7월 1일 이전에 발생한 환경오염이나 파괴에 대해서는 생산시설이나 부동산의 소유자·점유자 혹은 신규인수자가 아무런 책임을 지지 않아도 된다. 이 면책권은 민법적으로도 유효하여 환경정화 의무에서 신규투자자들을 해방시켜 경제활성화에 도움을 주고자 했다.

둘째, 독일 민법에 의하면 기업 매수자는 원칙적으로 소속 근로자를 함께 인수해야 할 의무가 있다. 다만 영업분야가 변경될 때에 한해 경제적·기술적, 혹은 조직상의 충분한 이유가 있으면 예외가 인정된다. 그러나 이번의 법 개정으로 현 동독지역의 특수한 사정을 감안, 1992년 12월 31일까지 이 민법의 의무조항이 유보되었다. 이로써 근로자 처리문제 때문에 사유화가 지연되는 현상은 방지되었고 고용문제는 정부당국의 정책적 과제로 떠넘겨졌다.

셋째, 구동독기업의 채무도 사유화의 커다란 장애요인이었다. 1990년 9월에 제정된 '부채탕감규정'은 기업의 정상화, 구조전환 또는 경쟁력 제고를 위해 필요하다고 인정될 경우 신탁관리청이 해당기업의 부채를 전부 혹은 일부 탕감할 수 있도록 했다.

신탁관리청에게는 회생가능성이 있다고 판단되는 동독기업에게 구조정책적 지원을 할 권한이 부여되었다. 이와 동시에 신탁관리청은 매각 혹은 합리화 정책을 추진할 때 지역적인 특성을 고려해 해당 지방정부와 협의할 의무도 부여되었다. 이 조치는 재력이 약한 동독기업과 지금까지 동독기업의 관리나 운영에 참여했던 전문인력에게도 동참 기회를 부여하기 위해 나온 것이다.

투자자나 기업인수자에게 확실성을 부여한 이상의 조치들을 통해 8000여 사유화 대상 기업의 매각촉진이 기대되며 이 조치 이후 실제로 사유화에 대한 상담은 훨씬 활발해지고 있다. 그러나 사실은 아직도 많은 장애요인이 존재한다. ▲행정관리기구의 미비로 인한 사유화와 투자과정의 장기화에 따른 비용과 불확실성 요인의 증대 ▲사유화대상 기업의 시설노후와 환경오염 및 부족한 사회간접자본 ▲콤비나트식의 기업규모와 문어발식으로 얽혀 있는 기업조직으로 인한 매각대상 기업분할의 어려움 ▲정부당국의 확실한 경제정책적 구상의 결여 등이 그것이다.

1990년 하반기 동독지역의 투자실적도 170억 마르크로 서독의 10분의 1 수준에 머물러 매우 실망스러웠다. 조사에 의하면 1991년 서독기업의 동독 투자계획은 불과 100억 마르크뿐이고 외국으로부터의 투자는 그 10분의 1인 10억 마르크에 머물 것으로 예상된다. 이처럼 부진한 투자는 이미 언급한 여러 애로와 장애요인 이외에 갑작스러운 비용상승을 감안할 때 어쩌면 당연한 것으로 해석된다. 하루아침에 이루어진 국경 철폐와 동서독 마르크의 1대 1 교환 때문에 임금이나 부채 등 모든 비용이 너무 빨리 상승하여 경제를 더욱 어렵게 만들었다.

그 외에 정치적 이유로 동서독 간의 소득격차가 통일과 동시에 해소되리라는 헛된 기대를 불러일으킨 결과, 동독인들의 각종 욕구가 분출하였고 임금의 급상승을 부추겼다. 만약 동독기업의 노무비가 현재의 절반으로만 유지되었더라면 생존 기업체 수는 4배로 증가했을 것이고, 노무비를 75% 수준으로 유지할 수 있었다면 동독기업의 4분의 3은 조업을 계속할 수 있었을 것이다.

실업수당, 조기퇴직 연금수당, 단축조업에 따른 취업보조 등 통일 후 독일의 사회보장비용은 많이 증가했다. 그럼에도 불구하고 실업증가에 따른 사회적 불안과 경제적 불확실성은 여전히 증폭되고 있다.

5 한국에 주는 시사점

이상 독일의 경제통합 과정에서 우리는 무엇을 배워야 하는가? 동서독과 한반도 간에는 많은 차이점이 있기 때문에 독일의 선례에서 선불리 교훈을 얻고자 하는 것은 위험하다. 그럼에도 독일은 우리에게 통일 과정을 경험적으로 제시한 유일한 나라이기 때문에 모든 것을 면밀히 분석·검토할 필요는 있다.

독일의 통일후유증은 그 이유가 여러 가지지만 무엇보다도 아무런 과도기 없이 동서독이 하나로 합쳐지고 동독을 완전 개방한 데서 찾을 수 있다. 이런 점을 감안하여 우리의 통일에 대비한 몇 가지 시사점을 정리하면 다음과 같다.

첫째, 통일 후 독일식의 즉각적인 체제전환은 지양되어야 한다. 북한의 모든 생산 및 배분구조가 한꺼번에 붕괴되면 경제적인 손실이 너무 크고 사회심리적인 부담도 감당하기 어렵다. 북한의 관료와 군인도 역시 해체

위주로 개편할 경우, 저항이 클 뿐만 아니라 점령자와 피점령자 간의 관계와 같은 이질감과 행정공백이 생길 소지가 많고, 또 심각한 실업문제도 발생한다.

둘째, 정치적 통일이 되더라도 즉각적인 경계선 철폐와 북한시장의 개방은 지양되어야 한다. 경계선이 철폐되고 자유로운 이동이 허용되면 인구의 대이동에 따른 주택, 생필품, 노동시장의 교란 등 걷잡을 수 없는 사회문제가 발생한다. 또한 갑작스러운 북한의 시장개방으로 자체 생산물에 대한 수요의 급감이 예상되며 그에 따른 기업도산과 실업 증대가 우려된다.

셋째, 북한 산업의 국제경쟁력 배양을 위해서는 한시적인 보호정책이 적용되어야 한다. 당분간 고정환율제와 외환 집중관리방식을 도입하여 북한산업의 구조적 적응력과 국제경쟁력을 배양한 후 남한경제와의 통합을 유도하는 것이 '식민지식 통합'의 오류를 방지할 수 있을 것이다.

넷째, 통일이 되면 가장 큰 난제 중의 하나가 재산권의 처리일 것이다. 북한의 모든 생산설비와 부동산은 사유화해야 마땅할 것이나 그 구체적인 내용은 통일의 형태와 방식에 따라 크게 달라질 것이다. 특히 매각을 통한 사유화나 과거의 소유권과 연고권을 인정하는 조치 등 섣부른 '인민소유재산'의 처리는 돌이킬 수 없는 우를 범할 소지가 있기 때문에 충분한 사전 연구가 선행되어야 한다.

다섯째, 남북한의 사회보장제도 간에는 큰 차이가 있다. 따라서 단시일 내에 한 쪽의 제도를 일방적으로 다른 쪽에 적용하는 데는 큰 무리가 따른다. 다른 분야와 마찬가지로 사회보장 분야도 양측의 점진적인 접근과 보완으로 하나의 새로운 모형을 유도해내는 것이 바람직하다. 특히 남한의 제도를 일방적으로 적용하기보다는 새로운 모형의 개발이 요구된다.

통일 후 독일에서 총파업은 왜 일어났는가?*

동서독 간의 통화 및 경제통합이 달성된 지 근 2년이 되는 지난 4월 24일 독일에서는 전후 최대의 파업이 일어났다. 230만 명의 근로자를 대표하는 독일 공공서비스 노조(ÖTV)가 조합원 95.4%라는 절대적 찬성을 얻어 시작한 이번 파업의 도화선은 노사 간의 임금교섭이다. 노조 측은 9.5%의 임금인상과 휴가수당의 추가지급을 요구한 반면 사용자측(연방정부를 대표한 연방 내무장관)은 낮은 노동생산성과 물가안정을 감안하여 4.8%를 상한선으로 제시하였고 중재위원회의 5.4% 타협안도 사용자측이 거부했다.

11일간 계속된 전후 사상 최대의 파업은 결국 사용자측이 타협안을 수용하여 막을 내렸지만 파업의 근본원인이 통일비용을 누가 어떻게 부담하는가 하는 문제로부터 비롯되었고 또 이 문제가 계속 미결로 남아있는 상태여서 독일통일과 그 사후처리에 남다른 관심을 가진 우리에게 많은 것을 시사해 준다.

---

* 「통일, 그 정치적 성과와 경제적 부담－독일 총파업에 대한 평가」, 시사초점 1, 통일한국 1992년 6월, 36~38쪽.

1 파업의 근본원인, 통일비용의 조달방법에서 비롯돼

이번 파업을 보면서 1989년부터 일기 시작한 독일의 '내독정책'에 관한 집권 기민당(CDU)과 야당인 사민당(SPD) 수상후보 간의 논쟁이 떠오른다.

선거전에서 가장 큰 쟁점은 동독을 서독에 '흡수통합'하자는 기민당 콜 수상의 '충격요법'식 통일론이 옳으냐, 아니면 통일후유증의 사회적인 여파를 감안하여 당분간이라도 동독의 국가 자주권을 유지시키면서 양 독일이 시간을 두고 접근하는 '점진주의'가 옳으냐 하는 데 있었다. 그런데 1990년 12월 2일의 총선은 기민당을 주축으로 한 보수연합의 승리와 사민당의 참패로 끝났다.

특히 라퐁텐은 소속 사민당 내부로부터의 비판까지 감수해가면서 통일비용은 독일이 감당할 수 없을 만큼 클 것이므로 '1민족 2국가'의 양 독일 체제를 유지하면서 단일 유럽국가를 지향하자는 주장을 폈다. 아울러 만약 단일국가로 통일을 추구하려면 통일비용이 얼마나 들고, 어떻게 충당할 것인지, 누가 그 부담을 질 것인지 등을 분명히 밝혀야 한다고 주장하였다. 이에 대해서 여당은 라퐁텐을 통일을 반대하는 반민족주의자라고 몰아세웠고, 이 때문에 사민당은 특히 동독에서 예상보다도 훨씬 저조한 지지율을 얻어 총선 참패의 책임이 라퐁텐에게 지워지기도 했다.

통화통합에 따라 약 4.4 대 1로 추정되던 동서독화폐 간의 환율은 하루아침에 1대 1로 바뀌었다. 그 결과는 동독제품의 가격상승과 경쟁력 하락으로 이어졌다. 동독지역의 수요는 서독제품으로 몰리고 대외수출은 거의 중단되어 생산은 급격히 줄어들었다. 갈망하던 통합이 동독의 800만 근로자 중 300만을 실업자로 만들었다.

이러한 사태는 총선 당시 야당뿐만 아니라 대부분의 경제학자들에 의해서 예견되었고, 또 콜 정부의 '준비운동 없이 어린아이에게 찬물에서 수영을 배우라는 식'의 충격요법에 많은 비판과 경고가 있었다. 그러나 당시 통일정책을 정치적인 기회로 파악한 콜 정부는 의도적인 통일 낙관론을 펴서 신속하고도 파격적인 동서독 간의 경제통합으로 구동독 지역에 라인강의 기적에 견줄 만 한 '엘베강의 기적'이 일어날 것이라고 했다. 이러한 장밋빛 그림의 근거로 다음과 같은 주장들이 제시되었다.

- 서독의 강력한 경제력이 동독의 과도기적 어려움 해소에 충분하고
- 동독은 서독의 잘 정비된 체제와 제도를 받아들여 체제전환의 마찰 없이 안정된 경제활동이 시작될 수 있고
- 서독의 발달된 사회보장제도가 동독인들의 생활수준을 과거보다 개선시킬 수 있으며
- 구동독의 잘 훈련된 노동력과 서독의 자본 및 기술, 시장력 등이 결합되면 전 독일의 경제력은 더욱 커진다는 등.

이처럼 낙관적인 전망은 동독의 기업이 쉽사리 사유화되고, 그러면 서독과 외국의 자본이 대량 유입되어 동독의 경제는 그 출발부터 매우 순조로울 수 있으며, 그러면 '통일비용은 경제성장을 통해서 조달'한다는 논리였다. 자신의 통일 전략을 열심히 선거 홍보에 활용하던 콜 수상은 동독 국민들에게 '아무도 독일통일 때문에 무엇인가를 포기해야할 필요가 없을 것'을 약속했으며 서독 국민들에게도 통일 때문에 조세인상은 없을 것이라는 것을 선거공약으로 굳게 다짐했었다. 그러나 시간이 감에 따라 통일비용은 예측보다 불어나고 비용 조달의 원천이 되어야 할 '통일경제의 활황'은 일어나지 않았다. 일어난 것은 동독에서의 대량실업, 기업도산,

좌절과 허탈, 실망과 분노였으며, 서독인들의 경제적 사회적 통일비용에 대한 거부감이었다.

독일의 통일비용이 얼마나 되는지는 아무도 정확히 모른다. 어디까지를 통일비용으로 파악하는지와 언제까지를 통일 완성기간으로 보는지가 불분명하기 때문이다. 한 가지 분명한 것은 동독경제의 회복이 늦을수록, 실업자와 기업도산이 증가할수록, 물가 상승폭이 클수록, 동독민들의 사회보장 수요(실업, 단축조업, 조기정년퇴임, 직업훈련, 향상교육, 전환교육 등)가 증가할수록, '인민소유기업'의 사유화가 지연될수록, 동독 근로자의 임금과 부동산 가격이 빨리 상승할수록, 그리고 동독에서 사회주의적 구체제의 잔재가 오래 남을수록 통일비용은 커진다.

2 근로 소득층에게 지워지는 통일비용 부담

실제 '흡수통일'이 본격적으로 검토되던 1990년대 초만 해도 통일비용으로 1조 마르크면 충분하리라고 예측되었다 그러나 차츰 그 예측 규모가 2조 마르크로 커졌다. 정부의 부채가 위험수준에 육박(GDP의 5%)하고 물가는 18년 만에 가장 높은 수준(1991년 말 현재 서독 4.5%, 동독12.5%)으로 올랐다. 조세인상은 결코 없다던 집권당의 반복된 선거공약에도 불구하고 1991년 초에 일련의 조세와 기타 부담금이 인상되었다. 즉 '통일연대분담금' 명목으로 소득세에 7.5%의 부가금을 한시적으로 징수하고 실업보험료, 석유세, 전화요금 등도 인상하였으며, 고속도로 통행료의 징수 문제도 논의되었다. 1992년 6월 30일을 기해서 소득세 부가금을 폐지하는 대신 부가가치세를 인상(현행 14%에서 15%로)하여 근로자들의 반발을 사기도 했다. 직접세를 간접세로 대체하면 저소득층의 부담이 상대적으로 가중되기 때문이다.

일단 독일연방의 일원이 된 동독의 경제력과 생활수준 제고를 위해서 비용이 필요하다는 데 이의를 제기하는 사람은 없다. 문제는 첫째, 왜 정치가들은 통일비용 규모를 국민들에게 솔직하게 밝히지 않고 속였으며 둘째, 왜 선거공약을 지키지 못하고 각종 조세를 인상했는가 셋째, 그 비용부담이 왜 일방적으로 근로소득계층에게만 지워지는가 하는 데 있는 듯하다.

1991년도의 서독지역 경제는 10년 내 최대의 호황을 맞았고 사유화 과정에서 각종 투자혜택을 한껏 누리면서 동독의 노른자위 기업들을 헐값으로 인수했을 뿐만 아니라 근로자들이 부담하는 '통일연대분담금'도 물지 않았다. 그러다가 1992년에 와서 서독의 경기가 침체를 맞자 (실질성장률 1% 예상) 임금 인상률은 생산성 증가율을 초과할 수 없다는 논리를 펴서 근로자들의 반발을 산 것이 이번 공공노조 파업의 한 원인이 되었다. 독일연방은행의 자료에 의하면 최근에 고소득자는 연평균 약 10%의 실질소득 상승을 누린 반면 저소득자는 오히려 약 10%의 감소를 경험했다. 이러한 사실도 근로자들의 통일에 따른 피해의식을 자극했다. 즉 통일비용을 근로자들의 희생만으로 충당할 것이 아니라 통일 특수로 득을 본 기업도 같이 분담해야 한다는 의식이 이면에 깔려있다.

3 통일은 '체제전환비용'도 함께 요구해

독일의 식자층에서는 이번 파업을 그동안 내연하던 통일후유증이 외부로 분출된 것에 불과하다는 데 인식을 같이하고, 통일비용의 규모와 그 조달에 따른 부담을 국민들이나 기업, 정부 등 모두에게 인식시켜주는 계기가 되어야 한다고 본다. 당초 콜 정부가 통일과제를 너무 과소평가하여 과거처럼 일상적인 예산이나 재정운용 계획의 범위 내에서 수행하고자 했던 시도 자체가 무리였다는 것이다. 통일후유증 때문에 일어난 이번 파업은 독일경제에 또 다른 후유증으로 남을 공산이 크다.

통일비용은 단기적으로 계산하기 어려우며 실제 규모는 초기 예상보다 훨씬 클 수 있음을 독일의 경험을 통해서 알았다. 또한 통일후유증은 단기적으로 치유가 가능하지 않고 장기적인 여파를 가진다는 사실과 특히 서로 다른 체제 하에서 대립과 갈등을 지속해온 분단국가의 통일은 '체제전환'에 따른 고통이 많은 경제적, 사회적, 심리적인 비용을 요구함도 함께 인식시켜 준 계기가 되었다.

독일정부가 통일후유증을 해소하기 위해 광범위한 노력을 하지 않은 것은 아니다. 동독기업의 경쟁력 제고를 통해서 기업도산을 최소화하고, '인민소유기업'을 빨리 사유화하며, 실업증가를 억제하기 위하여 각종 고용 촉진책이 강구되었다. 독일정부는 지난해에도 근 50조 원에 달하는 자금을 동독에 투자했으며 각종 제도와 규정의 개선을 통해서 투자를 유도하고, 재교육이나 사업전환 교육을 통해서, 혹은 '고용창출회사'의 설립 지원으로 고용증대에 힘쓰고 있다. 그럼에도 불구하고 독일경제의 전도는 낙관적이지 못하다. 통일을 달성하기도 매우 어렵지만 통일비용을 마련하고 상이한 체제 하에 있던 분단 경제를 하나로 통합하는 것 또한 매우 어렵다는 것을 실감케 한다.

유럽의 사회주의 계획경제 실패와 그 시사점*

계획경제의 여러 폐단은 이미 잘 알려져 있다. 사전 결정된 생산량과 원가, 고정된 임금과 가격 등을 근간으로 하는 통제경제는 전형적인 수요와 공급 간 불균형의 대명사처럼 된 지 오래고 또 성장과 발전을 위한 동기가 결여되었다는 지적이 많이 나오고 있다.

수요초과는 이념적인 이유로 소비재 생산을 억제한 결과 고정된 가격에서 생산량이 수요량보다 적어서 야기된다. 그리고 한번 발생한 수요초과 현상은 가격이 고정된 관계로 누적적으로 커지고 이에 따라 배급소의 장사진, 배급체계의 부정부패, 암시장과 지하경제 등으로 나타난다.

사회주의 계획경제에서는 수요초과와 함께 공급초과도 발생한다. 시장가격의 부재는 소비자 욕구를 반영하지 못하고 또 가격이 너무 높거나 품질이 나빠서 판매되지 않는다. 가격조정이 없는 상태에서 계획량 달성을 목표로 하는 생산은 재고의 누적으로 연결된다. 즉 계획경제에서 어떤 품목은 수요초과가, 그리고 다른 품목은 공급초과가 동시에 일어나는 것

* 「사회주의 경제의 시장경제로의 체제전환」, 한국국제경제학회, 『제30차 학술발표대회 논문집』, 1992년 12월 11일, 1권 1~29쪽 중 일부.

이다. 시장의 유연하고 탄력적인 적응력이 계획경제에는 없기 때문이다.

1 사회주의 동독경제의 패망 원인

이러한 수급상의 불균형은 통일 직전 동서독 간의 제품별 가격차이로도 확인된다. 아래 <표 2-3>에 나타난 것처럼 카세트 녹음기, 파인애플, 카메라, 스타킹 등 사회주의 경제에서 '사치제'였던 제품은 동독에서 서독보다 600~500%가 비싼 반면 유치원비, 전차비, 이발요금, 식빵 등 일부 생필품 가격은 서독의 5~16%에 불과해서 심한 가격왜곡 현상이 있었다.

계획경제가 갖는 또 다른 문제는 노동과 자본 등 생산요소의 비효율적인 이용이다. 생산성이 낮은 이유는 무엇인가? 모든 노동력은 일단 국가적 배치명령에 따라 생산활동에 투입된다. 따라서 실업은, 최소한 명목적으로, 있을 수 없으며 필요성과 무관한 노동력 배치는 부품이나 원자재의

〈표 2-3〉 동서독 간의 품목별 가격차이(서독 가격 = 100)

품목명	가격비	품목명	가격비
카세트녹음기	600%	유치원비	5%
파인애플	550%	전차비	10%
카메라	530%	이발요금	15%
스타킹	510%	식빵	16%
전자계산기	490%	신문	17%
냉장고	390%	난방용 석탄	17%
원두커피	390%	주거용 임대료	18%
초콜릿	310%	전기료	24%

자료: SPD -Bundestagsfraktion: Wochentext No. 10, 19. 5. 1990

조달에 차질이 생길 경우 생산현장에서 노동자가 너무 많아 잠재실업이 발생된다. 이런 잠재실업과 함께 생산설비나 부품과 원자재 조달의 부족은 바로 낮은 노동생산성을 의미한다.

자본의 경우 사유재산이 허용되지 않기 때문에 생산수단의 활용에 관한 권한은 주로 기업의 경영책임을 맡은 당 위원장이 가진다. 그에게는 자본의 효율적 활용이 아니라 계획수치의 달성이 일차적인 목표이다. 그렇기 때문에 과잉투자와 중복투자가 다반사여서 낮은 자본생산성을 초래하고 그 결과 생산요소의 활용은 비효율적일 수밖에 없다.

다음 <표 2-4>는 주요 사회주의 국가들의 노동생산성 추이를 보여준다. 이 표에 나타난 대로 구소련을 제외한 모든 나라에서 노동생산성이 지속 하락했으며 특히 폴란드의 경우에는 1983년도의 노동생산성이 8년 전인 1976년의 생산성보다 근 절반이나 하락했다.[1]

이처럼 생산성이 낮은 데에는 또 다른 이유도 있다. 사회주의의 구조적 특징 중 하나인 대단위 생산조직이나 콤비나트는 국내에서 실질적인

〈표 2-4〉 구사회주의 국가의 노동생산성 추이

	구동독	헝가리	폴란드	구소련	서독
1976	100.0	100.0	100.0	100.0	100.0
1978	90.4	100.0	97.4	106.9	103.0
1980	75.8	100.6	69.7	112.2	108.6
1983	79.9	95.9	52.6	122.8	114.1
1985	82.1	99.6	58.7	126.2	118.7

자료: Apolte/Cassel[1991], Table. 1, p. 25

[1] 물론 해당국가의 공식통계에 의하면 생산성은 계속 증가하는 것으로 나타나지만 이 표에 나타난 것은 서독의 기준에 의거 조정된 수치이다.

독점이나 카르텔적 지위를 가지고 있다. 모든 주문이 국가로부터 할당되기 때문에 경쟁 압력이 없고 따라서 개혁, 기술혁신, 신제품 개발 등에 대한 동기도 있을 수 없다.

사회주의 경제의 또 다른 문제는 금융자산의 과잉보유에 있다. 임금은 노동생산성이나 성과와 무관하게 고정적으로 지급된다. 그런데 재화의 공급은 수요에 미치지 못하고 가격은 고정된 관계로 국민들의 구매력은 항상 공급량을 초과한다. 생산되어도 소비되지 않는 재화는 재고로 쌓이고 소득 중 일부는 저축으로 남게 된다. 즉 소득이 소비로 이어지지 못하여 과잉금융 현상이 상존하는 것이다. 이에 따라 사회주의 체제에서는 인플레이션이 없다는 주장과는 달리 실제로 1980년대 말부터는 거의 모든 동구 사회주의 국가에서 높은 물가상승률을 보였다. 예를 들면 1988년에 헝가리는 15.7%, 폴란드는 59.4% 그리고 유고슬라비아는 무려 123.3%의 소비자 물가 상승률을 보인 바 있다. 그 원인은 생산되는 재화보다 많은 금융자산의 보유였다.

2 사회주의 경제의 개혁 시도와 한계

사회주의의 붕괴가 곧 시장경제의 관철을 의미하는 것은 아니다. 체제가 변하면 기득권을 상실할 수 있는 계층의 반응이 특히 중요한 역할을 한다. 당료, 기업가, 소비자 등 모두가 자율성의 발휘에는 숙달이 안된 상태에서 변화에 적응이 어려우며 이에 따라 많은 저항이 있기 마련이다. 또한 시장경제로의 변화를 위해서는 신축적인 임금 및 가격의 결정, 사유재산제도, 법적 제도적 확실성 등이 실현되어야 하는데 사회주의적 유산은 이러한 변화에 모두 큰 부담으로 작용한다.

임금체계 역시 생산성에 따라 조정할 수 있어야 하지만 체제전환 과정에서 임금의 인하는 엄청난 저항에 직면하기 마련이다. 인플레이션을 통한 실질임금의 하락이나 종업원 해고를 통한 잠재실업을 해소하는 방법이 대안일 수는 있다. 즉, 사회주의 경제의 체제전환은 인플레이션과 실업의 동반이 필연적이라는 논리가 성립된다. 동독의 경우 체제전환 2년 후에 동독 근로자의 35%가 실질적 실업상태에 있는 것이 대표적인 예이다.

지금까지의 경험으로 보아 사회주의 체제에서의 가격개혁은 물가인상을 동반하며 개혁의 초기에는 그동안 이루어진 반 강제적 저축으로 인상된 물가에 대응할 수가 있겠지만 시간이 갈수록 국민들의 구매력은 곧 한계에 도달한다. 물가인상으로 구매력의 상실을 경험하면 임금인상 요구가 뒤따르기 마련이고 임금-물가의 나선형 인플레이션이 유발된다.

구 사회주의 국가들은 외국자본 유치를 위해서, 그리고 민간분야의 역동성과 창의력 활성화를 위해서 국가재산의 사유화를 서두르고 있다. 사유화 방법으로는 구소유주에게 반환, 종업원들에게 지분의 유.무상 분배, 매각을 통한 사유화, 분할과 재편을 통한 공기업으로의 전환 등 여러 가지가 있으며 순서, 속도 등에도 다양한 변형이 있다.

사유화에서 일차적으로 대두되는 문제는 구소유권의 처리와 함께 재산의 가치평가를 어떻게 하는가 하는 점이다. 시장가격과 회계체계가 없는 상황에서 재산 가치를 산정하는 것이 일차적 난제이다. 또 이해당사자 간의 다양한 분배문제가 대두되어 체제전환 자체를 위협하는 갈등으로 발전할 수도 있다.

3 정치사회적 문제점

구체제의 경영진들은 체제전환에 가장 큰 저항세력일 수가 있다. 체제가 전환되면 그들의 지위가 가장 먼저 위협을 받을 수 있기 때문이다. 또한 일반 국민들도 체제전환에 적극 호응하리라는 보장이 없다. 앞서 본대로 체제전환 초기에는 실업, 물가불안 및 생필품 조달의 어려움이 거의 필연적인데 서구식 풍요사회에 대한 환상에 젖어있던 국민들에게 이러한 고통은 일종의 배신감으로 느껴지기 때문이다. 이러한 분위기에서 체제전환을 반대하는 세력들이 쉽게 득세하여 전환 자체를 위협하는 예를 우리는 초기의 폴란드, 헝가리, 그리고 최근에 소련에서 발견한다.

체제전환 과정에서 겪는 실업, 인플레이션, 생필품시장 불안 등이 마치 전형적인 자본주의 시장경제의 폐단으로 비치는 것도 위협요인 중 하나다. 이러한 현상은 자본주의의 모순에서 오는 것이 아니고 사회주의 계획경제의 병적인 유산임을 인식시키기란 과도기적 혼란기에 결코 쉬운 일이 아니다.

자본주의 시장경제가 우월하기 때문에 그쪽으로 전환하여야 한다는 당위성만으로는 설득력이 없다. 사회주의 계획경제가 남긴 파멸적인 상황에서 빠져나올 수 있는 유일한 길이 체제전환이라는 점과 이러한 의미에서 체제전환이란 시장경제의 도입이며 이는 마치 하나의 파산기업을 정리하는 절차와 같음을 인식시키는 노력이 필요하다.

4 지엽적 개혁의 한계와 체제전환의 필요성

체제전환의 구체적인 방법이나 진행과정에 대해서는 사전적인 예측이 불가능하다. 통일이 어떠한 방식으로 이루어지며 통일의 직접적인 '도화선'이 어떤 것인지에 따라 다르기 때문이다. 동서독 간의 통일과정 및 동구국가의 개혁과 전환의 경험에서 도출할 수 있는 교훈은 무엇인가?

지금까지의 경험으로 보아 사회주의 계획경제는 경제위기가 오면 개혁을 시도해 왔다. 그러나 모든 개혁은 정치체제의 고수를 전제로 추진되었다. 체제고수를 전제로 한, 그리고 체제유지를 위한 개혁조치는 경제위기 극복에 단기적으로는 효과가 있을지 모르지만 곧 한계에 도달한다. 그 이유는 체제적인 모순 때문에 신기술과 신 조직이 관철될 수 없고 의사결정의 분권화가 제약적이며 정부의 개혁에 뒤따르는 후속조치가 미약하기 때문이다.

따라서 사회주의의 근간을 유지하면서 시장경제적 조정장치를 도입하여 개혁을 추진하고자 하는 시도는 이론적으로는 가능할지 모르지만 이는 목전의 경제위기를 극복 내지 우회하기 위한 stop and go 전략이던가 아니면 체제전환의 전 단계인 과도기적 현상으로 파악해야지 결코 체제전환 자체는 아니다.

이러한 의미에서 코르나이(Kornai)가 파악한 체제전환의 6가지 전제조건이 시사하는 바가 크다. 그에 의하면 체제전환이 성공하기 위해서는 1. 사회의 완전한 자유화 2. 민법적 계약자유의 보장 3. 사유재산의 보장 4. 조세제도의 정착을 통한 민간투자의 장애제거 5. 금융지원을 통한 민간투자의 촉진 6. 민간자율성에 대한 사회적 인식전환 등의 조건이 충족되어야 한다는 것이다.

작금(1990년대 초반)에 추진되는 동구 국가들의 체제전환 과정은 과거의 부분적인 개혁을 위한 시도와는 차원이 다르다. 사회주의적 이념이나 일당독재식 권력구조를 부정하고 자본주의식 시장경제로의 체제전환은 민주주의식 정치제도와 불가분의 관계가 있다는 것을 분명히 하고 있다.

사회주의 체제, 무엇을 바꾸어야 하는가?*

사회주의 계획경제의 체제전환은 계획의 한계를 인정하고 배분과 분배가 시장의 경쟁에 의해서 이루어지는 시장경제 체제로의 전환을 뜻한다. 즉 시장의 자동조절장치 구축을 의미하는 것이다. 그러나 한 국가경제의 체제는 실제에 있어서 정치, 경제, 법률 및 행정적 요소들에 의해서 복합적으로 구성되기 때문에 체제전환을 고찰하는 데에는 다양한 과제들이 문제가 된다. 이러한 과제들을 종합하면 다음 <표 2-5>과 같은 매트릭스로 나타낼 수 있다.

<표 2-5>에 나타난 제반 과제영역과 체제요소들을 어떠한 순서에

〈표 2-5〉 체제전환의 분석대상

과제영역	체제요소	전환 순서	속도 및 기간
정치 경제 법률 행정			

* 「사회주의 경제의 시장경제로의 체제전환」, 한국국제경제학회, 『제30차 학술발표대회 논문집』, 1992년 12월 11일, 1권 1~29쪽 중 일부.

의해서 어느 정도의 속도와 기간을 정해서 전환 작업을 수행하는지는 한 국가의 운명이 걸린 중요한 문제이기는 하지만 이에 대한 체계적이고도 검증된 처방이 없다는 것이 고민이다.

1 시장경제적 체제요소

<표 2-6>은 시장경제가 필수적으로 구비해야 할 체제요소만을 별도로 분리하여 정리한 것이다. 이 표의 체제요소에는 법률행정영역도 포함된다. 이는 경제정책적 조치들이 실효를 거두기 위해서 필수적이기 때문이다.

〈표 2-6〉 체제전환의 요소

통화분야의 개혁	실물분야의 개혁	법률행정체계의 개혁
1. 가격개혁 ㅇ 가격보조금철폐 ㅇ 가격통제철폐	1. 기업분야개혁 ㅇ 영업자유의 보장 ㅇ 국영기업사유화 ㅇ 사유재산권 인정	1. 경제법체계 정비 ㅇ 상법 ㅇ 소유권법 ㅇ 파산정리법 ㅇ 경쟁법
2. 통화신용제도개선 ㅇ 2원적 은행제도 (중앙은행독립) ㅇ 발권에 의한 예산 운영 금지	2. 경제구조의 개편 ㅇ 관료와 경영 분리 ㅇ 콤비나트와 복합 기업 분할 ㅇ 자유경쟁체제도입	2. 조세체계의 정비 ㅇ 기업과세 체계 ㅇ 소득세 체계 ㅇ 소비세 체계
3. 경제개방 ㅇ 화폐태환성 부여 ㅇ 외환거래 자유화	3. 노동시장개혁 ㅇ 임금통제철폐 ㅇ 직업선택자유보장 ㅇ 결사와 단체협약권 보장	3. 행정체계개편 ㅇ 관료주의 타파 ㅇ 민주적 행정체계 구축 ㅇ 정치와 행정분리

자료: Thomas Apolte/Dieter Cassel[1991]: *Osteuropa: Probleme und Perspektiven der Transformation sozialistischer Wirtschaftssysteme*, In; List Forum Band 17(1991), Heft 1, pp. 22~55. 일부 개별요소들은 저자에 의해 추가 혹은 변경되었음.

체제전환이 과연 하나의 '진행 예정표'에 따라서 이루어질 수 있는가? 또 어떻게 하면 대량실업, 물가폭등, 구조와해, 각종 사회적 갈등 등 체제전환의 대가를 최소화하면서 과제를 수행할 수 있는가? 사회주의 붕괴 초기에는 자본주의적 시장경제와 사회주의적 계획경제 사이에 전혀 새로운 '제3의 길'[1]에 대한 논의가 없지 않았다. 하지만 시간이 지나면서 시장경제 이외의 대안은 없다는 쪽으로 결론이 났다. 뿐만 아니라 일부에서는 신자유주의식 자본주의를 실현하자는 급진적 견해까지 대두되는 기현상을 보였다.

체제전환의 속도와 관련해서는 충격요법과 점진적인 개혁사이에 찬반 양론이 갈린다. 충격요법 성공 사례로는 서독의 1948년 통화개혁을 들 수 있다. 과거 나치의 통제경제적 잔재를 일거에 청산하는 방법으로 통화개혁을 실시하여 분권적인 시장경제 체제를 정착시켰다. 1990년 7월의 '제1차 국가조약' 역시 충격요법의 전형적인 예이며 그 공과에 대한 평가는 앞에서 이루어진 바 있다.

<표 2-6>에서 보다시피 경제체제의 개혁요소는 가격, 통화 및 실물분야와 소유권문제, 법률행정체계 등으로 나뉜다. 독일의 체제전환은 먼저 통화개혁과 가격체계 개편을 실시하고 사유화와 제도개편이 시간을 가지고 그 뒤를 따랐다. 시차를 둔 것은 사유화를 통한 실물경제의 전환과 제도 개편이 상당 정도의 시간이 요하기 때문이다. 물론 이론적으로는 사유화와 행정개혁을 가격개혁에 앞서 시행할 수도 있으나 이는 당분간 중앙계획체제의 유지를 의미하기 때문에 많은 반작용이 예상된다. 즉, 모든

[1] 구동독의 공산당 후신인 독일사회당(PDS) 현당수인 Gysi[1990]와 독일노총(DGB)에서 발행하는 기관지 Gewerkschaftlich Monatshefte 5/6, 1990년 '독일통일로의 길'이란 주제 아래 특집으로 엮어진 여러 논문 참조.

경제주체가 통화개혁이나 가격혁명을 사전에 예측하고 이에 대비하면 체제전환의 의지가 퇴색될 뿐만 아니라 상품의 원활한 공급이 저해되고 물가가 폭등하여 커다란 혼란을 야기시킬 위험성도 크다.

법률, 행정 및 소유권 개혁이 선행된다고 해서 경제적 혼란이 방지된다는 보장은 없다. 가격자유화에 앞선 사유화의 경우 재화의 공급은 여전히 지하경제로 흐를 것이고 대외 경쟁력은 약화될 것이다. 기업의 조업중단과 실업증가를 방지하기 위해서는 노동시장 구조도 개편되어야 하는데 중앙계획경제의 완전 청산 없이는 노동시장 기능이 제대로 발휘될 수 없기 때문이다.

체제전환의 순서를 설명하는 '체제전환 순차모형(sequencing)'에 따르면 제1단계로 ①법제정 ②행정개편 ③기업분할 등 법적·제도적 여건조성을, 제2단계로는 ①가격자유화 ②대외경제개방 ③통화의 태환성 부여 등 자유화조치를 취한 다음 제3단계에서 ①사유화조치 ②통화 및 재정정책적 조치 ③사회정책적 조치 ④구조정책의 조치 등의 순서를 밟게 된다.

이러한 순차모형이 언제나 적용될 수 있을지에 대해서는 강한 의문이 제기된다. 동독의 경우, 단번에 기존의 체제가 무너지고 서독의 법률과 행정체계를 도입했기 때문에 제1단계의 전환과정은 용이하게 극복될 수 있었고 그래서 곧바로 제2단계 조치를 취할 수 있었지만 여타 동유럽국가에서처럼 기존질서의 점진적인 개혁을 통해서 체제를 전환하고자 할 때에도 이와 같은 단계를 거칠 수 있을지는 의문이다.

2 급진주의와 점진주의 간의 선택문제

잘못된 체제를 어떻게 바꾸어야 하는가? 체제전환에 관한 논의는 충격요법과 점진주의 간에 어떠한 전략이 더 타당한지에 집중된다. 이때 두 전략이 추구하는 목적은 동일하다. 즉 사회주의 계획경제를 자본주의 시장경제로 전환하는 데 있어서 가능한 한 사회적 비용을 최소화하면서 시장경제가 제 기능을 발휘하도록 체제요소를 바꾸는 것이다. 그리고 시장기능의 발휘 여부는 흔히 마(魔)의 4각(四角)으로 일컬어지는 성장, 안정, 고용, 국제수지 등 거시경제적인 균형이 이루어졌는지의 여부로 판단한다.

그런데 지금까지의 학문적 인식과 실무적 경험에서 얻는 결론은 체제전환 초기에는 어떠한 전략을 선택하든지 일단 경제적인 손실과 사회적인 비용이 발생하기 마련이며 이를 시버트(Horst Siebert)는 체제전환의 'J-곡선이론'이라고 표현하고 있다.

통일에 따른 체제전환을 실시한 동독 외에 폴란드, 헝가리, 체코슬로바키아 등도 체제전환을 경험했다. 그 중 동독은 급진주의적, 헝가리는 점진주의적, 그리고 폴란드는 그 중간 정도의 전환속도를 채택하였다. 체코와 슬로바키아가 분리되어 서로 다른 길을 가면서 체코는 급진주의적, 그리고 슬로바키아는 점진주의적 체제전환 방법을 채택하였다.

통일과제의 일환으로 추진된 동독의 체제전환에는 급진주의적 방법 외에 다른 대안이 없었다는 주장이 지배적이다. 즉 점진주의를 택하려면 양독일 간의 국경을 통제하여 노동의 이동을 막고 노동의 생산성에 상응하는 임금격차를 존속시켜 동독의 기업도산과 실업증가를 막으면서 동시에 생필품 가격 폭등을 방지했어야 했는데 이는 당시의 국내외적인 여건과 통일정책상 불가능했다는 것이다.

폴란드의 체제전환이 본격화된 시점은 폴란드 정부가 국제통화기금(IMF)과의 협의 하에 경제체제를 시장경제로 전환하기로 공식 선언한 1989년 말로 본다. 폴란드는 1990년 초 자국 통화를 무려 40% 평가 절하하여 대외 경쟁력을 제고시키려 했으나 산업생산은 상당한 정도의 감소를 면치 못했다. 그러나 그 감소의 정도는 동독의 경우보다는 경미하였다.

헝가리는 사회주의 국가 중 가장 먼저 시장지향적 개혁을 추구한 나라로 이미 1968년 1월에 '신 경제적 장치(new economic mechanism)'를 도입하여 소위 '계획 유도적 사회주의 시장경제'를 실현시키고자 시도하였다. 또 1980년대 초에는 광범위한 체제개편의 노력을 통해서 정부간섭의 축소, 대규모 정부기업의 분할, 기업에게 소유권 관리의 위임, 경쟁가격의 도입하고 통화, 자본, 노동시장 및 조세제도를 시장경제에 맞게 구성하려는 시도가 있었다. 그러나 이때는 아직 체제전환이 아니라 단지 기존 체제를 개혁하는 것이 목적이었다. 그러다 1989년 공산주의 정권이 무너지고 새로운 정부가 들어서면서 진정한 시장경제로의 전환을 시작하였으나 속도는 점진적이었다. 이 때문에 산업생산의 감소추세 역시 완만하여 체제전환 초기 수개월 동안에 10% 정도의 감소에 머물렀다. 그 대신 회복세는 더디었고 그 성과는 상당 시간이 경과한 후에 나타났다.

초고속의 충격요법을 쓴 동독은 많은 산업생산의 감소를 초래한 반면 회복도 매우 빨라서 체제전환 시작 후 2년이 경과하자 벌써 회복세를 보였다. 반면 동독보다 좀 더 약한 충격요법을 쓴 폴란드는 생산 감소의 정도는 동독보다 약했지만 그 회복세도 상대적으로 늦었다. 처음부터 점진주의를 택한 헝가리는 전환 초기부터 생산 감소의 정도가 작았지만 회복시기도 그만큼 늦게 도래하였다.

3개국 모두에게 공통적인 점은 체제전환 초기에는 소비재 생산의 감소가 컸지만 시간이 경과하면서 점차 투자재의 감소가 두드러졌다는 점이다. 즉 사회주의 경제가 시장경제로 전환함에 있어서 초기에 타격을 받는 것은 소비재 산업이지만 점차 시간이 갈수록 투자재 산업에의 타격이 확산된다는 것을 여러 동구국가의 경험이 보여준다.

3 독일의 체제통합 경험에서 무엇을 배울 것인가?

동구 사회주의 국가의 체제전환 중에서도 동독의 경험은 나름대로의 특징을 가지고 있다. 동독의 체제전환을 추진하는 주체가 과거 사회주의를 이끌던 동독인들이 아니라 서독의 관료와 경제계 인사들이라는 점이다. 이들은 가끔 '식민지 신탁통치자'라고 경원시되기도 하지만, 다른 사회주의 국가들이 매우 부러워하는 '부자형님'으로서의 역할을 톡톡히 하고 있어서 이런 후원자를 갖지 못한 다른 국가의 체제전환 과정과는 비교할 수 없는 좋은 출발조건을 가졌다. 또 다른 차이는 동독이 분단국가였다는 데 있다.

여타 동구 국가들은 체제전환 과정 중에도 당장 노동력의 대이동을 걱정할 필요는 없었으며 기존의 국경이 일단 유지되면서 어느 정도 독자적인 정책결정을 할 수 있었다. 반면, 동독은 서독과 경계선을 사이에 두고 대치 상태에 있었고, 더구나 체제 경쟁자인 입장에 있었던 관계로 문제가 훨씬 복잡하고 미묘했다.

즉, 베를린 장벽이 무너짐과 동시에 양 독일 노동시장이 하나로 통합되었다. 헝가리 정부가 1989년 가을에 밀려오는 동독의 탈주자들에게 서독으로의 길을 개방함과 동시에, 동독민들의 개방 압력을 더 이상 무력으로 막을 수 없음을 간파한 동독정부가 그해 11월 9일에 동서독 간의 경계선을 전면 개방하였고 이 조치로 동서독 노동시장은 하나로 통합된 것이다. 따라서 동서독 간의 체제전환은 '제1차 국가조약'이 발효된 1990년 7월 1일부터가 아니라 이미 1989년 11월 9일부터 시작되었다고 보아도 무방하다.

동독은 주민들의 서독으로의 합법적인 대량 이주와 함께 젊고 생산성이 높은 노동력을 모두 서독에 빼앗길 위험에 처하게 되었고, 보조금 덕택에 낮은 가격을 유지하던 동독제품의 매점매석과 함께 많은 수요가 서독제품으로 몰릴 위험에 직면하게 되었다. 물론 서독의 입장에서도 하루에 수천 명씩 넘어오는 동독민들을 무한정 받아들이기는 경제적으로나 사회적으로 부담이 컸다. 뿐만 아니라 동독의 경제가 점점 더 깊은 수렁으로 빠져들면 그 부담이 결국은 서독에게 지워질 것이기 때문에 이를 방지할 필요가 절실했다. 이것이 동독과의 경제통합을 서둘렀던 이유 중 하나다. 서독의 화폐, 제품, 사회보장이 동독민에게 즉시 제공되고 대규모 경제지원을 통해서 동독경제를 부양한다는 약속 때문에 결국 동독민들은 지금까지 자신들의 생활 터전인 동독 땅에 머물기로 결정하였다는 판단이 결코 과장이 아니다.

서독으로서는 동독민들이 사회주의 체제를 거부하고 서독과 통합하기를 바라는 마당에 같은 민족의 '형제국가'를 거부 할 입장이 아니었다. 그래서 결국 사회주의의 잔해만 남은 동독이라는 '거대한 부실기업'을 '억지로' 떠맡게 되었다고도 볼 수 있다.

이미 1989년 11월에 동독 정권이 베를린 장벽을 개방한 이후 양 독일은 실질적으로 통합된 단일시장이 되었다. 특히 대량 이주 압력에 직면한 마당에 점진주의와 충격요법 간의 선택문제는 의미가 없어졌고, 가장 시급한 과제는 발전 격차나 규모 면에서 큰 차이를 보이는 두 시장을 어떻게 비용을 최소화하는 방향에서 통합시키는가 하는 것이었다.

이상의 상황으로 볼 때 동독의 체제전환은 여타 사회주의 국가가 추진하는 체제전환과는 그 배경이나 과제, 그리고 성격이 전혀 다르다. 따라서 체제전환이라는 분석의 틀보다는 개발이 뒤떨어진 작은 규모의 지역경제를 하나의 고도로 발전된 시장경제가 흡수하는 경제통합의 차원에서 고찰하는 것이 더 타당하다. 즉 경제발전 내지는 지역경제정책이 경제체제 문제와 어우러진 과제로서, 앞으로 우리에게 닥쳐올 남북 간의 경제통합도 이러한 맥락에서 고찰할 필요가 있다.

한반도가 통일 될 경우 북한의 체제를 시장경제로 전환시킨다고 가정할 때 동독을 제외한 여타 구사회주의 국가의 경험을 북한에 적용하는 데에는 많은 제약이 따를 것이다. 동서독 간의 체제통합이 특별히 우리의 관심을 끄는 이유도 바로 분단되었던 두 경제의 통합 과정을 관찰할 수 있는 유일한 기회를 제공하기 때문이다. 독일의 경험이 한반도의 통일과 체제전환에 많은 시사점을 제시하지만 그렇다고 해서 그대로 적용시킬 수 있다는 것은 결코 아니다.

그동안의 짧은 경험에서 얻은 결론은 다음과 같이 요약된다.

첫째, 동독식의 급진적인 충격요법도 체제전환이 본궤도에 진입하는데까지는 상당한 기간을 요하며 (동독의 경우 최소한 앞으로도 6~7년) 체제전환의 기간을 단축할수록 전환 초기의 통일비용은 많아진다.

둘째, 충격요법과 점진주의 간의 선택은 국가별 시대별 상황에 따라서 행해질 문제이지 이론적으로나 혹은 선호도에 따라서 결론이 날 문제가 결코 아니다.

셋째, 통일과 동시에 진행되는 체제전환은 나름대로의 특수성을 가지기 때문에 동독을 제외한 여타 동구권 국가의 경험을 한반도에 적용시키기는 불가능하며 동서독 간의 경험 역시 그동안 양 독일 간에 기울여진 접근과 교류를 위한 노력, 지정학적 역사적 특수성, 서독의 막강한 경제력과 잘 발달되어 동독민들의 생활수준을 개선시킬 수 있는 사회보장제도 등 한반도와 다른 점이 너무 많음을 감안해야 할 것이다.

제3부

통일비용, 무엇이며 왜 필요한가?

독일의 통일방식에 대한 논의는 자연스레 통일비용 논의로 연결되었다. 통일 과제는 엄청난 재정 부담을 요하며 독일이 많은 난관에도 불구하고 통일 과제를 성공적으로 수행할 수 있었던 이면에는 서독의 막강한 경제력이 있었다. 따라서 세계적 경제대국 독일도 통일비용으로 어려움을 겪은 경험을 교훈삼아 한국에서도 그에 대비해야 한다는 인식은 자연스러운 것이다.

필자는 1990년에 국내 최초로 한반도 통일비용을 시산한 바 있다. 그 이후 국내에서 통일비용에 대한 논의가 활발하게 뒤따랐으며 대게 필자가 택한 방법이나 개념 및 통일비용의 범위가 적용되었다.

통일비용 문제는 당연히 통일을 위한 준비가 어느 정도 되어 있는지, 통일이 어떤 방식으로 이루어지는지, 그리고 통일 후 경제·사회적 통합의 기간을 얼마로 설정하는지에 따라 달라지기 마련이다.

제 3부는 그 동안 필자가 발표한 통일비용과 관련된 글들로 채워졌으며 통일비용 논의가 갖는 의미와 통일비용에 대한 대비책의 하나는 적극적인 남북경협임을 강조한다.

'통일비용'의 진정한 의미*

필자는 한 월간지에 한반도 통일비용 시산을 발표한 바 있다.[1] 이 시산은 필자가 알기로는 한반도 통일비용에 대한 최초의 체계적 시산이다. 그 시산을 필두로 최근 들어 국내에서 통일비용에 관한 논의가 활발해졌다. 학자들과 연구기관에서 발표한 통일비용의 시산은 필자의 시산과 금액 면에서는 서로 큰 차이를 보이면서도 몇 가지 공통점을 가지고 있다. 첫째, 한반도에도 독일식의 '흡수통일'이 이루어진다고 가정하고 둘째, 동서독과 달리 남북한 간에는 통일의 순간까지 경협에 별다른 진전이 없을 것이라는 가정을 암묵적으로 담고 있다. 또 남북 간의 경제력 격차는 시간이 갈수록 벌어질 것이고 통일이후 일정기간(주로 10년)에 북한주민의 생활을 남한수준으로 끌어올리는 데 필요한 비용이 얼마인지에 초점을 맞춘 점 역시 공통이다.

통일비용의 규모에 차이가 나는 것은 어쩔 수 없다. 대상 기간의 차이 외에 포괄범위나 비용의 개념이 추계자에 따라서 다르고 또 추계 방법의

* "'통일비용'의 진정한 의미", <세계일보> 세계시평, 1993년 4월 9일, 5면.
[1] "한반도 통일비용, 얼마나 들까", <월간중앙>, 1990년 12월호, 186~197쪽.

차이 때문에 전혀 다른 결과가 나오는 것이 당연하기 때문이다. 통일 시점을 언제로 잡느냐에 따라, 또 통일이 어떠한 방식으로 이루어지는지에 대한 가정에 따라 통일비용의 크기가 전혀 달리 나오기 마련이다.

상이한 가정 하에 판이한 결과를 도출했음에도 불구하고 통일비용에 관한 연구가 최근 우리나라의 통일논의에 끼친 영향은 지대하다. 그 동안에는 아무런 준비나 구상도 없이 막연하게 어떻게 하든 빨리 통일이 달성되면 좋겠다는 식의 감상이 지배적이었다. 통일비용에 대한 논의는 이러한 감상 대신 통일을 위해 무엇을 준비해야 하는가를 고민하게 만드는 계기가 되었다. 즉, 통일비용 논의를 통해서 첫째, 남북 간의 경제력 격차가 워낙 심해서 통일비용의 규모가 엄청나게 클 것이라는 점과 둘째, 서독보다는 월등히 약한 남한의 경제력을 감안할 때 남한이 그처럼 큰 통일비용을 감당하기는 어렵다는 사실을 주지시켜 주었다. 이러한 논의는 자연스럽게 국민들의 통일에 대한 전반적인 의식변화를 야기 시킨 것이다.

서독처럼 막강한 경제대국도 통일비용 때문에 곤경을 겪는데 우리의 처지에서 통일을 추구하는 것은 너무 감상적이라는 통일논의 경계론과 함께 흡수통일은 남북한 모두에게 이로울 것이 없으니 가능하면 피하고 합의에 의한 점진적인 통일방안을 마련해야 한다는 인식이 국민들 사이에 차츰 확산되고 있다. 또한 통일을 맞기 위해서는 그만한 사전준비가 필요하다는 사실에 차츰 주목하기 시작한 것도 하나의 성과로 평가된다.

필자의 견해로는 통일비용은 최소한 다음의 세 가지로 구분되어 논의할 필요가 있다.

첫째, 통일 직후 북한의 경제적 사회적 혼란을 최소화하고 북한 주민들의

생계유지를 위해서 요구되는 위기관리비용

둘째, 정치적 통일이 달성된 이후 북한의 사회주의 체제 요소를 남한의 체제에 맞게 전환시키는 데 필요한 체제전환비용

셋째, 통일이 달성된 이후 일정기간 내에 북한 주민의 생활 수준을 남한과 비슷하게 끌어올리는 데 소요되는 투자비용 등.

그런데 지금까지 이루어진 통일비용 논의는 이중 어떠한 것을 의미하는지를 명확하게 구분 짓지 않아서 많은 혼란과 불필요한 오해를 불러일으킨 감이 없지 않다. 어떤 때는 위 세 가지 중 하나만을, 또 어떤 때는 그 전부를 통일비용에 포함시키기도 한다. 지금까지 제시된 통일비용이 통일 후 10년간의 기간을 기준으로 작게는 1500억 달러에서 많게는 1조 3000억 달러까지 매우 다양한 것만 보아도 이를 잘 대변해주고 있다.

앞으로는 좁은 의미의 통일비용은 첫 번째와 두 번째만을 포함하고 세 번째의 비용은 구태여 통일비용이라기보다는 오히려 기업이 장래의 수익을 위해서 행하는 투자로 분류해야 할 것이다.

여러 부작용에도 불구하고 통일비용에 대한 논의가 불필요한 작업만은 결코 아니다. 시산의 주목적은 예기치 않은 상황의 변화로 급진주의적 통일이 되어 원하든 원치 아니하든 간에 북한 주민들의 생존권 보호를 남한이 책임져야 하는 사태가 발생한다면 얼마만한 비용이 요구되는가를 알아보는 데 있다.

이와 관련, 다음과 같은 주제들이 이 분야 연구 과제로 남아있다.

- 남북한 급진통일의 사태가 과연 발생될 것인지, 그렇다면 그 시기는 언제쯤일 것인가,

• 이러한 사태가 발생되지 않도록 예방이 필요하다면 어떤 예방책이 있겠는가,
• 이러한 사태가 발생된다면 재원 조달에는 어떠한 가능성과 한계가 있는가.

통일비용 시산은 이상의 과제를 포함, 종합적인 통일연구를 위한 하나의 예비조사적 성격을 가지고 있어서 그 의미를 결코 과소평가할 수는 없다. 문제는 통일비용의 시산으로 인하여 공연한 오해와 마찰을 불러일으킬 소지가 다분하다는 데 있다. 흡수통일을 전제로 하는 비용 시산은 우리의 통일정책이 마치 흡수통일에 맞추어진 것 같은 오해를 불러일으킬 수 있고 가정 설정에 대해서 충분한 이해가 없는 일반 국민에게 엄청난 통일비용 금액만을 제시하는 것은 '통일에의 거부감'을 유발시킬 위험이 있다.

따라서 통일비용 시산은 시산 그 자체에 목적을 둘 것이 아니라 통일을 앞당기기 위해서, 또 통일비용을 최소화하기 위해서 어떠한 비용과 대가를 치루어야 하는가, 통일 직후 과도기적 혼란을 단기적으로 극복하기 위해서 무엇을 어떻게 해야 할 것인가 등의 질문에 답을 구하는 방향 제시에 초점을 맞추어야 할 것이다.

통일비용 시산이 통일 거부감으로 연결되어서는 안 된다. 통일비용 시산 목적은 지금처럼 단절의 상황에서 만약 한반도 통일이 급진적으로 일어난다면 감당해야 할 비용이 얼마나 들까를 보자는 것뿐이다. 또한 통일비용은 소모적인 경비가 아니라 한민족의 장래를 위한 투자라는 인식의 확산이 필요하다.

결론적으로 '통일비용이 겁나서 통일을 서두르지 말자'가 아니라 통일 준비를 하지 않은 상태에서 통일을 '억지로' 맞게 되면 통일비용의 부담이 너무 크니 미리 대비하여 그 비용을 감당할 수 있는 수준으로 줄여보자는 것이 그 목적이다. 앞으로의 남은 과제는 이러한 목적을 달성하기 위해서 무엇을 어떻게 해야 할 것인지가 될 것이다.

최초의 한반도 통일비용 추계, 무엇을 남겼나?*

1 의미있는 남북 통일비용 시산

독일의 꿈과 같은 통일과정을 보는 우리의 감회는 남다를 수밖에 없다. 독일도 얼마 전까지 우리와 같은 분단처지였기 때문이다. 따라서 우리도 어떻게든 빨리 통일을 해야 하지 않겠는가 하는 조급한 마음이 앞서는 것은 어쩌면 당연하다. 서독은 동독을 흡수하는 통일방식을 택했다. 우리도 이런 독일의 통일방식을 한번쯤 고려하지 않을 수 없다. 이렇게 해서라도 통일을 이룬다면 우리의 추구이념이나 체제, 그리고 가치관과 생활기반이 안정적으로 계속됨은 물론 한 민족인 북한주민들과 더불어 같은 생활권에서 살 수 있게 된다.

그런데 이러한 바람은 다른 한편 좀 더 구체적인 질문과 연결된다. 우리는 서독이 한 만큼 통일을 위해서 준비와 노력을 했는가, 그리고 우리의 경제력이 과연 남북통일에 뒤따르는 비용을 감당할 수 있는가 하는 등의

* 월간중앙 1990년 12월호에 실린 "한반도 통일비용, 얼마나 들까"는 논문 형식을 취했으나 여기에서는 기술적인 추계방법은 생략하고 메시지 위주로 요약하였다.

질문이 그것이다. 뒤처지고 악화되는 동독국민들의 생활을 서독 수준까지 끌어올릴 수 있는 서독의 경제력이 동독국민들에게 믿음을 주었기 때문에 서독은 동독을 품으로 끌어들일 수 있었음은 주지의 사실이다.

2 통일비용은 미래 위한 투자

독일의 통일비용은 사후적 계산과 논의가 한창이지만 당초 예상했던 8000억~1조 마르크만으로는 어림없고 2조 마르크(940조 원)정도는 들어간다는 것이 최근(1990년 중반)의 계산이다. 이에 따라 동독경제의 심각성과 통일에 따른 부작용에 비추어 당초의 통일비용은 너무 과소 추계되었다는 비판과 함께 새로운 수치들이 제시되고 있다. 이처럼 독일의 예에서 보더라도 통일비용은 사전에 정확하게 파악한다는 것이 매우 어렵다. 또 실제적인 통합을 위해서는 엄청난 비용이 소요된다는 사실을 알 수 있다.

독일의 헬무트 콜 수상은 '이 세상 어느 누구도 통독 때문에 무엇인가를 포기해야 할 필요가 없고' 특히 동독국민들은 '어느 누구도 이전에 비해 살기가 더 좋아지게 될 것'을 약속한 바 있다. 그리고 서독 국민들도 단기적으로는 조세부담 증가를 우려하면서도 다른 한편 통일의 긍정적인 파급효과가 비용부담을 충분히 상쇄시켜 줄 것으로 믿고 있다. 통일비용은 소비적인 경비가 아니고 미래를 위한 투자라는 것이다.

3 사전 예측 어려운 통일비용

우리가 당면과제로 생각하는 남북통일도 당연히 대가를 필요로 한다. 그러나 이런 통일비용 추계의 핵심적 문제는 그 논리성과 정확성에 있는 것이 아니다. 경험적 자료가 없고 선례가 특별한 도움을 주지도 못한다. 따라서 독일의 통일비용을 한반도에 바로 적용시킬 수 없다. 물론 독일의 선례를 참고로 할 수는 있다. 다만 우리 나름대로의 모형을 개발하여 통일비용을 산출해 보는 것이 필요하다.

지금까지 통일비용에 대한 언급이 전혀 없었던 것은 아니다. 일본 장기신용은행 종합연구소는 한반도 통일비용을 2000억 달러로 보았다. 그러나 그 산출근거로 단지 북한의 경제규모가 동독의 4분의 1에 해당하므로 한반도 통일비용도 통독비용의 4분의 1이 소요될 것이라는 점을 들었다. 또 장화수는 모 잡지 기고문에서 산출근거 없이 단지 단기적 비용 약 500억 달러, 장기적 비용 약 5000억 달러가 들 것이라는 견해를, 그리고 중앙일보 이재학기자는 최근 한 기사에서 정부가 5년 만에 (1990년) 현재 5대 1인 남북한 소득 격차를 3.3 대 1로 줄이는 데 드는 비용으로 87억 달러를 비공식적으로 시산해 본 바가 있다고 언급했다.

이러한 수치가 그 신빙성과 무관하게 우리의 관심을 끄는 것은 사실이다. 그러나 아무런 근거 없이 수치만을 제시한다는 것은 통일 논의에 아무런 도움이 되지 못한다.

물론 근거가 확실한 통일비용의 예측은 불가능하다. 한반도에 독일식 흡수통합이 일어난다는 가정 자체가 매우 비현실적일 뿐만 아니라 북한의 폐쇄성과 체제적 특수성 때문에 정확한 통일비용 추계에 요구되는 기초 자료의 수집도 불가능한 상황이기 때문이다.

이러한 제약에도 불구하고 이 글이 경제학적인 방법론을 적용하여 한반도의 통일비용을 체계적으로 시산해본 최초의 논문이라는 점을 독자들은 감안하여 읽어주기 바란다.

4 통일비용 시산 위한 네 가지 방법[1]

제약적 여건 하에서 취득 가능한 최소한의 북한 경제자료와 남북한 간의 경제력 대비를 통해 한반도 통일비용을 산출해 보자, 여기에서의 대전제는 남북통일이 된 시점을 1990년으로 잡고 10년 이내에 북한의 경제를 남한과 동등한 개발수준으로 끌어올린다는 것이다.

자료가 충분하다면 여러 지표를 동시에 고려하고 각 지표 간의 상관관계를 이용, 재정수요를 산출해볼 수 있을 것이다. 하지만 우리는 매우 단편적인 자료만을 구할 수 있기 때문에 네 가지 서로 다른 추계방법을 이용하여 통일비용을 시산하고자 한다.

그 네 가지 방법이란

- GNP 격차와 자본계수 이용 방법
- 국부를 이용한 시산
- 투자율을 이용한 시산, 그리고
- 독일식 항목별 누계방식

[1] 사세한 내용과 방법에 대해서는 안두순, "한반도 통일비용, 얼마나 들까?" 참조.

등이다.

필자가 채택한 통일비용 시산에는 다음과 같은 가상적 상황을 전제로 했다. 한반도 통일이 독일식 급진적 통합방식으로 1990년에 이루어져서 북한은 남한체제로 통합된다. 또 북한의 경제개발 목표는 통일 10년 후 남북한 소득수준을 비슷하게 만드는 데 두고 이 목표달성에 필요한 재원을 어떻게 조달하는지는 일단 고려에서 제외한다.

이러한 가상적 상황을 전제로 한 한반도 통일비용의 시산 결과는 다음 <표 3-1>과 같았다. 통일비용의 시산 방법과 활용된 필요한 기초자료는 매우 기술적인 것이기 때문에 본 글에서는 제시하는 것을 생략했다. 자세한 내용은 <월간중앙> 1990년 12월호의 필자 논문을 참조하기 바란다.

〈표 3-1〉 통일비용 추계 방법과 금액

추계 방법	2000년 경상가격	11년간 누계액 (1990년 가격기준)
GNP 격차(자본계수)를 이용한 통일비용	507조1495억 원	430조4761억 원
국부(国富)를 기초로 한 통일비용	756조7430억 원	360조3000억 원
투자율을 이용한 통일비용	579조2215억 원	275조8000억 원
항목별 누계방식에 의한 통일비용	529조8000억 원	251조7000억 원
평 균	593조2285억 원	282조 원 (1990년 불변 가격)

자료: 안두순, "한반도 통일비용, 얼마나 들까?", <월간 중앙>, 앞의 책.

5 통일비용 시산의 의미

이상 네 가지 방법 중 어떤 것이 가장 타당한지에 대한 답은 구하기 어렵다. 서로 비교해야 할 가정과 변수들이 너무 다르기 때문이다. 시산의 목적이 절대적인 수치보다 우리 경제가 10년에 걸쳐서 부담해야 할 통일비용의 규모가 대략 얼마이며, 특히 국민총생산에서 차지하는 비중이 어느 정도인지를 가늠해보고자 하는 것이었다.

네 가지 상이한 방법으로 시산한 통일비용의 평균치는 1990년 불변가격으로 282조 원이다. 이 비용은 통일 후 10년 동안 부담해야 할 누적액이기 때문에 같은 기간 동안 국내총생산에서 차지하는 비중을 계산하면 대략 8%가 된다.

만약 한반도에도 독일식 급진적 통일이 실현된다고 가정할 경우, 과연 우리 경제력이 이를 감당할 수 있는지에 대한 의문은 논외로 하고 우리의 통일비용은 얼마나 들까? 이러한 의문의 제기는 현실적 상황인식과 실현 가능성을 무시한, 다소 이상론적이고 감상적인 면이 다분하다. 어디까지를 통일비용으로 잡고 어떠한 항목을 통일에 포함시키는지에 대한 일치된 견해도 없다. 그럼에도 불구하고 우리는 통일에 관한 한 상정 가능한 모든 상황을 염두에 두고 사전준비를 해둘 필요성이 있다.

역사상 통일비용을 산출해 본 유일한 예는 독일뿐이다. 그래서 본 통일비용 시산도 독일의 통일비용을 참고하여 시산해 보았다. 그러나 독일의 통일비용 산출도 일관성 있는 이론적 근거 하에서 체계적으로 개발된 모형을 이용한 것이 없고 산출기관이나 산출시점에 따라 그 규모에 큰 차이가 있다.

우리나라가 꼭 독일식이 아닌 다른 형태로 통일이 실현되더라도 여러 종류의 비용은 들게 마련이다. 우리가 참고할 만한 통일경험을 제시한 유일한 나라가 독일이기 때문에 독일식 통일이 한반도에서 일어날 때 비용이 얼마나 소요되는지 계산해 보는 것은 나름대로 뜻이 있다고 보인나.

물론 이 글의 의도는 통일비용에 대한 정확한 예측이나 완전한 모형을 제시하고자 하는 것이 아니다. 일단은 통일비용을 계산하는 시도 그 자체에 뜻을 두어야 할 것이다. 여기에서 시도된 통일비용 추계는 순전히 가상적인 상황을 전제로 한 것임으로 예측의 정확도에는 큰 값어치를 부여할 수 없다. 그러나 미래공상소설이 이상향을 추구하거나 현실비판적인 자세를 취함으로써 미래지향적 성격과 탐구적인 기능을 갖는 것처럼 개략적이고 정확성이 결여된 시산이라도 이 방면의 꾸준한 연구를 위한 하나의 출발점이 될 수도 있다고 본다.

'흡수' 통일과 서독의 경제적 계산*

1 재정지원을 통한 동독경제 활성화 방안

동서독 간의 통일과정을 촉진시킨 데는 경제적인 요인이 큰 역할을 한 것이 사실이다. 그러나 그것이 전부는 아니다. 서독은 1960년대 후반부터 이념이나 체제논쟁을 과감히 탈피하고 민족의 동질성 유지와 동서독 간의 교류확대를 위하여 꾸준히 노력해왔고 정치적인 통일이 아니더라도 '실제 통일적 상황'을 조성하고자 부단한 노력을 경주해 왔다.

다른 한편, 통일촉진을 위해서 엄청난 재정부담을 각오한 서독이 그 부담을 전적으로 비용으로만 계산하는 것은 결코 아니다. 통일을 위해서 동원될 경제력을 오히려 더 풍성하고 밝은 미래를 위한 투자로 생각하는 분위기가 더 지배적이다. 그러한 분위기의 이면에는 나름대로의 계산도 서 있다.

서독은 동서독 간의 경제통합을 위해서 다음과 같은 세 가지 기본전략을 세운 듯하다. 첫째, 이미 실현에 옮겨진 통화통합을 통해서 동독의

* "흡수통일의 견인차, 서독 經濟力의 실체", <월간중앙>, 1990년 9월호, 378~387쪽 중 일부.

통화 및 금융시장을 서독으로 통합하여 시장영역을 넓힌 다음 둘째, 대폭적인 재정지원으로 흔들리는 동독경제를 재개발하여 서독경제와 수직적으로 연계시킨 다음 셋째, 비교적 잘 훈련되고 저렴한 동독의 노동력과 서독의 자본 및 기술을 접목시켜서 동서독 간의 실물경제적 통합을 달성하여 전체 독일의 경제대국을 이룬다는 구상이다.

서독이 약속한 재정지원만도 실로 엄청나다. '국가조약'에 명시된 동독의 국가재정지원으로 1990년과 1991년에 570억 DM(약 26조 원)과 연금 및 실업수당 보조금 50억 DM이 있다. 그 외에 동독의 경제개발을 위하여 1994년까지 1150억 DM의 통일기금을 조성하기로 결정했다. 또 동독이 서방국가에 진 부채 340억 DM을 서독이 떠맡게 될 전망이며 동독의 실업방지, 임금인상, 연금 수취자 소득개선, 사회정책적 수혜범위와 수준확대 등을 위해서도 엄청난 부담이 요구된다. 혹자는 서독이 통일을 위해서 부담해야 하는 경비가 1조 DM(약 450조 원)에까지 이를 것으로 추정하고 있다.

전문기관의 계산에 의하면 동독의 1인당 소득수준이 서독의 80%에 이르기 위해서는 동독경제의 성장속도에 따라서 약 10~15년이 걸린다. 즉, 연평균 15%의 고도성장을 유지하면 약 10년이, 그리고 8~9%정도의 비교적 완만한 성장을 하면 15년 정도의 기간이 필요하다는 것이다. 서독은 경제통합 이후 동독경제가 상당히 높은 성장률을 보일 것으로 낙관하고 있다.

이러한 고도성장을 기초로 한 동독의 '재개발'이 계획대로 추진될지의 여부는 다음과 같은 기대가 충족될지 여부에 의해 결정될 것이다.

첫째, 동독의 국공유 기업 중 경쟁력이 없는 기업은 과감히 도산시켜서 산업구조조정을 촉진시킨다. 둘째, 동독의 임금은 그 생산성 수준에 맞게 유지되어야 하며 따라서 당분간은 서독의 임금수준보다 30% 정도 낮은 수준에 머물러야 한다. 셋째, 동독의 노동력은 더 이상 서독으로 이주하지 않고 동독에서 생산활동에 참여해야 한다. 넷째, 서방 측의 대규모 기술과 자본이 동독으로 유입되어 동독경제를 현대화하고 새로운 중소기업과 민간자영업이 많이 창업되어 국제경쟁력을 기른다. 다섯째, 예상되는 동독기업의 많은 도산으로 발생되는 실업은 각종 개인 및 사업서비스업과 도소매 · 음식숙박업 등 매우 낮은 수준에 있는 3차 산업을 활성화시켜서 흡수되도록 산업구조를 개편한다.

2 실물통합을 위한 서독의 전략

이상의 전략이 맞아떨어지면 동서독 간의 실물경제는 완전한 통합이 이루어지고 생활수준도 점차 평준화될 것으로 기대되고 있다.

국가조약 발효 4일 만인 지난(1990년) 7월 4일을 기점으로 동독 각지에서는 파업과 시위가 계속되고 있다. 실물경제의 통합보다 욕구수준의 통합이 먼저 일어나고 있는 셈이다. 파업과 시위의 이유는 간단하다. 취업보장과 임금인상, 그리고 서독과 같이 근로시간을 단축해 달라는 것이다. 동서독 간의 생활수준 평준화는 먼 후일의 이야기고 많은 동독인들에게는 당장 국가보조금의 철폐로 가계가 어렵고 예견되는 기업도산은 자신들의 실업으로 연결되기 때문에 조급할 수밖에 없는 것이다.

생필품을 위한 보조금의 철폐는 85%의 생필품가격 상승효과를 가져

왔고 동서독 간의 경제통합은 동독의 물가수준을 서독에 접근하도록 만들어 동독가계의 구매력 상실은 매우 심각하며 소득이 낮은 계층일수록 그 정도는 큰 것으로 알려졌다.

실업에 대한 근로자들의 불안도 심리적인 요인에만 근거하는 것은 결코 아니다. 앞서 살펴본 동서독 경제통합 전략은 어느 의미에서는 동독의 실업을 사전에 계획에 포함시켜 놓고 있다. 동독에는 약 8000개의 사유화 대상 기업이 있는데 그 중 3분의 1은 당장 파산, 3분의 1은 정부의 대량지원이 있어야만 소생이 가능하고 단지 나머지 3분의 1만이 경쟁력이 있는 것으로 알려졌다. 서독과 외국자본이 유입되고 중소기업과 자영업이 창업되어 경제를 활성화시키는 데는 상당한 시간이 요구되기 때문에 동독의 실업자 수는 경우에 따라서 총 노동력의 4분의 1인 200만 명에 달할 것으로 예상된다.

이러한 상황에서 동서독의 당국자들은 동독 노동자들이 기업도산으로 대량실업을 감수하면서까지 임금인상을 요구하느냐, 아니면 실질임금의 하락을 감수하더라도 기업을 살리는 인내의 선택이냐 하는 갈림길에서 후자를 선택하리라고 기대하고 있다.

이렇게 되면 동독에서도 우리의 귀에 익은 '先성장 後분배'의 논리가 적용되어 동독의 경제는 도약단계에 진입한 후진국이 기대할 수 있는 고도성장기를 맞을 수 있을 것이다. 그래야 비로소 독일은 진전한 통일을 이루었다고 말할 수 있을 것이다.

독일의 통일비용 논의가 한반도에 주는 시사점*

1 예상을 뛰어 넘은 독일의 통일비용

동서독 간에 전격적인 통일이 이루어지는 과정을 지켜보면서 지구상 마지막 분단국으로 남게 된 우리로서는 그 감회가 특별하다. 동서독 간의 통일은 서독이 동독을 흡수하는 방식으로 이루어진 것이 특징이다. 서독 인구의 26%인 동독은 그동안 사회주의 국가에서는 모범생이라는 평가를 받아왔으나 서독과 비교하면 커다란 차이가 난다.

동독의 생산성은 서독의 3분의 1에도 못 미치고 제품의 국제경쟁력은 4.4분의 1정도의 수준밖에 안 되는 것으로 알려졌다. 서독의 국내총생산은 동독의 약 10배에 달했고 또 서독은 외환보유고, 국제수지, 대외 순자산, 해외 투자금액 등을 보아도 세계에서 가장 부유한 나라였다. 그렇기 때문에 동서독 간의 통일에 따른 막대한 비용도 서독의 경제력이 별 무리 없이 잘 소화해 낼 수 있으리라는 낙관론이 지배적이었다.

---

* "독일의 통일비용과 한반도의 통일 준비", <기러기>, 통권301호(제27권 제5호), 1991년 6월 1일, 16~21쪽.

그러나 지난해(1990년) 10월 3일 통일되고 7개월이 지난 지금, 독일의 여러 가지 경제현상은 남북통일을 희구하는 우리에게 많은 것을 생각하게 한다. 실업을 모르고 살던 동독이 800만여 근로자 중에서 300만이 이미 일자리를 잃었으며, 8000여 개의 콤비나트나 협동농장 소속 4만여 생산업체 중 3분의 1이상은 이미 문을 닫았고 나머지도 심각한 경영난에 직면해 있다. 원래는 대략 1조 마르크로 예상되던 통일비용은 시간이 지남에 따라 점차 늘어서 이제는 2조 마르크가 소요될 것이라고 한다. 당초 통일비용을 과소평가한 잘못도 없지 않겠지만 체제전환에 따라 자꾸만 새로운 재정수요가 늘어나는 데 그 원인이 있다.

늘어나는 통독비용은 정부 재정을 압박하여 서독정부의 1989년도 차입액은 192억 마르크였으나 1990년에는 668억 마르크로 급증하였다. 1991년도에는 1000억 마르크를 초과하여 위험선이라고 간주되는 국민총생산(GNP)의 5%를 넘을 것으로 전망된다.

경제대국 독일이 요즈음은 외국자본 유치에 열을 올리고 미국과 일본에 재정지원을 요청 하고 나섰다. 기대했던 구동독 국유기업의 사유화는 지지부진하고 통일 이후 동독지역의 경제여건은 점점 악화되는 현실에서 독일국민들의 불만이 점차 커져가는 것은 어쩌면 당연한 일인지도 모른다. 동독경제의 구조조정을 총지휘하던 신탁관리청의 로베더(Rohwedder) 총제가 암살당한 일이나 통일 이후 콜(Kohl)수상이 이끄는 집권 기민당(CDU)이 세 차례의 지방의회 선거에서 모두 패배한 것 등은 독일국민들의 통일 사후처리에 대한 불만의 표현으로 해석된다.

같은 분단국이었던 독일이 통일되는 과정을 지켜보면서 우리나라에서도 통일에 대한 관심이 커지고 논의가 활발해졌다. 통일의 당위성에 대해서는 새삼스럽게 언급할 필요가 없겠지만 통일은 정치적인 구호로 앞당겨지는 것이 아니고 또 감상주의적인 염원만 가지고 이루어지는 것도 아니다. 세계의 경제대국 서독이 통일에 따르는 경제적 부담을 감당하지 못하여 당황하는 것을 보면서 우리의 경제력이 통일비용을 감당해 낼 수 있을지에 대한 의문이 생긴다.

2 한반도의 경제적 통일 준비

현재 우리가 마련한 통일비용 관련 장치로는 '남북협력기금'이 실질적으로 유일한 것이다. 1991년도 예산에 250억 원이 계상되고 1993년까지 3000억을 조성하기로 한 이 기금은 남북교역 및 경제협력 사업의 시행을 위한 보증과 이러한 사업에서 발생하는 손실을 보전하는 데 사용된다.

이 기금은 그 조성의 취지나 사용목적 상 통일비용의 범주에 포함시킬 수는 없으나 우리나라에서는 최초로 남북 간의 교역과 경협 촉진을 위해서 만들어진 기금이다.

역사상 통일비용에 대한 경험을 축적한 나라는 유일하게 독일뿐이다. 한반도의 통일은 독일식으로 실현될지 아니면 다른 방식이 될지 모른다. 또 남북한의 산업구조나 생활수준 격차 등 제반 여건이 동서독과 많이 다르기 때문에 독일의 경험이 우리에게 참고는 될지언정 그대로 적용하는 데에는 문제가 있다. 북한의 경제구조나 수준 및 애로를 정확하게 파악하는 것이 불가능한 현실에서 통일비용을 추계하는 것은 더구나 어렵다.

필자는 자본계수 이용방법, 국부(국부)를 이용하는 시산방법, 투자율 이용방법, 항목별 누계방법 등 네 가지 접근방법을 통해서 통일비용을 시산해 본 바 있다. 이하에서는 독일에서 중요한 역할을 했던 항목을 한반도의 상황에 적용시키는 항목별 누계방식을 통해서 한반도 통일비용을 제시하고자 한다.

이 시산의 기본 가정은 1) 남한이 북한을 흡수통일하고 2) 통일이후 10년 이내에 북한의 경제수준을 남한 수준에 근접시키며 3) 북한의 GNP 규모가 동독의 4분의 1이라는 점을 감안, 항목별 한반도 통일비용을 독일의 25%로 계상한다. (이하는 모두 1991년 불변가격 기준임)

(1) 통일과제 수행을 위한 기금

독일에서는 통일 이후 구동독 지역의 지방정부 기능 회복과 국가재정 보정을 위해서 '독일통일기금' 외에 '경제개발기금'과 '재산손해배상기금' 등 세 개의 기금을 조성하는 데 약 3800억 마르크를 계상하였다. 한반도에서도 비슷한 용도의 기금을 조성한다고 하면 그 4분의 1인 950억 마르크 혹은 38조1000억 원이 소요된다.

(2) 북한의 사회간접자본 현대화와 확충비용

북한이 심각한 경제난에 봉착해 있으며 도로, 항만, 철도, 공항, 전기, 통신시설 등의 사회간접자본이 노후했거나 절대적으로 부족한 것으로 알려져 있다. 비슷한 애로를 겪고 있는 동독의 사회간접자본을 현대화하고 확충하기 위해서 독일에서는 약 5000억 마르크가 소요될 것으로 추정되며,

이에 상응하는 한반도에서의 비용은 52조5000억 원으로 추계된다.

(3) 북한경제 활성화를 위한 민간투자 소요액

통일 이후 붕괴에 직면해 있는 동독경제 활성화를 위하여 서독과 외국으로부터의 투자자본 소요액은 10년에 걸쳐서 1조 마르크가 예상되며 북한의 경제규모에 비추어보아 그 4분의 1인 100조 원 가량이 필요할 것으로 추계된다.

(4) 북한의 외채인수비용

북한은 1990년 현재 약 67억8000만 달러의 외채를 가지고 있는데 통일이 이루어지면 원금은 물론 이자도 인수해야 하며 이에 따르는 비용은 10년 동안 누계 약 5조 원에 달한다.

(5) 과도기적 사회보장비용

서독이 사전에 충분한 물질적 제도적 완충자치의 마련 없이 급진적 흡수통일을 받아들일 수밖에 없었던 이면에는 동독국민들의 대량 탈출에 대한 우려가 작용했다. 빠른 통일을 통하여 동독민들에게 여행의 자유를 보장하고 서독의 사회보장 혜택을 동독인들에게까지 확대함으로써 비로소 대량탈주를 막을 수 있었지만 이에 따라 사회보장 수요의 팽창이 뒤따라 총 750억 마르크의 추가비용이 소요될 전망이다.

남북이 통일되어 자유왕래가 허용되면 일시에 수백만의 북한 주민이 남한으로 밀려올 가능성이 크다. 이를 수용하거나 사회보장적 조치를 통하여 기존 주거지에 머무르도록 하는 데는 우리에게 많은 비용을 초래할 것이다. 이 비용으로 약 8조 원을 계상하였다.

(6) 북한경제의 민영화를 위한 신탁관리청 비용

통일 이후 동독의 '인민소유재산' 즉 국유재산을 사유화, 건실화, 혹은 파산정리하기 위하여 신탁관리청을 운영하고 있는데, 이 기구의 운영과 체제전환 이후 과도기적인 유동성 애로를 경감시키기 위한 비용으로 약 550억 마르크가 드는 것으로 알려졌다.

북한 역시 동독과 마찬가지로 사유재산을 인정하지 않고 있는 현실에서 시장경제로 전환될 경우 각종 생산수단의 사유화, 경영의 합리화, 경쟁력 없는 생산설비의 정리 등과 공산정부 수립 이전의 소유권 처리 등을 관장할 기구가 필요할 것이며, 이에 소요되는 경비를 이미 설정한 기준에 따라 약 5조9000억 원을 계상했다.

(7) 통일에 따른 군사 및 경협비용

통일에 도달하기 위해서, 또 통일이 달성된 이후에도 한반도 주변의 해당 당사국들과 군사, 정치, 경제 및 문화 분야에서 긴밀한 협조체제가 이루어져야 한다. 본 시산에서는 통일과 동시에 주한 미군이 점진적으로 한반도에서 철수하는 데 한국이 부담하는 비용과 또 남북통일에 동의를 유도하기 위해서 중국과 소련에 경제협력자금을 제공한다고 전제하였다. 이 비용은 누적적으로 각각 50억 달러로 가정하여 총 10조7000억 원을 계상하였다.

3 통일비용의 규모와 한국경제의 부담능력

이상의 항목들을 누계하면 1991년 불변가격으로 229조6000억 원이 된다. 이 금액은 1991년에 남한이 북한을 흡수통일하고, 2000년까지 10년 동안에 현재 약 5대 1 수준으로 추정되는 남북한의 경제격차를 1대 1로 좁힌다는 가정 하에서 정부 분야뿐만 아니라 민간경제 분야의 투자비용까지를 포함한 것이다.

이상의 수치는 제한적인 가정 하에서 나온 하나의 시산이다. 진정한 의미의 통일비용은 우선 그 범위 설정과 개념 정의에서부터 어려움이 따른다. 이러한 문제는 우회적인 방법으로 해결한다고 해도 정확한 통일비용의 측정에는 다음과 같은 어려움이 뒤따르며 그 답에 따라 통일비용의 크기와 내용이 달라진다.

첫째, 통일비용은 통일이 어떠한 방식으로 이루어지느냐의 문제
둘째, 북한의 경제상황에 대한 자료의 불충분
셋째, 통일과정의 기간과 비용의 범위
넷째, 통일편익과 분단비용 등의 계량화 문제
다섯째, 재정수요의 비용항목과 투자항목으로의 구분 문제
여섯째, 정부부담 비용과 민간투자 수요로 구분하는 문제 등.

이제 통일비용이 우리에게 얼마만큼의 부담을 요구하며 또 우리 경제가 이것을 감당할 수 있는지를 알아보기 위해서 1991년부터 2000년까지 남한의 GNP 누계액을 산출, 통일비용과 비교해보았다. 그 결과 산출된 통일비용은 이 기간 동안의 GNP누계액(1991년 불변가격) 약 3380조 원의

8%를 점하는 것으로 나타났다.

GNP의 8%를 10년 동안 지속적으로 부담한다는 것은 역시 큰 짐이 아닐 수 없다. 이만한 비용을 우리 경제가 과연 감내할 수 있겠는가? 이에 대한 답은 다음과 같은 두 가지를 고려한 연후에 모색할 수 있겠다.

첫째, 지금까지의 통일비용 산출은 남한이 모두 부담한다고 가정하였다. 그러나 통일이 되어 북한경제가 남한에 통합된다면 자체적인 부가가치 창출을 통해서 비용의 상당부분을 부담하게 될 것이다. 둘째, 설사 산출된 비용이 모두 소요된다고 하더라도 분단 상태에서 남북한이 지출하는 군사비와 안보비용 등 '분단유지비용'은 차감해야 한다. 예를 들어 1989년의 군사비는 남한이 GNP의 4.4%, 북한이 21.3%를 부담했는데 통일이 되어 각각 절반만 줄여도 순 통일비용은 남한 GNP의 4%정도로 감소된다.

이상을 종합해 보면 만약 실현만 가능하다면 우리의 경제력으로 보아 독일식 급진통일도 비용 측면에서는 감당할 수 있다고 판단된다. 문제는 우리 한반도의 현실적 여건으로 보아 그러한 기회가 오리라고 기대하기 어렵다는 데 있다. 또한 설사 그러한 기회가 온다고 하더라도 우리가 그동안 대비를 충분히 했는가 하는 의문이 남는다. 아무런 사전준비 없이 독일식 흡수통일이 된다면 가장 우려되는 것은 경제적 비용부담이 아니고 한꺼번에 물밀듯이 밀려올 북한주민들의 '대량탈주'일 것이다.

통일비용 시산 목적은 통일준비에 대한 경각심 부각*

1 독일통일과 한반도 통일비용 논의의 시작

1989년 11월 9일, 베를린 장벽이 무너지고 1990년 10월 3일 동서독이 통일되면서 국내에서도 통일에 대한 논의가 본격화되었다. 여기에는 통일비용에 대한 논의도 포함된다. 그 동안 필자를 포함한 국내외 많은 학자들과 연구기관들이 통일비용을 시산한 바 있다. 그 동안 제시된 통일비용 추계 결과는 다음 <표>에 종합하였다.

이 표가 보여주듯이 시사된 비용의 규모만이 아니라 대상 시기, 추계 방법, 포괄 범위 등 모두가 제각각이어서 상호 비교가 되지 않는다. 왜 그런가?

지금까지의 통일비용 추계는 불확실한 상황을 전제로 상이한 방법과 특정한 가정 하에서 추계 된 관계로 정확성이나 상호 비교성이 결여되었다. 대표적으로 통일방식, 통일시기, 통일 후의 통합방법, 통합기간, 비용의

* “남 · 북통일의 사회경제적 비용”, 한국 사회문화연구원 주최 제16회 공개토론회 「왜 통일이 안 되는가?」 발표원고, 1996년 12월 17일 중 일부.

포괄범위 등 통일비용을 결정하는 요인들을 어떻게 가정하는지에 따라서 규모와 내용 및 범위가 달라진다.

통일비용에 대한 논의는 출발부터 많은 오해를 동반했는데 그 이유는 이들이 통일의 방법, 시기, 주체 등에 대한 불확실한 가정을 내포할 수밖에 없기 때문이다. 그 외에도 다음과 같은 이유들이 통일비용의 시산에 제약요인으로 작용한다.

첫째, 북한경제에 대한 자료부족과 함께 통일상황과 비-통일상황 시의 비용을 대비하는 데 따르는 어려움 둘째, 통일비용이 유발되는 시기에 대한 가정과 어떤 비용을 통일비용으로 파악할 것인지에 대한 애매함 셋째, 통일이 가져다주는 수익을 어떻게 수치화하여 총비용에서 감할 것인지의 결정 넷째, 필요한 재원을 비용항목과 투자항목으로 구분하는 데 따르는 어려움 다섯째, 각종 비용을 공공부문과 민간부문으로 구분하는 데 따르는 어려움 등.

이상의 문제들을 어떻게 접근하느냐에 따라서 통일비용은 그 내용과 크기가 달라진다.

예를 들면 안두순[1]은 GNP격차, 국부(国富), 투자율 등을 추정방식으로 이용한 반면 한국개발연구원(KDI)은 북한의 노동인구와 자본장치율을 기초하여 정부의 재정부담, 즉 경상지출 및 투자지출을 추정하였다. 혹자는 정부의 재정부담 만을 포함한 반면 또 다른 추계는 민간의 투자소요액까지를 포함하기도 하고 통합의 기간에 대해서도 서로 다른 가정에서 출발하였다. 그 외에 통일의 시점에 대해서도 1990년, 1995년, 2000년 등 특정 시기를 기초로 하는 경우와 통일시기 자체를 가변적인 것으로 본 경우 등 다양하다.

---

1 安斗淳, "한반도 통일비용 얼마나 들까", 특히 196쪽 참조.

〈표 3-2〉 기존 통일비용 시산의 요약(발표 시기별 순서)

추계기관 (학자)	추계 시점	경제 통합 대상 시기	총 통일 비용 (단위: 미 $)	산출방법	포괄범위
안두순 (서울시립대)	1990. 12	1990	3380억	GNP격차, 国富, 자본계수, 항목누계 등 복합	경상지출, 정부 및 민간 투자지출의 합계
한국개발 연구원	1991. 9	2000	점진통일; 859~971억 급진통일; 2342~2466억	투자; 북한의 노동인구와 자본장치율 경상지출; 항목별 추계	정부 경상지출 및 정부 투자지출
신창민(중앙대)	1992. 6	2000	1조3200억	투자승수방법, 군비축소와 외자유치 등 고려	투자지출(협의), 투자 및 경상지출(광의)
배진영(KIEP)	1992. 10	2000	4480억	자본장치율	정부 및 민간투자
황의각(고려대)	1992. 11	1995	7776억	한계자본산출비율	정부 및 민간투자
이영선(연세대)	1992. 11	2034	8418억	한계자본산출비율	통일기회비용
미 하버드대 인구개발연구소	1992. 10	2000	2500~5000억	KDI와 동일	KDI와 동일
일본 장기신용은행	1991. 8	2000	2000억	독일 통일비용을 기초로 남북한과 동서독 경제력 격차 대비	정부재정지출
홍콩 파이스턴 이코노믹 리뷰	1992. 8	2000	400~3000억	항목별 누계방식	정부 재정지출 (경상 및 투자)
영국 이코노미스트(EIU)	1992. 4	2010	1조897억	KDI 방식	KDI와 동일

지금까지의 통일비용에 관한 논의는 이처럼 추계방법이나 금액 면에서 서로 큰 차이를 보이면서도 몇 가지 공통점을 가지고 있다. 첫째, 한반도에도 독일식의 '흡수통일' 혹은 최소한 남한식 시장경제 체제로 통일이 이루어진다고 가정하고 둘째, 동서독과 달리 남북한 간에는 통일의 순간까지 경협에 별다른 진전이 없을 것이라는 가정을 암묵적으로 담고 있다. 또 남북 간의 경제력 격차는 시간이 갈수록 벌어질 것이고 통일이 된 후 일정기간(주로 10년)에 북한주민의 생활수준을 남한과 같게 끌어올리는 데 얼마만한 비용이 소요되는지에 초점을 맞춘 점 역시 비슷하다.

그러나 시간이 지남에 따라 동서독과 한반도 간에는 많은 차이점이 있어서 한반도에 독일식 통일을 가정한다는 것이 매우 비현실적이며 또한 설사 실현이 되더라도 그에 따른 후유증은 한반도에서 훨씬 크리라는 사실도 점차 인식하기 시작하였다.

우선 동서독과 한반도 간에는 여러 면에서 큰 차이가 있다. 동족상잔의 비극을 겪지 않은 것 외에도 1972년 이래로 동서독 간의 교류와 협력은 상대방을 서로 잘 안다고 할 수 있을 정도로 충분했다. 신문과 방송 등 상대방의 언론매체가 거의 개방되었던 점 역시 한반도와는 달랐다. 이미 앞에서 밝힌 대로 인구, 면적, 소득격차, 국력 등 모든 면에서 남한은 서독에 비해 열세에 있다. 이처럼 경제대국 서독이 버거워하는 흡수통일을 남한이 감당한다는 것은 통일비용 면에서만 보아도 힘들어 보인다.

2 통일비용에 대한 오해불식의 필요성

우리나라가 독일의 급진주의가 아닌 다른 형태로 통일이 된다고 하더라도 사회 및 경제적 통합을 위해서 여러 종류의 비용은 들게 마련이다. 그 동안의 통일비용 시산은 순전히 가상적인 상황을 전제로 한 것이므로 예측의 정확도에는 큰 의미를 부여할 수 없다. 그러나 정확성이 결여된 시산이라도 통일에 대한 준비의 일환으로 꾸준한 연구는 필요하다고 보인다.

이때 특히 관심의 초점은 만약 한반도에도 독일식 통일이 실현된다고 가정할 경우 통일비용은 얼마나 들까 하는 것과 우리의 경제력이 과연 북한을 책임질 만큼 막강하고 월등한가 하는 데 맞추어질 것이다. 이는 우리가 독일식 통일을 이상적인 것으로 평가해서가 아니라 통일에 관한 한 상정가능한 모든 상황을 염두에 두고 사전준비를 해둘 필요가 있기 때문이다.

필자의 시산에 의하면 남북한이 독일식으로 통일된다면 통일 후 10년 동안 남한 GDP의 7.95~8.87%씩을 투입해야만 북한의 소득수준이 남한과 비슷해질 수 있다. 그러면 우리 경제가 과연 이만한 비용을 부담할 수 있겠는가?

그 동안 통일비용 논의에 대한 국민들의 반응은 대체로 비판적이었다. 즉, 그토록 많은 비용을 요하는 통일을 과연 해야 하는가, 그리고 우리가 감당해야 하는가 등 통일회의론으로 연결된 감이 없지 않다.

통일비용이 너무 커서 통일을 할 수 없다는 주장은 옳지 않다. 그 이유는 다음과 같다.

첫째, 그 동안의 통일비용 계산은 남한이 모든 비용을 감당하고 북한은 비용만 유발한다고 가정한 정태적인 접근이었다. 그러나 통일이 되어 북한경제가 남한에 통합되면 새로운 부가가치를 끊임없이 창출하여 통일비용의 일부는 자체조달이 된다.

둘째, 설사 산출된 비용이 모두 소요된다고 하더라도 순 비용은 여기에서 비-통일 상태의 '분단비용'을 감해야 한다. 분단비용 중에는 남북한의 군사비와 안보비용 같은 직접적 비용 외에 분단에서 오는 경제적 역기능도 포함된다. 군사비는 대략 남한이 GDP의 4% 내외, 북한이 25% 정도 부담하고 있다. 물론 통일이 되어 이 비용 전부는 아니겠지만 상당 부분을 경제재건에 활용될 수 있을 것이다.

셋째, 통일이 되면 성장 파급효과는 막대할 것으로 예상되며, 그 파급효과가 클수록 통일비용은 경제적 성장을 통해서 충당될 것이다.

넷째, 통일비용 중 상당 부분은 결코 소모적인 부담이 아니다. 비용 중의 대부분은 장래수익을 위한 투자이며 단지 투자 대상지역이 남한만이 아니라 북한까지 확대되는 것이다.

다섯째, 산출된 비용은 한꺼번에 들어가는 것이 아니고 장기에 필요한 누계 액이다. 따라서 절대액보다는 매년의 GDP중 차지하는 비중이 중요한 지표가 된다.

마지막으로 가장 중요한 것은 통일비용은 경제논리 이전의 것으로 통일이라는 고유 가치를 위해서 대가를 지불한다는 기본자세가 필요하다. 통일의 장애는 결코 통일비용이 아니라 다른 데에 있는 것이다.

'통일비용'은 미래를 위한 투자*

1 통일비용을 줄이는 방법

통일비용이 많이 드니 통일을 서두르지 말자는 논리는 성립이 안 된다. 통일비용의 계산 목적은 지금처럼 단절의 상황에서 통일을 맞았을 때 남북 간의 사회 및 경제통합에 비용이 얼마나 들까를 보자는 것뿐이다. 통일비용은 소모적인 경비가 아니라 한민족의 장래를 위한 투자라는 점을 유념할 필요가 있다. 따라서 '통일비용이 겁나서 통일을 서두르지 말자'가 아니라 통일준비를 하지 않은 상태에서 통일을 '억지로' 맞게 되면 통일비용이 너무 크니 미리서 대비하여 그 비용을 감당할 수 있는 수준으로 줄이자는 것이 또 다른 목적이다.

앞으로 통일비용과 관련된 논의는 통일비용을 최소화시키는 방안과 통일비용을 조달하는 방안을 동시에 고려함은 물론 통일을 앞당기기 위해서 취해야할 전략과 정치적인 통일이 이루어진 이후에 경제적 사회적으로

---

* "남 · 북통일의 사회경제적 비용", 한국 사회문화연구원 주최 제16회 공개토론회 「왜 통일이 안 되는가?」 발표원고, 1996년 12월 17일 중 일부.

남북 양측을 통합시키기 위해서 무엇을 어떻게 할 것인가 하는 등 네 가지 차원에서 유기적으로 동시에 이루어져야 할 것이다. 이때 고려되어야 할 사안들은 네 가지로 압축된다.

첫째, 비용 최소화를 위한 사전 조치로는 북한의 자체 붕괴를 방지하면서 남북 간의 격차를 해소하는 것이 최선인데 이는 적극적인 남북 간의 경협을 통해서 달성할 수 있으며 동시에 북한을 개방과 개혁으로 유도하는 효과도 노려야 한다.

둘째, 만약 사전준비 없는 상태에서 통일이 되면 감당하기 힘든 큰 비용이 발생할 것이니 이에 대비한 사전 준비와 함께 남한 자체의 꾸준한 경제기반 확충으로 힘을 비축하여야 한다.

셋째, 만약 독일에서처럼 예측되지 않은 통일 기회가 주어진다면 기회를 놓치지 말고 남한의 주도 하에 통일을 해야 할 것이다. 그러나 경제적으로 북한을 즉시 남한에 통합하는 것은 많은 무리가 따른다. 따라서 북한을 일정기간 특별 관리하면서 점진적으로 남한경제에 통합시키는 방안이 연구되어야 한다. 이때 물론 여행의 자유는 보장되어야 하나 이주, 거주, 영업의 자유는 당분간 제한하면서 특히 일정 기간 근로자가 기존의 직장에서 이탈하지 않도록 각별한 주의가 요청된다. ('경제특구 가설'에 대한 별도의 논의 참조)

넷째, 정치적 통일이 달성된 후 남북 간의 진정한 통합에는 많은 시간이 걸린다. 이를 단축시키는 방법은 북한 경제의 빠른 활성화가 최선일 것이다. 그러기 위해서는 '인민재산'의 신속한 사유화와 민영화의 추진, 사회간접자본의 확충, 근로자들의 기술훈련, 남한기업과 외국인들의 대북한 투자 촉진 등이 최우선적으로 추진되는 것이 바람직하다.

그 동안의 통일비용 연구가 상이한 가정 하에 판이한 결과를 도출했음에도 불구하고 최근 우리나라의 통일논의에 끼친 영향은 지대하다. 즉, 그 동안 아무런 준비나 구상도 없이 어떻게 하든 빨리 통일이 달성되었으면 하던 막연한 기대가 무책임한 것이었다는 의식을 일깨우고 서독처럼 막강한 경제대국도 통일후유증으로 곤경을 겪는데 우리는 그 동안 통일에 너무 감상적이었다는 반성을 하도록 도왔다. 또 준비 없는 '흡수통일'은 남북한 모두에게 이로울 것이 없으니 가능하면 피하고 합의에 의한 점진적인 통일방안을 마련해야 한다는 인식을 국민들에게 확산시켰다. 통일을 위해서는 그만한 사전준비가 필요하다는 메시지는 아무리 강조되어도 지나침이 없을 것이다.

2 통일을 위해서 무엇을 준비해야 하는가?

통일을 맞이하기 위해서, 그리고 통일비용을 줄이기 위해서도 사전에 많은 준비가 필요하다. 서독의 경우 동서독 간의 기본합의서가 채택된 1972년 이전부터 동서독 간의 교류와 접촉을 통한 민족동질성 유지와 양독일 간의 관계정상화에 필요한 비용을 지급하는 데 인색하지 않았다. 그 덕택에 통일 이후의 충격이 상대적으로 작아서 그만큼 통일비용 규모가 축소되었다.

우리가 배워야 할 것은 남북 간 관계정상화의 중요성이다. 여기서 말하는 관계정상화란 이념이나 체제 갈등을 넘어 이산가족을 포함, 남북한 주민 간의 인적 교류, 접촉, 방문을 가능하게 하는 관계를 의미한다. 이는 당장 단일민족-단일국가의 실현이 불가능하다면 '단일민족 선린 관계'라도 우선 실현시키자는 것이다. 이러한 관계가 설정되고 나면 북한사회에도 개방의 기운이 서서히 싹트리라고 생각된다.

앞의 글에서 필자는 통일비용에 대해 논할 때는 위기관리비용, 체제전환비용, 경제적 투자비용 중 어떤 것을 대상으로 하는지에 대해 명확히 구분할 필요성을 강조한 바 있다. 통일비용 시산을 통해서 확인된 중요한 사실은 통일을 앞당기기 위해서, 또 통일비용을 최소화하기 위해서 그리고 통일 직후 과도기적 혼란을 극복하기 위해서는 남북 간의 경제력 격차를 좁히고 교류와 협력을 촉진하여 민족 간의 이질감을 해소시키는 일이 시급하다는 점이다. 동시에 분단으로 인해서 치러야 하는 비용이 어떠한 것인지를 인식함으로써 통일 준비의 중요성을 깨닫는 계기가 되기를 바란다.

추계방법에 따라 달라지는 통일비용 규모*

1 통일비용 시산의 성과와 부작용

필자가 1990년 '한반도 통일비용'을 발표한 이래 그에 대한 비판과 오해가 있었음은 앞서 언급한 바 있다. 그러나 시산 자체가 비판의 대상이 될 수는 없다.

통일비용에 대한 논의의 시작이 가지는 의미는 무엇인가? 과거 추상적 차원에 머물던 통일논의가 통일비용에까지 확대되면서 통일의 실체에 관한 구체적 문제의식이 제고되었다. 통일비용에 대한 논의가 가지는 의미는 크게 다음 세 가지로 압축된다.

첫째, 남북 간의 경제력 격차가 심할수록 통일비용의 규모는 커질 것이고
둘째, 남북 양측의 경제력과 그 격차를 감안할 때 그처럼 큰 통일비용을 감당하기는 어려울 것이며

---

* 「남북한 통일비용의 과제」. 민주평화통일자문회의 경제과학위원회 제30차 회의지료, 1994년 6월 17일.

셋째, 언젠가 부담해야 할 통일비용에 대한 준비가 있어야 한다.

다만 통일비용에 대한 논의가 자칫 오해를 야기 시킬 수도 있다. 불필요한 오해는 통일에 대한 인식 자체를 오도한다든지 통일 거부감으로 연결될 위험성이 있기 때문에 각별한 유의가 요청된다.

이러한 오해의 소지에도 불구하고 통일비용에 대한 논의는 왜 필요한가? 이유는 많다. 통일은 경제적 계산에 따라서 선택할 수 있는 대안이 아니라는 점, 통일비용은 소모적인 경비가 아니라 민족의 장래를 위한 투자라는 점, 준비 없는 상태에서 통일을 '억지로' 맞게 되면 통일비용이 감당하기 어려울 정도로 클 수 있다는 점, 통일을 준비하는 입장에서 통일비용 조달 방안의 모색이 필요하다는 점 등이 통일비용에 대한 논의를 정당화시켜 준다.

통일비용에 관한 논의는 초점이 어디에 맞추어졌는지에 대한 분명한 설명이 필요하다. 이는 통일을 앞당기기 위해 필요한 조치와 그 비용을 최소화하면서 이룰 수 있는 통일방안, 비용 조달방안, 그리고 통일 후 남북한을 경제·사회적으로 통합시키는 데 필요한 조치와 그 비용 등이 상호 유기적으로 연결되어 있기 때문이다.

2 통합비용 추계시의 정책적 고려사항

(1) 통일비용의 종류

통일비용 논의는 통일을 앞당기기 위해서, 또 통일비용을 최소화하기 위해서, 혹은 통일직후 과도기적 혼란을 극복하기 위해서 무엇을 어떻게 해야 할 것인가, 그리고 유사시 비용조달에는 어떠한 방안이 있는지에 대한 답을 구하는 데 초점을 맞추어야 한다. 또한 분단으로 인해서 치러야 하는 비용이 어떠한 것인지를 동시에 고려하는 지혜가 요구된다.

통일비용에 대한 오해를 줄이기 위해서 필자는 그 내용을 다음과 같이 구분할 것을 제안한 바 있다.

첫째, 위기관리비용: 통일직후 북한의 경제적 사회적 혼란을 최소화하고 북한주민들의 생계유지를 위해서 요구되는 통일직후의 단기적 비용

둘째, 체제전환비용: 정치적 통일이 달성된 이후 남북 간의 이질적인 체제를 하나로 통합하기 위해서 새로운 체제에 맞게 전환시키는 데 필요한 중기적 비용

셋째, 경제적 투자비용: 통일이 달성된 이후 일정기간 내에 북한의 경제를 재건하고 주민의 생활수준을 남한과 비슷하게 끌어올리는 데 소요되는 남북 경제통합 및 투자비용 등.

여기에서 통일비용은 첫 번째와 두 번째 뿐이고 세 번째의 비용은 우리 민족의 장래를 위한 투자이기 때문에 비용이라는 표현이 적절치 않다.

(2) 통일시나리오의 결정

통일비용의 크기는 통일이 어떤 방식으로 이루어지느냐에 따라 크게 달라진다. 통일 시나리오는 크게 1) 합의에 의한 점진적 통일 2) 합의에 의한 급진통일 3) 붕괴에 의한 급진통일 등으로 구분할 수 있다.

- 합의에 의한 점진통일은 쌍방 간에 합의한 사전 계획에 따라 준비단계를 거쳐 점진적으로 통일을 추진하는 방안이다. 통합을 위한 준비작업도 초기에는 남북 각자가 독자적이고 자율적으로 추진하므로 별다른 문제가 야기되지 않을 뿐만 아니라 비용도 일반적인 예산의 범위 내에서 처리될 것이다.
- 합의에 의한 급진적 통일의 경우 다양한 과제 영역별로 통합을 어떻게 할 것인지가 합의되어야 한다. 점진통일보다 더 많은 정책개입을 요구할 것이며 단시일 내에 더 많은 통합비용 투입이 요구된다. 그러나 절차와 방법이 쌍방 간에 합의된 이상 커다란 혼란은 방비될 수 있을 것이다.
- 사전 준비되지 않은 독일식 급진통일은 가장 큰 혼란과 비용을 요구할 것이다. 일반적인 혼란만이 아니라 북한의 모든 제도와 체제가 붕괴되어 정상을 찾는 데에 상당한 시일이 걸릴 것이다. 감당하기 힘든 규모의 비용이 소요됨은 물론 돌발 변수가 많이 등장할 것이므로 상황에 따라 유연하게 대처할 수 있는 행동계획(contingency plan)이 마련되어야 할 것이다.

가장 큰 정책적 부담을 야기시키는 통일방식은 준비되지 않은 독일식 급진통일이다. 설사 이러한 통일기회가 한반도에 오더라도 북한의 체제와 제도를 일시에 남한 식으로 전환해야 하는가는 신중히 고려할 필요가 있다. 예를 들어 정치・군사적 통일이 달성된 이후에도 사회・경제적인 통합은 단계적으로 진행시킬 수 있으며 일정기간 동안 북한의 사회・경제체제는 당분간 기존 골격을 유지하면서 적응을 위한 준비기간을 가질 수도 있다. 이에 대해서는 차후에 별도로 논하기로 한다.

(3) 통합속도와 순서의 결정

통합과정에서 어떠한 과제가 대두되고 어떠한 조치를 요하는지는 통합속도와 순서에 따라 달라진다. 급진적인 통일시 통합과정을 대개 1) 위기관리 기간, 2) 체제전환 기간, 3) 남북 체제통합 기간 등으로 나누어 고찰할 수 있다.

- 위기관리 기간은 통일 직후 생계 위협으로부터의 보호와 생활기반의 안정, 대량 이주민으로 인한 경제기반의 붕괴 등을 방지하기 위한 적극개입의 기간으로 대략 1년을 설정한다.
- 체제전환 기간은 분단되어 서로 상이하게 구축·운영되던 두 체제를 하나로 통합하기 위해서 한 체제를 다른 체제로 전환하든지 아니면 두 체제를 수렴시키는 기간을 말한다. 여기에서 체제전환이란 북한의 사회주의 계획경제를 남한의 민주주의 시장경제 체제로 접근시키기 위한 북한의 체제전환이라고 가정하고 대략 3년을 예상한다.
- 체제통합 기간에는 제도나 법규 등 형식적인 체제전환이 완료된 이후 잔존하는 남북 간의 격차나 이질성을 해소하고 내용 면에서도 실질적으로 통합하여 명실상부한 통일국가 체제를 형성한다. 이때에는 소득과 재산상의 격차는 물론 소외감이나 상대적 박탈감이 발생하지 않도록 심리적인 이질감까지 해소하고 기회의 균등을 보장한다.

3 통일비용의 조달방안에 대한 논의

통일비용의 규모에 대한 논의 못지않게 그 조달방법도 중요하며 실제로 통일비용에 대한 논의는 비용 마련에 대한 관심을 불러일으켰다. 그 동안 통일기금 조성, 통일세 신설, 통일국채 발행, 군사적 대치비용의 전용, 해외차관과 투자유치, '통일적금운동' 등 몇 가지 구체적인 대안이 간헐적으로 논의되었다.

이러한 논의에 대해 재무부는 1993년 1월 「통일 2주년의 독일경제현황. 평가와 시사점」이라는 자료에서 통일비용 조달문제의 심각성을 강조하고 비용조달 방법에 대한 견해를 밝힌 바 있다. 여기에서 통일세나 통일국채에 대해서는 내수경기의 위축과 투자의 부진을 초래할 위험성이 많다는 이유를 들어 반대의견을 분명히 했다.

그 대신 다음과 같은 대안을 제시했다.[1] 첫째, 외자도입을 적극 활용하되 주식시장 유입이 아니라 직접투자와 외채도입에 중점을 두고 둘째, 북한지역의 부동산을 원 소유주에게 돌려주는 대신 국유화하여 그 매각분 혹은 임대료로 상당 부분의 비용을 염출할 것과 셋째, 남북한 경제통합 시 북한화폐의 과대평가를 '절대적으로' 회피하여 과대한 통일비용을 사전에 방지할 것.

통일비용은 남북 간에 경제력 격차가 완전히 없어지기 전에 통일이 이루어지는 한은 발생하기 마련이다. 단지 통일의 주체, 시기, 방법, 그리고 통일 후 얼마동안을 분석대상으로 삼느냐에 따라서 그 크기가 달라질 뿐이다. 그리고 통일비용의 크기를 얼마로 잡느냐에 따라서 통일비용의 조달문제도 달라진다. 지금까지 제시된 비용조달 방안 중 어떠한 것이 더 타당한지에 대한 결론은 연구의 심도 면에서나 통일 시나리오에 대한 공감대 미성숙이라는 차원에서 보아도 현시점에서는 내리기가 쉽지 않다.

---

[1] 재무부, 「통일 2주년의 독일경제현황. 평가와 시사점」 1993년 1월 참조.

통일비용의 축소방안 또한 매우 중요한 의미를 갖는다. 그리고 통일비용을 축소시키는 첩경은 남북 간의 경제력 격차를 줄이는 데에 있다. 예를 들어 1989년도 남한 일인당 소득은 5000달러에서 1995년에 일만 달러를 초과한 반면 북한은 1123달러에서 900달러 이하로 오히려 감소하여 남북 간의 격차는 점차 커져만 가고 있다. 그런데 이 경제력 격차를 더 이상 확대시키지 않는 제일 확실한 방법은 북한경제를 '정상화'시키는 것이며 이를 위해서 현재로는 북한경제의 개방・개혁과 남북경협의 강화 외에 별다른 묘안이 없어 보인다.

남북경협은 북한이 겪는 당장의 곤란을 해소시켜 준다는 의미보다는 시장경제를 전파시키고 북한주민과 경제계에 시장경제에 대한 적응력을 길러서 '자본주의 충격'을 사전에 완화시키면서 통일이 되면 북한에 기업가 군이 빨리 태동될 수 있다는 점에 더 큰 의미를 부여할 수 있다.

지금 이 시점에서 통일비용의 절대적인 크기에 대한 논의도 의미가 없지는 않다. 그러나 더 중요한 것은 통일을 준비하기 위해서 무엇을 해야 하는가를 논의하고 특히 준비 없는 상황에서 통일이 다가올 경우에 대비하는 것이 더욱 시급하다고 보인다.

4 통일비용 조달방안에 대한 기존의 논의

통일비용은 통일 이후 일정 기간 내에 분단되었던 지역 간의 소득격차를 해소하는 데 소요되는 비용을 의미한다. 그러나 지금까지의 논의를 보면 통일 이전에 통일 준비를 위해서 필요한 비용도 포함된다. 이에 따라 통일 후만이 아니라 통일 전에 조달해야 할 비용도 자연스럽게 논의에 포함된다.

통일 후의 비용 조달 방안으로는 국채발행, 외국자본동원, 증세(통일세), 북한 토지 사유화에 따른 수익, 국민저축(기부금) 등이 고려된다. 반면에 통일 전의 조치로는 주로 남북경협의 활성화를 통한 통일비용 축소, 국민경제력 향상을 통한 재정부담 능력제고, 통일기금의 조성, 기타 재정적 준비 등이 고려된다.

〈표 3-3〉 필요비용과 비용조달시기 간의 조합

	통일 전에 필요한 비용	통일 후에 필요한 비용
통일 전 조달되어야 할 비용	1.1	1.2
통일 후 조달되어야 할 비용	2.1	2.2

그 중 남북경협 활성화를 통한 통일비용 축소, 국민경제력 향상을 통한 재정부담 능력제고, 사회보장제도의 확충과 견실화 등은 지속적이고 일관성 있게 추진하여야 할 과제로 생각된다. 다만 독일식 급진적 통일이라는 만약의 사태에 대비할 필요성에 따라 위기관리를 위한 비용, 단기적 체제전환 비용, 그리고 북한 경제 붕괴와 대량실업 대책을 위한 비용 등이 사전에 마련되어야 할 것이다.

5 금융기관 설립을 통한 통일비용 조달방안

중앙은행과 시중은행이라는 이원적 금융제도가 없는 북한의 사회주의 경제를 시장경제로 전환하는 데에는 새로운 금융제도의 도입을 전제로 한다. 이는 전환 과제 중 <표 3-3>의 2.1 영역에 속한 비용을 유발하기 마련이다.

통일비용 조달 방안의 일환으로 새로운 금융기관 설립을 고려할 수 있다. 여기에는 첫째, 기존의 도구들을 확대개편 할 수 있는 대안, 예를 들면 남북경협기금의 규모 확대와 기능 활성화를 통해서 교류협력 사업을 적극 지원하다가 통일과 동시에 통일기금으로 전환하는 방안 둘째, 새로이 '통일기금'을 설립하는 방안 셋째, '통일국가재건은행(가칭)' 같은 새로운 은행을 설립하는 방안 등이 고려될 수 있다.

이러한 대안들은 서로 배타적이 아니라 상호 보완적이기 때문에 두 개 이상 결합되는 형태의 방안도 고려될 수 있다. 다만, 대안 선택에는 ①법적 지위 및 운영주체 ②정치적・기술적 실현가능성 ③자금동원방법과 경제적 파급효과 ④기금운용방안 ⑤통일 직후 자금의 가용성(유동성) ⑥관료주의화와 부실화의 방지대책 등이 고려되어야 할 것이다.

독일의 통일과정에서 특수은행들이 동독의 경제재건을 위해서 큰 역할을 담당했다. 그 중 특히 큰 역할을 한 것은 독일재건공사(KfW)와 독일조정은행(DtA)등 두 특수 은행이었다.

독일재건공사(Kreditanstalt für Wiederaufbau = KfW)는 원래 마샬 플랜에 의해 수립된 유럽부흥프로그램을 관리하기 위해 1948년에 설립되었으며 자본금 10억 마르크 중 8억은 연방, 나머지는 각 주 정부에서 출자했다. 당초에는 전후복구 및 사회간접자본 건설을 위한 자금지원이 주 임무였으나 차츰 주로 개도국과의 경협사업에 주력하였다. 통일 후 동독지역의 사회간접자본과 기타 인프라사업, 주택건설촉진을 위한 예전 채무상환에 대한 원조 등 연방정부의 업무도 대행하고 있다. 자금 대출은 투자기업에게 직접이 아니라 투자기업이 지정하는 시중은행의 창구를 통해서 이루어진다. 이는 위험의 분담 외에 자신의 부족한 점포망을 보완하고 신용조사나 사후관리 등의 과제를 시중은행에게 위임하기 위한 조치이기도 하다.

자금조달은 자체조달이 약 75%, 공공자금이 약 25%를 차지하는데 자체조달은 채권과 채무증서 발행이 주를 이루고 차입이 일부 있다. 공공자금은 연방정부 예산과 유흥부흥프로그램 자금이 약 2대 1의 비중으로 참여하였다.

독일조정은행(Deutsche Ausgleichsbank = DtA)은 원래 피난민 및 부상자를 위한 고통분담기금(Lastenausgleichsfonds)으로 1950년에 출발하였다가 1954년에 공법상의 금융기관으로 전환되었다. 2차 대전 전쟁부상자나 피난민들에게 갱생자금이나 생업자금을 공여하는 원래의 목적이 차츰 불필요해진 1960년대 말부터는 주로 중소기업 지원, 기술개발 지원 등으로 중점과제가 바뀌었고 1986년에는 이름도 독일조정은행으로 변경했다.

자금조달은 민간예금과 차입금이 93%로 주를 이루고 유럽부흥프로그램으로부터 신용을 공여 받아 일반 시중은행을 통해서 중소기업과 신규 창업자에게 자금을 공급한다.

독일재건공사(KfW)와 독일조정은행(DtA) 등 두 특수은행들은 통일 후 동독지역에 공장, 주택건설업체 등에 자금지원을 강화했다. 동독지역 투자에 대한 이들 두 금융기관의 역할은 대략 다음과 같다.

- 유럽부흥프로그램 특별기금 융자: 재건공사 및 조정은행 (투자액의 50%한도, 15년 이내)
- 투자자금 융자: 재건공사 (투자액의 3분의 2나 4분의 3까지 10년 이내)

및 조정은행 (투자액의 50%까지 10~20년)

- 주택현대화자금 융자: 재건공사 (투자액의 75%까지 25년 이내)
- 자기자본금 지원융자: 조정은행 (투자액의 40%까지 20년 이내)
- 신용보증지원: 조정은행 (융자액의 80%, 15년 이내).

특수은행의 지원총액은 1994년말 잔액기준 1175억 마르크로 동 기간 중 동독지역 총고정자본 형성의 21%에 달하는 규모이다. 통일 후 이들의 역할은 한국의 통일비용조달에 대한 논의에서도 많은 참고가 될 것이다.

6 통일비용 논의가 주는 시사점

이상 통일비용 논의를 통해서 전달하고자 하는 메시지는 무엇인가? 앞에서도 수차례 반복한 것처럼 다음과 같은 시사점을 얻을 수 있다.

첫째, 통일비용이란 통일 후 남북 주민이 일체감을 가지고 공동번영을 구가하기 위해서 필연적으로 요구되는 비용이다.

둘째, 점진적 통일방식보다 독일 식 급진적 방식에 의한 통일의 경우 통일비용이 가장 많이 발생하고, 또 남북 간 격차가 클수록 그 비용은 더 커진다.

셋째, 방식과 관계없이 통일은 여러 종류의 비용이 소요되므로 통일준비와 함께 남한 자체의 꾸준한 경제기반 확충으로 힘을 비축하여야 한다.

넷째, 만약 준비없는 상황에서 갑작스러운 통일이 온다면 과도기적인 위기관리를 어떻게 할 것인지에 대한 위기관리대책이 마련되어야 할 것이다.

남북 경제협력으로 통일비용에 대비하자*

통일 이후에야 시작되는 통합작업은 감당하기 힘든 통일비용을 유발한다. 동질성 회복을 위한 노력은 통일비용 축소를 위한 일이기도 하지만 통일을 앞당기는 지름길이기도 하다.

남북 간 이질화는 거의 전 분야에 걸친 전반적인 문제이다. 이하에서는 남북 간 경협이 왜 동질성회복과 통일비용 축소를 위해서 꼭 필요한지를 중심으로 살펴보자.

1 남북경협의 종류와 그 순기능

남북 간의 경제력 격차는 시간이 갈수록 커지는 추세인데 지나친 경제력 격차는 한반도 안정의 저해 요인으로 작용할 가능성이 다분하다. 따라서 그 격차 해소를 위한 노력이 절실하다. 격차가 점점 벌어지는 이유는 무엇인가? 이러한 격차는 남북 간에 존재하는 체제 및 제도 등 질적 측면

* 「남북한 경제통합과제」, 통일연수원 강의 교재, 1995년 3월 29일.

의 이질성에 기인하는 면이 다분하다. 그 질적인 측면이란 다음과 같다.

첫째, 성과유인이 없는 북한의 사회주의 생산방식은 타율에 의해 경제활동으로, 그리고 자기 이익과 자기책임이 강조되는 남한의 자본주의 경제체제는 개인의 자발성으로 이어진다.

둘째, 북한에서는 생산과 소비가 국가 계획과 배급에 의해서 결정되는 반면 남한에서는 생산과 소비가 시장 자율에 의해서 조정된다.

셋째, 북한에서는 국가가 일자리를 지정하므로 명목상 실업이라는 것을 모르는 반면 남한에서는 스스로 직장도 찾고 더 좋은 지위를 위해 지속적으로 경쟁하는 환경에 숙달되어 있다. 즉, 남한에서는 직업선택의 자유가 있는 반면 북한주민들은 직장을 배치받기 때문에 실업의 위협은 (최소한 이론적으로는) 받지 않는다.

넷째, 상이한 소유권제도를 가지고 있다. 사유재산 원칙으로 재산 축적에 열심인 남한주민과 주택, 토지, 직장 등이 모두 공동소유로 사유재산을 모르는 북한주민 간에는 큰 이질감이 존재한다.

남북경협이 수행하는 기능은 무엇인가? 활발한 경협으로 상호 신뢰가 쌓이면 다른 분야의 교류와 협력으로 확대되어 자연스럽게 이질성이 좁혀지고 관계 정상화로 이어질 수 있다. 관계 정상화는 통일 분위기로 연결될 수 있으며 이는 통일준비의 일환으로 작용하여 통일비용의 축소로 이어질 수 있다.

그런데 남한 내에서 남북경협을 보는 시각은 꼭 긍정적이지만은 않다. 비판적인 견해는 대략 다음과 같이 압축된다.

- 우리끼리만 잘살면 되지 왜 북한과 협력해야 하는가?
- 북한의 경제난이 지속되어야 통일이 용이할 터이니 북한을 도와줄

필요가 없다.

- 협력을 하더라도 일방적 대북 지원만 할 것이 아니라 북한도 남측의 요구를 들어주도록 상호주의를 적용해야 되지 않겠는가?

물론 남북경협은 남측에게 재정적인 부담을 안겨주는 것이 사실이다. 그러나 남북 간의 경제협력으로 북한만 득을 보고 남한은 얻는 것이 없다는 인식은 잘못된 것이다. 인도적인 차원에서 무상으로 지원하는 것도 있지만 상업적인 동기에서 교역과 공동 자원개발 및 투자를 하는 것도 있고 사회간접자본 구축을 위한 협력도 있다.

경협의 종류를 크게 다음 <표 3-4>와 같이 세 종류로 나눌 수 있다.

〈표 3-4〉 남북경협의 종류와 목적

경협의 종류	주목적	주체
무상원조	인도주의적 지원을 통한 동일민족의 고통해소	민간 및 사회・종교 단체
경제이익을 위한 상호 협력	교역과 투자 및 자원개발, 해외 공동진출	기업과 경제단체
경제개발과 사회간접자본	도로, 철도, 공항, 항만 등 SOC, 에너지, 농수산개발, 공단조성 등 대단위 개발사업 남북 간 물리적 통합과제	공공분야, 민간분야, 국제사회와 협조체제

이들 모두가 일방적인 희생보다는 미래에의 투자적 성격을 가진다. 활발한 경협은 북한사회가 외부와 접촉하는 기회를 많이 가지도록 하고 그렇게 되면 북한의 폐쇄성이 완화될 것이다. 경제협력은 단지 비용으로만 파악할 수 없는, 미래에 대한 투자라는 순기능을 가진다. 즉, 경협은 차후

부담해야 할 통일비용을 축소시키는 순기능을 가진다.

2 분단비용의 종류와 경협의 편익

남북경협은 남북한의 경제구조적 차이에서 오는 상호 보완성을 강화시킬 것이다. 남한에게는 북한이 노동력, 산업용지, 천연자원의 공급을 통한 저비용의 생산기지로, 북한에게 남한은 세계시장으로 진출할 수 있는 교두보를 제공할 수 있을 것이다.

현재(1995년)까지 실현된 남북경협은 간접교역과 위탁가공에 국한되어 경제통합효과는 제한적이었다. 반면 통합효과가 기대되는 대북 투자사업은 경제적 이유보다 제도적 및 물리적 여건 미숙으로 아직 아무런 진전이 없다. 투자사업이 활성화되기 위해서는 남북 양측의 많은 노력이 요구되는데 그 중 투자보장협정, 이중과세방지협정, 분쟁조정방식과 결제방식 등에 대한 합의가 중요하다.

대북 경제협력에 대한 비판적 시각은 경협 그 자체를 반대하기보다는 정부의 접근방식과 특히 북한의 태도에 대한 못마땅함이 반영된 면이 크다. 찬반양론에 대한 평가 대신 경제협력이 우리에게 가져다 줄 편익을 생각해 보자.

남북 간의 경제협력이 활성화되고 북한 경제가 안정될수록 통일 이후 수행해야 할 경제 및 사회통합을 위한 비용, 즉 통일비용은 절약된다. 뿐만 아니라 남북 간의 분단과 대치로 발생하는 많은 불편이 해소되어 경제협력이 주는 여러 종류의 편익이 발생한다. 물론 교류를 촉진하고 경제협력을 추진하면 남한에게 비용이 들지만 발생하는 편익이 비용보다 더 크다면 이는 지불할 가치가 있는 비용이다.

3 경제협력의 비물질적 편익

경협의 비물질적 편익은 얼마나 될까? 물질적 유형적인 편익보다 비물질적 무형적인 편익이 더욱 중요하다. 따라서 경협은 분단의 고통과 전쟁불안의 해소, 즉 한반도의 평화유지가 우선적인 목표가 되어야 할 것이다. 비물질적 편익을 수치로 파악하는 것은 불가능하지만 이는 측정할 수 없을 만큼 크다는 의미로 해석해도 되지 않을까?

경제협력이 주는 편익을 파악하고 특히 계량화하는 것이 매우 어려운 것은 사실이지만 그렇다고 목록화까지 불가능한 것은 아니다. 경협의 편익을 아래 <표 3-5>에 정리해 보았다.

〈표 3-5〉 남북 교류협력 편익의 종류

정서·문화적 비용의 해소	정치·사회적 비용의 해소	경제적 편익 (기회비용절약)
ㅇ 긴장완화와 전쟁공포에서의 해방 ㅇ 이산가족의 상봉과 관광, 여행 기회의 확대 ㅇ 개인 자유의 신장 ㅇ 이분법적 흑백논리와 극단주의의 극복 ㅇ 단일민족으로서의 자긍심과 민족동질성 회복 ㅇ 표현의 자유 신장과 문화적 활동영역의 확대	ㅇ 분단에 따른 체제 경쟁비 및 체제 유지비의 절약 ㅇ 군축으로 인한 과다 국방비 절약 ㅇ 이념논쟁 지양과 사상적 갈등 해소 ㅇ 민주주의 신장 ㅇ 국제사회에서의 위상과 대외협상력 제고	ㅇ 국토의 효율적 이용 ㅇ 거시적 경제구조의 개선 ㅇ 외국인투자 입지로서의 매력 상승과 자본비용 절감 ㅇ 분단에 따른 자원배분 상의 왜곡과 비효율 제거 ㅇ 노동력의 효율적 활용 ㅇ 시장규모의 확대와 원자재조달 용이

통일비용, 분단비용, 통일편익 등을 수치로 파악할 수 있는가에 대해 의문이 제기되는 것은 당연하다. 유형가치와 무형가치, 현재가치와 미래가치, 직접비용 및 편익과 간접비용 및 편익 간의 구분이 애매하다. 뿐만 아니라 비용 발생 시점과 수익 발생 시점이 다르고 또 비용을 부담하는 주체와 수혜자가 다르기 때문에 논란이 있을 수밖에 없다.

그러나 경제협력이 현 상황에서 남북 간 이질성 심화 억제의 주요 수단임은 물론, 한반도의 안정과 평화무드의 지속적 유지를 위한 가장 유용한 방법이라는 점 또한 부정할 수 없는 사실이다. 평화 유지를 위한 비용, 그리고 거기에서 유발되는 가치는 단지 수치로 계산될 수 없는 가치이다. 통일비용에 대한 논의에서는 이러한 비물질적 편익도 함께 고려되어야 할 것이다.

제4부

만약 북한 체제가 붕괴된다면…

흡수통일의 위험성과 특구가설

남북 경제통합은 점진적으로

남북 경제통합은 체제수렴을 통해서

위기관리를 위한 기구의 기능과 역할

위기관리를 위한 원조계획의 수립과 시행

위기관리를 위한 기구와 생활안정 방안

북한 경제의 체제적 특성과 체제통합

북한 토지 소유권 처리방안과 북한 주민들의 생존권

한국에서는 독일통일 방식을 ‘흡수 통일’이라고 일찍이 규정지었다. 이와 관련, 가끔은 북한의 붕괴 가능성에 대한 논의가 언론에 등장한다. 한 편에서는 적극적 교류와 동질성 회복을 통해서 붕괴를 막아야 한다고 주장하고 다른 편에서는 힘의 우위에 입각한 ‘흡수통일’도 마다할 이유가 없다는 견해를 피력한다.

북한이 붕괴되면 통일이 되는가? 우리는 북한이 붕괴되도록 압박해야 하는가? 필자는 북한 붕괴는 한반도 전체에 큰 재앙일 수 있으니 적극적 대북지원을 통해서 민족 동질성을 회복해야 한반도에 평화기조가 정착되고 통일은 그 다음 문제라는 입장을 가지고 있다. 그러나 북한의 여러 어려운 사정과 관련, ‘북한의 돌발 상황’에 대비하는 준비의 필요성을 동시에 인정한다.

소위 ‘경제특구’ 가설로 불리는 그의 주장은 북한지역 전체를 일정 기간 하나의 독립된 경제특구처럼 분리하여 관리한 후 남북 간의 경제를 점진적으로 통합하자는 내용을 담고 있다. 거기에는 비상시 북한주민들의 생활안정을 위한 위기관리계획과 북한토지를 위시한 재산권 처리문제도 포함된다.

필자는 여기 실린 여러 글들을 통해서 흡수통일에 따른 많은 문제점과 위험성을 감안, 양쪽의 차이를 인정하는 관용을 바탕으로 한 동질성 회복을 위한 적극적 교류와 협력이 남한이 취할 수 있는 대안임을 강조한다.

흡수통일의 위험성과 특구가설*

(1993년 현재) 북한이 경제적으로 심각한 위기를 맞고 있고 그 때문에 체제가 곧 무너질 것이며 그러면 남한이 원하든 안하든 독일식 흡수통일이 불가피하지 않겠는가 하는 전문가들의 전망이 자주 나오고 있다. 그러나 우리는 이런 식의 통일이 어떤 위험을 내포하고 있는지 독일의 경험을 통해 알았다.

통일을 직접 촉발시킨 것은 양 독일 간의 국경인 베를린 장벽의 붕괴였다. 그리고 급진적 통일의 이면에는 국경개방으로 인한 동독민들의 대량 이주를 방지해야 한다는 정치적 고려가 크게 작용하였다. 경제 여건을 무시하고 전격적으로 이루어진 양 독일 간의 '통합' 결과 동독인들이 제일 먼저 경험한 것은 대량실업, 기업도산, 생필품가격 폭등 등 '자본주의의 매운 맛'이었다. 동독에서 '제2의 라인 강의 기적'을 이루리라는 기대 대신 '제2의 분단과정'이 현재 진행 중이라는 비관론도 나오고 있다.

가장 바람직한 남북통일은 남북한 간에 평화공존에 대한 신뢰를 바탕으로 접촉, 교류, 경제협력 등을 통하여 민족의 동질성을 회복한 연후에

---

* "북한경제 흡수통합의 위험성", <세계일보> 세계시평, 1993년 2월 9일, 5면.

체제융합을 통해서 달성하는 것이다. 그런데 만약 한반도에 독일에서처럼 급변사태가 온다면 어떻게 할 것인가? 지금처럼 남북 간의 교류와 접촉이 두절된 상황에서 독일식의 즉각적 체제통합은 남한의 여력으로 보아 감당하기 힘들다. 특히 사전 준비가 없는 상황에서는 더우 그렇다. 통일의 기회를 결코 놓쳐서는 안 된다. 그러나 모든 것이 잘 되겠지 하는 막연한 기대만으로 준비 없이 기다리는 자세는 더욱 안 된다.

따라서 필자는 한반도의 비상 상황에는 남북 모두가 새로운 여건에 적응할 수 있는 시간을 벌기 위해 과도기를 설정하고 이 기간 동안에는 북한 전역을 하나의 '경제특구'로 지정하여 대규모 개발계획을 수립, 시행할 것을 여러 차례 제안한 바 있다.

경제특구 가설은 만약 북한의 체제가 예측불허의 상황 대두로 인하여 동독이나 동구의 일부 국가처럼 일시에 붕괴된다면 독일식 통일이 불가피할 것이다. 이때 일시에 충격적 방법으로 남한이 북한을 흡수하여 통합하지 말고 과도기적인 준비기간을 가진 후에 경제를 하나로 통합하자는 제안이다. 물론 이때에도 북한에 대한 정치주권 확보와 치안유지, 북한주민들의 생계보장은 필수며 여행의 자유는 보장하되 북한경제를 외부의 충격에서 보호하기 위해서 북한전역을 한시적인 '경제특구'로 설정하자는 필자의 제안이다.

그 개략적인 내용을 다시 한 번 요약하면 다음과 같다.

첫째, 대량 이주의 방지.

정치적인 통일이 된다고 해서 남북 간의 국경을 전면 개방할 경우 북한 인구의 대폭적인 남한이주는 필연적이며 주택, 생필품 수급, 노동시장의 교란 등 걷잡을 수 없는 사회혼란이 발생할 것이다. 주로 수도권에 수백만의 추가적인 인구가 한꺼번에 밀집할 경우 그 부작용은 예측하기가 어렵지 않다. 따라서 이산가족의 상봉, 친지나 친척의 방문, 관광이나 상담을 위한 상호방문 등 여행의 자유는 최대한 보장하되 직업선택의 자유와 이주의 자유는 당분간 제한하여 충격을 줄이도록 하는 조치가 필요하다.

둘째, 북한경제의 한시적인 보호.

사회주의 경제의 갑작스러운 시장개방은 경쟁력 상실에 따른 기업도산과 대량실업으로 경제적 손실이 매우 클 것이다. 뿐만 아니라 시장경제적 경험과 능력을 갖춘 기업가가 없는 관계로 모든 경제적 실권이 남한 기업으로 집중될 가능성이 크다. 이럴 경우 점령자와 피점령자 간의 관계와 같은 이질감이 팽배하여 민족의 동질성 회복을 저해하는 장기적인 여파를 동반할 것이다. 따라서 북한 전역을 포괄하는 '경제특구'에 대해서는 사전에 설정된 예정표에 따라 육성보호정책이 적용되어야 한다. 북한지역에 한해서 당분간 고정환율제와 외환집중관리를 통해서 산업구조의 적응력과 국제경쟁력을 배양한 후에 남한경제와 점진적으로 통합시킨다. 이러한 방법만이 북한경제가 남한의 '식민지'로 전락되는 것을 방지할 수 있다. 또한 이러한 과도기 동안 북한지역의 잠재적인 기업인들이 체제전환 과정에서 소외되지 않고 기회를 잡을 수 있는 장치가 마련되어야 할 것이다.

셋째, '인민재산'에 대한 모든 소유권의 포기.

독일의 통일후유증이 예상보다 더 심한 것은 재산소유권에 대한 미숙한 처리와 이에 따른 불확실성이 컸기 때문이다. 남북 간에도 통일이 되면 북한의 재산에 대한 과거의 소유권 처리가 가장 큰 난제중의 하나가 될 것이다. 궁극적으로 북한의 모든 생산설비와 부동산은 사유화되는 것이 마땅하나 독일에서처럼 구소유권을 인정하면 수많은 분쟁과 정치적 사회적 분란이 일어나는 데 그치지 않고 북한경제의 재기에 필수적으로 보이는 투자가 장애를 받을 것이다. 따라서 가능하다면 과거의 소유권은 모두 무효화한다는 정치적인 선언을 유도하는 것이 바람직할 것이다.

넷째, 대규모 원조계획 수립.

북한을 당분간 '경제특구'로 유지하는 목적은 가능한 빨리 북한경제가 본궤도에 진입하여 남한의 경제와 통합되도록 하는 것이다. 이 목적을 달성하기 위해서는 남한측의 대규모 경제지원이 필수적이다. 이 원조계획은 크게 세 가지 차원에서 동시에 이루어져야 하는데 첫째, 북한주민들의 생활수준 유지를 위한 사회보장적 성격의 원조이며 둘째, 북한경제의 활성화를 위한 민간기업들의 대단위 자본투입을 유도하는 제반 재정 및 금융정책적 지원 셋째, 북한의 낙후된 기반시설과 기타 사회간접자본의 현대화를 위한 대규모 공공투자 등으로 구분된다.

우리가 가장 바람직하다고 평가한 통일방식, 즉 남북한 쌍방 간에 사전에 충분한 협의와 절충을 통해서 교류, 접촉, 경협 등이 성사될 수 있다면 통일 전까지 점진적인 체제통합 방식을 채택할 수 있겠지만 현재의 상황하에서 이러한 대안의 실현가능성은 희박해 보인다. 따라서 만약 예측불가한 사유로, 그리고 통제 불가한 속도로 통일이 우리에게 닥쳐올 경우에 대해서도 고민할 필요가 있다. 필자의 '경제특구' 구상은 이러한 배경에서 나온 것이다.

'경제특구' 안이 결코 북한이 무너지기를 기다리거나 혹은 조장하자는 논리가 아니다. 어쩔 수 없이 그러한 상황이 대두될 경우의 정책적 대안이어야 한다. 현실적으로는 오히려 북한의 체제가 붕괴되지 않도록 적극적인 경제협력을 통해서 대외적인 개방과 내부적인 개혁을 유도하여 민족동질성을 회복하고 북한주민의 고통을 덜어주면서 통일후유증을 사전에 방지하는 노력이 더 절실하다.

북한 전역을 포괄하는 '경제특구' 가설은 기대하는 목표가 아니라 만약의 위기 상황에 대한 하나의 위기관리계획(contingency plan)이다. 통일을 앞당기는 노력과 함께 통일이 눈앞에 다가왔을 경우에 대비하는 사전준비의 일환으로 심층적인 연구를 해볼 가치가 충분하다.

남북 경제통합은 점진적으로*

사전준비가 없는 통일은 감당할 수 없는 부작용을 우리에게 안겨 줄지도 모른다. 독일통일이라는 유익한 역사적 선례를 교훈으로 삼아 통일에 앞서 우리가 취해야 할 남북 경제통합의 방안을 모색해 본다.

동구권 국가들의 개방, 동서독 간의 통일 그리고 가속적으로 진행되고 있는 소련의 탈공산화 등은 드디어 북한을 유엔의 무대로 들어오도록 만들었다. 남북한 유엔 동시가입은 분단 이후 남북관계에서 가장 획기적인 사건 중 하나로 기록된다.

전년도(1990년)의 독일통일에 이은 금년도의 남북한 유엔 동시가입은 북한을 개방으로 유도하고 남북 간의 관계정상화를 위한 돌파구 마련에 대한 기대와 함께 한반도의 통일을 앞당기기 위한 각종 방안에 대한 논의를 유발시켰고, 남북 간의 경협과 통합 가능성에 대한 관심도 고조시킨 것이 사실이다.

독일통일이 우리에게 역사상 매우 유익한 선례를 남겼기 때문에 그 동안 통독과정에 대한 많은 연구가 이루어졌다. 여기에서 얻은 교훈 중 하나는 동서독과 한반도 간에 많은 차이점이 있기 때문에 독일의 통일방식을

* 「점진적 南北경제통합 필요하다」, 『世界와 나』, 1991년 11월, 210~215쪽.

한반도에 그대로 적용하는 데는 제약과 난관이 있으며 따라서 우리 나름대로의 준비와 모형개발이 요구된다는 점이다.

분단 이후 지금까지 접근보다는 대결을, 동질성 회복보다는 체제경쟁을, 인적·물적 교류보다는 단절과 회피를 추구해온 남북한과는 달리 동서독 간에는 분단 이후 한 번도 완전한 단절은 없었을 뿐만 아니라 다방면의 교류와 접촉이 제도화되고 또 생활화되어 왔었다.

1 동독인들이 보는 통일은 '정치 사기극'

1972년에 체결된 양 독일 간의 기본조약에서 이미 상주대표부 교환, 유엔 동시가입, 국제적인 외교자주권 인정, 직교역과 교류확대, 상호 불가침 등이 합의되어 동서독 간이 관계개선을 위한 하나의 이정표가 세워졌다. 그 이후 서독에서는 국민생활의 불편을 해소하는 실질적이고 인도적인 차원의 교류촉진이 최우선 과제로 다루어졌으며 경제·학술·기술·교통·법적 교류와 우편·통신·의료·문화·체육·환경보호 등의 분야에서 많은 협력이 이루어졌다.

기본조약 이전에도 양 독일 간에 각종 경제협력과 함께 전화나 우편거래 및 인적 왕래가 끊어진 적은 없었다. 1949년에 이미 교역에 대한 청산계정과 신용대부 제도가 완비되었고 1951년의 베를린 협정에서는 양 독일 간 교역을 내독교역(内独交易)으로 할 것에 합의하였다. 1964년부터 동독의 노인들에게 서독 이주가 허용되었으며 일가친척이나 이산가족의 상호방문도 어려움이 없었다.

이처럼 꾸준한 접촉 및 교류에도 불구하고 통일이 된지 일 년이 지난 지금까지도 동서독 경제의 진정한 통합은 요원해 보인다. 통일이 달성된 1990년에 서독의 경제는 근년 들어 유례없는 경기호황을 누린 반면 동독의 800만 노동자 중 300만이 이미 실업상태이고 8000여 개의 콤비나트에 소속된 4만여 기업 중 3분의 2 이상이 이미 도산을 했거나 도산 위기에 직면해 있다. 국가 세원은 고갈되고 여러 지자체는 이미 파산을 선언했다. 젊은 고급인력들은 취업기회가 더 많은 서독으로 이주하여 동독경제의 재건을 더욱 어렵게 만들고 동독에서 서독으로 출퇴근하는 근로자들도 수십만에 달한다.

고위직 공무원들이나 군인 및 체제관련 인사들도 대부분 직장을 잃었다. 이처럼 심각한 사회경제적 통일후유증은 통일을 '정치 사기극'으로 평가절하하고 있다. 동독국민들은 자신들을 독일의 '2등 국민'이라고 자조하고 동독을 서독의 '식민지'라고 말하는 등 민심이 흉흉한 지경이다.

서독인들의 감정 역시 나쁘기는 마찬가지다. 통일 이후 밀려드는 동독 이주민들에 대한 경계심, 통일 후에도 조세인상은 않겠다던 정부약속의 파기, 이주 근로자들로 인한 노동시장의 불안정과 주택난 및 생필품 가격의 상승 등으로 통일정책에 대한 불만의 소리가 점차 커지고 있다.

2 남북 간 점진주의적 접근 구상

만약 우리에게 독일처럼 '어느 날 갑자기' 통일이 다가온다면 무엇을 어떻게 해야 하는가? 우리의 통일 준비는 독일보다 월등히 모자라다. 따라서 독일이 경제통합 과정 중 겪은 애로를 중심으로 남북한 경제통합에 대한 구상을 검토해 보자.

3 북한화폐의 점진적 평가절상 필요

양 독일 간의 경제통합은 통화통합으로 시작되었다. 일반적으로 두 경제 간의 생산성 격차는 환율로 나타나는데 통합 이전의 동서독 간 환율은 약 4.4:1로 대략 양 독일 간의 생산성 격차를 반영한 것이었다. 그러나 통화통합으로 환율이 1대 1혹은 1대 2로 정해진 것은 동독경제에 엄청난 환율인상 쇼크를 의미하며 이는 동독제품의 국제가격이 4.4배나 비싸진 셈이고 이러한 환율 쇼크는 동독제품의 국제시장 가격을 하룻밤 사이에 4.4배나 비싸게 만들었다.

더구나 통화통합과 함께 동독경제에는 환율정책, 보조금 지원, 기타 가격안정 수단도 없어졌다. 뿐만 아니라 철저히 보호되던 동독시장은 전면 개방되어 서독과 외국제품들이 쏟아져 들어와 동독제품 수요는 대폭 감소하였고 그 결과는 우리가 이미 잘 아는 기업도산과 대량실업이다. 통화통합에 따른 실업사태는 이미 예고된 바 있으며 따라서 대안에 관한 논의도 없었던 것은 아니다.

그 대안 중 하나는 동서독이 정치적으로 통일 되더라도 일정 기간 '두 개의 분할된 경제권역'으로 유지하다가 동서 간의 격차가 어느 정도 해소된 연후에 점진적으로 통합하자는 것이었다. 이를 위해서 동독경제권역에 ▲신규투자를 위한 자본유입을 촉진하고 ▲기존의 생산시설을 현대화하며 ▲임금은 생산성수준에 맞추어 낮은 수준으로 유지할 것과 ▲환율정책과 외환관리를 지속하여 ▲시장을 당분간 보호하는 등의 수단이 제시되었다.

한반도에도 만약 준비가 불충분한 상황에서 통일이 갑자기 이루어진다면 독일에서처럼 급진적인 통일을 해야 하는가에 대한 신중한 검토가 요구된다. 확실한 결론은 깊이 있는 연구가 선행되어야 하겠으나 점진적인 접근방법이 감당하기 어려운 부작용을 미연에 방지하는 길이 아닐까 생각된다.

통일 이후 북한지역을 당분간 마치 '경제특구'처럼 분리시켜서 집중적인 지원과 관리를 하여 북한경제가 안정을 찾으면 남한과 완전히 통합하는 것이다. 이러한 경우에도 북한의 경제를 활성화시키기 위해서는 북한화폐가 점진적으로 평가절상 되도록 정책적인 뒷받침이 있어야 할 것이며 남북 간 및 외국과의 교역과 상호 간의 인적 방문을 위해서 차별적인 환율적용이 강구되는 것이 바람직하겠다.

4 시장경제로의 전환을 위한 가격개혁

동서간의 경제통합은 그 여파가 광범위하지만 동독경제에는 이것이 말 그대로 하나의 가격혁명이었다. 아무런 준비 없이 동독의 사회주의적 가격체계는 일시에 무너지고 서독의 시장가격 제도가 도입되면서 음식료품비, 주거비, 연료비, 광열비, 교통비, 통신비 등은 급상승하고 과거에 사치품이나 기호품으로 취급하던 서독이나 외국 제품들의 가격은 파격적으로 인하되었다.

이러한 가격혁명 하에서 산업구조 조정에 필요한 시간을 갖지 못한 동독의 기업이 도산하는 것은 당연하다. 따라서 가격혁명의 충격을 완화시킬 수 있는 대안은 없겠는가 하는 의문이 제기된다. 서독과의 경제통합이 논의되기 시작한 1989년 11월에 이미 당시 동독의 모드로프 정부에서는 가격개혁에 대한 작업을 시작한 바 있다. 그 주요 골자를 보면 ▲식량, 식료품, 음식·숙박업에 지급되던 정부의 보조금을 철폐하는 대신 가격을 대폭 인상하는 것 ▲서독인이나 외국인이 저렴하게 공급되는 동독 소비재의 대량 구매를 방지하기 위하여 동독 내이 모든 공산품 가격을 인상하는 것 ▲생필품 가격의 대폭 인상에 따른 가계 부담을 덜기 위해서 가계보조금을 지급하는 것 등이 포함되어 있다.

가계 보조금은 임금과 급료 및 연금과 장학금의 인상, 아동 양육비와 주거 보조금의 지급 등이 진지하게 검토되었다. 그러나 이러한 개혁안은 정치적 불안정과 급박한 정세변화에 밀려 실현되지 못하고 국가조약에서도 반영되지 못한 상태에서 서독의 가격체계가 동독경제를 '점거'하고 말았다. 즉, 체제변화의 사회·경제적 충격은 아무런 완충장치 없이 동독의 모든 가계와 기업을 강타했고 동독경제는 혼란과 좌절을 맛보아야 했다.

남북한 간의 경제력 격차는 동서간의 그것에 결코 못지않은 것 같다. 최근(1991년)의 자료에 의하면 북한의 한 맞벌이 부부 가정의 수입은 노부모의 연금까지를 포함하여 월 220~280원, 약 165~210달러 정도이다.

생필품의 가격은 매우 저렴하기 때문에 소득이 지출을 초과하지만 문제는 남는 소득으로 구매할 상품이 없다는 점이다. 예를 들면 쌀은 1kg에 0.07원이고 집세는 난방비를 포함하여 2~4원이며 교통비도 거의 무료나 다름없다. 그런데 배급되는 생필품 이외에는 돈이 있어도 살 물건이 없다. 이러한 실정은 개방 전 동구권 국가보다 훨씬 심각한 것으로 알려졌다. 사적인 생산과 판매활동이 전면 금지된 관계로 행상은 물론 사적 거래를 위한 시장도 발견하기 어렵다. 1991년 현재 평양에는 단지 노동조합에 의해서 공급되는 소규모 채소가게들이 모인 5~6개의 야채시장이 있을 뿐이라고 한다.

북한경제에 대한 자세한 자료가 결여된 상황에서 속단하기는 어려우나 만약에 남북한의 경제가 일시에 통합된다면 민생의 피해와 혼란은 독일에서보다도 더 크면 컸지 결코 작지는 않을 것이다.

이 점을 감안한다면 독일의 경제통합에서 얻을 수 있는 시사점은 자명하다. 설사 기회가 주어진다고 하더라도 준비 없이 성급한 남북 간의 급진적 경제통합은 위험부담이 매우 크다. 부동산 투기는 물론 특정 재화에 대한 매점매석을 금지시키고 생필품이나 값싼 공산품의 반출을 금지시키는 조치도 단기적으로는 필요할 것이다.

독일의 가장 큰 통일후유증은 역시 기업도산과 대량실업이다. 그리고 그 직접적 원인은 과도기적 적응기간 없이 동독의 경제를 하루아침에 시장경제 체제로 전환시켜 가격경쟁에 내맡긴데 있다. 그러면 왜 과도기적 완충기간을 허용하지 못했는가? 답은 간단하다. 1989년 11월의 평화혁명 이후 매일 수천 명씩 넘어오는 동독의 탈주자들을 정지시키는 데는 신속한 통화통합만이 유일한 방법이었다. 당시 동독에서 등장한 'DM을 보내라, 그렇지 않으면 우리가 DM에 가겠다'는 구호가 이를 잘 대변하고 있다. 이러한 상황에서 서독화폐 도입은 동독지역의 복지증진으로 인식되고 동독인들의 이주방지의 한 방법으로 여겼던 게 사실이다.

실제로 1989년 11월 동서독 간의 국경 철폐 이래 서독이주 동독인들이 야기하는 사회경제적 문제는 매우 심각했다. 그러나 당시 이주자를 막을 제도적인 장치도 정치적인 명분도 없었다. 왜냐하면 서독은 분단 이후 국경의 철폐와 자유왕래를 지속적으로 주장해왔기 때문이다.

만약 한반도에서도 갑작스러운 국경철폐가 일어난다면 비슷한, 어쩌면 더욱 심각한 문제가 발생할 수 있다. 남북 간 경계선 철폐는 '자유로운 왕래'를 의미하기 때문이다. 여기에서 우리가 배울 것은 무엇인가? 상황 발생 시 자유로운 왕래를 한시적으로 제한하는 장치를 연구해야 한다.

5 무작정 상경식 인구이동 대비해야

통행제한은 통일의 기본정신에 위배된다. 그러나 충분한 사전준비 없이 '무작정 상경' 식의 대량 인구이동을 방관한다면 독일이 겪은 통일후유증에 비교할 수 없이 큰 혼란을 초래할 위험성도 있다. 그래서 완전통합 이전의 과도기에는 남북 간에 여행의 자유는 인정하되 '이주의 자유'와 특히 상대지역에서의 '직업선택의 자유' 및 '경제활동의 자유'는 한시적으로 제한하는 방안도 신중하게 연구할 필요가 있다.

동서독 경제통합은 '라인 강의 기적'에 견줄만한 '엘베 강의 기적'을 기대하도록 했었다. 그 이면에는 서독의 막강한 경제력과 구동독의 상대적으로 높은 생산성 덕택에 서독과 외국으로부터 많은 투자유입이 있을 것이라는 예상이 있었다.

그러나 통일 후 1년이 지나도 이러한 기대는 사라지고 동독지역에서 나날이 느는 것은 기업도산과 실업뿐이다. 통합 초기에는 경기침체를 일시적인 것으로 보는 견해도 있었으나 최근(1991년 10월)까지 경기 퇴행국면은 계속되어 이것이 결코 과도기적인 현상이 아님이 확인되고 있다. 퇴행추세는 금년(1991년) 하반기에도 계속되어 동독의 산업생산은 1990년 전반기의 4분의 1에 불과하리라고 한다.

6 '인민재산' 어떻게 할 것인가

구동독경제가 이처럼 어려움을 겪는 이유는 이미 알려져 있다. 원래 동독경제의 구조적 취약점은 알려진 것보다 훨씬 더 크다. 그러나 더 결정적인 것은 통일 후의 경제정책 방향을 잘못 설정한데 있다. 그 중 중요한 것만 간추리면 다음과 같다.

- 과거의 소유권을 투자에 우선하여 보호, 기업 사유화를 어렵게 한 점
- 구동독의 기업 부채를 탕감시키지 않아서 기업활동을 위축시킨 점
- 환경오염 제거비용을 누가 부담할지를 명확하게 하지 못한 점
- 부족한 사회간접자본의 개발에 대한 구상을 제시하지 못한 점
- 산업구조 조정을 유도할 만한 종합계획을 수립하지 못한 점
- 생산성을 초과하는 임금상승에 따른 기업부담 가중에 대한 대책을 세우지 못한 점.

이상의 정책적 '과오'로 인하여 장기적으로 보면 경쟁력을 갖춘 기업도 단기적 충격에서 벗어나지 못하고 지불불능 사태로 도산하고 또 동독기업의 사유화 정체로 실업은 늘어만 갔다. 이런 점들은 상이한 체제에 있던 두 경제를, 그것도 단기적으로 통합시키는 것이 얼마나 힘든 일인가를 실감케 한다.

만약 남북 간에 경제통합의 기회가 주어진다면 쌍방이 적응할 과도기를 설정하는 것이 필요해 보인다.

과도기에는

- 근로자들이 기존의 직장에서 생산활동을 계속할 수 있도록 유도하고

- 새로운 경영진을 양성시키는 것을 단기적인 정책목표로 삼으며
- 과거의 부채나 기타의 경제적 부담으로부터 기업을 해방시키며
- 정책의 우선목표를 기업의 신속한 사유화보다는 생산활동의 정상화에 두어야 한다

는 결론이 나온다.

또한 북한시장을 아무런 완충장치 없이 완전 개방시킬 경우 예상되는 경제적 충격을 감안하여 몇 가지 보완조치가 요구된다. 여기에는

- 사유화 이전에도 구조조정을 위해서 기업 간의 통폐합이나 분리를 부분적으로 실시하는 한시적인 시장보호조치, 예를 들면 지역관세의 도입이나 수입 물량의 제한 등을 실시하는 방안
- 정치적인 부담이 없는 생산직 근로자만이라도 더 좋은 대안이 제시될 때까지 지금까지의 직장에 계속 종사할 수 있는 직장 보장을 약속하는 방안
- 북한의 모든 '인민재산'을 사유화 대상으로 하기보다는 '국민주' 혹은 '우리사주' 형태로 북한주민에게 분배하는 방안 등이 포함될 수 있다.

독일은 여러 통일과업 수행을 위해서 '통일기금' 외에 '경제개발기금'과 '국유화재산 손해배상기금'을 마련하였다. 이들의 역할은 단기적으로는 사회보장비용의 마련, 동독기업과 사회단체의 과도기적 유동성 제공, 동독 행정기관의 재정 수요 충족 등이며 장기적으로는 사회간접자본 확충, 기업 투자 촉진, 주택 문제 해소 등이다. 그러나 통일 이후 재정부담은 당초 예상보다 훨씬 큰 것으로 밝혀졌고 그에 따라 경제대국 독일도 통일비용 마련에 많은 어려움을 겪고 있다.

7 GDP 8%에 이르는 한반도 통일비용

우리나라에는 이미 250억 원에 달하는 남북협력기금을 조성하여 유영하고 있으며 이를 점진적으로 확충하여 1993년까지 3000억 원으로 증액할 계획이다. 필자는 몇 가지 특수한 가정 하에서 한반도에서의 통일비용을 시산(試算)해 본적이 있다. 1990년에 한반도가 독일처럼 갑작스럽게 통일이 된다면 10년 이내에 북한의 경제를 남한의 수준으로 끌어올리기 위해서 부담해야 하는 총 비용이 얼마나 되겠는가를 예측하는 것이 시산의 목적이었다.

그 결과 10년 동안에 약 280조 원(90년도 불변가격) 혹은 같은 기간 남한 국민총생산의 약 8%를 소요하는 것으로 추계되었다. 물론 통일이 되면 국방비와 기타 체제유지비 등이 절약되고 경제 성장에 따른 담세능력도 증대되면 그 부담은 줄어질 수 있다. 이러한 절약 요인을 감안하더라도 통일비용은 국민총생산의 약 4%에 달해서 여전히 커다란 부담이 아닐 수 없다.

준비 없는 상황에서의 급진적인 남북 경제통합은 우리에게 감당하기 힘든 경제적 부담을 안겨줄 것이다. 따라서 통일에 따른 혼란 방지를 위해서는 첫째, 통일 전에 대규모 통일기금 조성을 포함한 많은 준비가 필요하며 둘째, 통일 이후에도 체제전환과 시장 개방에 따라 야기될 수 있는 직업안정, 사회보장, 환율조정, 재산소유권의 처리 등 많은 과도기적 조치들이 필요하다. 셋째, 남북 간의 관계가 정상화되더라도 경제적으로 어느 정도 통합되기 이전까지는 충분한 과도기적 준비기간이 있어야 함을 시사한다.

독일의 경우 서독식 사회적 시장경제를 아무런 준비 없이 동독에 그대로 이전시킴으로 해서 체제전환의 방향이 고착되고 이에 따라 서독의 제도가 가진 모순과 부조리까지도 동독에 이식시키는 결과를 초래했다. 사회주의 계획경제와 자본주의 시장경제를 통합시키는 것이 얼마나 어려운지는 독일의 경험에서 충분히 알 수 있다. 여러 정황으로 보아 북한 경제를 시장경제로 전환시키는 더 많은 어려움이 뒤따를 것이다.

현재(1991년 10월) 북한의 경제는 심각한 어려움을 겪고 있는 것으로 알려졌다. 북한 경제가 어려울수록 개방 시기는 늦추어질 공산이 크다. 통일 이전에 남북 간 경제력 격차가 클수록 통일비용은 많이 들고 또 통일 이후에도 경제 및 사회통합에 많은 시간과 노력이 소요된다. 따라서 북한의 경제적 난관을 해소시키는 남북 간 경협이 통일을 앞당기는 지름길임과 동시에 통일후유증을 최소화시키는 길임을 인식할 필요가 있다.

남북 경제통합은 체제수렴을 통해서*

지금(1992년) 세계 경제학계의 관심사 중 하나는 경제체제전환에 대한 것이다. 그 이유는 동구 사회주의 경제가 시장경제로 전환을 모색하고 있기 때문이다. 지금까지 알려진 맑스의 '역사법칙'이나 슘페터의 '자본주의 성숙론'은 모두 자본주의 붕괴와 사회주의로의 전환을 예언했다. 그러나 지금 세계 도처에서 진전되는 현상은 이들의 예언과는 반대로 오히려 사회주의에서 자본주의로 전환하는 것이 특징이다. 따라서 지금 필요한 이론도 사회주의 경제가 자본주의 시장경제로 전환하는 데 지침이 될 만한 것이어야 한다. 그러나 이에 상응하는 '체제전환이론'은 아직 개발되지 않았다.

체제전환의 소용돌이에 휩싸인 국가들의 목표는 시장경제로의 전환이고 선택의 여지는 단지 전환의 속도, 즉 급진주의와 점진주의 중 택일일 뿐이다. 문제는 이에 적합한 이론이나 모형이 개발되어있지 않다는 데 있다. 다만 체제전환에는 다양하고 이질적인 접근방법이 있으며 이들 사이에는 아직 상호작용이나 조합의 가능성이 정리되지 않았다는 사실만 확인된다.

---

* "남북경제통합 전환모델", <한국경제신문> 오피니언, 1992년 2월 8일.

동서독의 통합은 급진주의를 채택하였고 구소련과 동구 제국 역시 충격요법을 도입하기는 마찬가지였다. 그러나 체제전환에 따른 어려움의 정도나 진전 속도에서 동독과 여타 국가들과는 커다란 차이를 보이고 있다. 그 차이는 어디에서 오는가? 첫째, 동독은 새로운 체제를 모색할 필요 없이 서독의 체제에 적응만 하면 그만이었다. 서독은 효율과 형평을 잘 조화시킨 '사회적 시장경제'라는 매우 안정적인 체제를 구비하고 있었기 때문에 이것이 가능했었다. 둘째, 서독의 경제력은 동독이 과도기적 어려움을 극복하고 새로운 체제로 적응하도록 뒷받침할 수 있을 정도로 충분히 튼튼했기 때문에 동독인들이 서독의 체제에 동화하는 것을 선택했다.

1 충격요법과 점진주의 간의 선택

체제전환 또는 체제통합은 통일을 열망하는 우리에게도 관심사이다. 동서독 통일에서 동독의 체제전환은 충격요법이 채택되었고 이에 대해서 경제논리를 무시한 정치적 결정이었으며 그 때문에 엄청난 경제적 대가를 지불하고 있다는 비판이 있었다. 두 개의 경제가 하나로 통합되기 위해서는 생산성 격차가 비슷해야 하는데 동서독 간에는 격차가 너무 커서 상당 정도의 과도기적 조정을 거친 연후에 통합하는 것이 타당했다는 것이다. 실제로 그랬으면 동독인의 고통도 서독인의 부담도 더 적었을 수 있다.

충격요법을 옹호하는 논리는 양 독일 간의 생산성 격차가 주로 동독의 불충분한 조직력, 결핍된 유인동기, 노후한 생산설비, 부족한 사회간접자본 등에 기인하기 때문에 경제를 먼저 통합시키면 기존의 생산성 격차는 쉽게 해소될 수 있다고 보았다. 그러나 이러한 경제논리보다 더욱 직접적이고 결정적인 요인은 베를린 장벽의 붕괴 이후 서독으로 넘어오는 동독인들의 대량 탈주를 막는 유일한 길이 즉각적인 통화 및 경제통합이라는 인식과, 급변하는 국제정세 하에서 극적으로 주어진 통일의 기회를 당장에 활용하여야 한다는 정치적인 압력이라고 보는 것이 타당할 것이다. 당시 서독의 막강한 경세력으로 보아 경제통합에 따르는 비용을 충분히 감당할 수 있다는 판단도 결정적인 역할을 했다.

2 남북 경제통합의 준비

경제통합 이후 독일이 경제적 어려움을 겪고 있는 것은 사실이나 실업과 기업도산에도 불구하고 동독인 중 통일 전보다 생활수준이 나빠진 사람은 체제 관련 특수층을 제외하고는 없다. 반면에 구소련과 동구의 상황은 훨씬 심각하다. 그들에게는 서독과 같은 부자 형도 없고 당장 적용시킬 수 있는 체제전환 모형도 없는 것이 동독과 다르다.

그러면 동서독과 동유럽 제국의 경제체제전환의 경험에서 우리는 무엇을 배울 것인가.

첫째, 우리에게도 체제전환에 대한 심도 있는 연구가 필요하다. 남북간의 경제통합에 맞는 나름대로의 모형을 개발하여 통일에 준비해야 할 것이다. 체제의 기본은 시장경제가 되어야 하겠지만 그렇다고 남한의 체제를 그대로 북한에 이식시킨다는 안이한 태도보다는 먼저 자체적인 취약점부터 보완 정비하여 개혁의 전기로 삼아야 할 것이다.

둘째, 독일식의 흡수통합이 실현 가능성도 없고 또 바람직하지도 않다고 전제할 때 충격요법이 아닌, 점진적인 체제전환에 대한 제반 준비를 서두를 필요가 있다. 이때의 전환 모형에는 과도기의 설정, 구체제 청산의 방향, 효율적인 전환 방법과 전제조건, 가격체계와 소유권의 형태 및 사유화의 방법과 속도, 갈등의 해소 방법과 정부와 민간 경제 간의 관계 등이 포함되어야 할 것이다.

셋째, 설사 한반도에 동서독의 1989년 11월과 같은 상황이 벌어지더라도 (매우 현실성이 희박한 가정이지만) 충격요법식 통합은 남한의 경제력과 특히 사회보장제도가 이를 감당할 수 없다. 따라서 북한지역을 일정기간 동안 '경제특구'로 특별 관리하는 방안도 검토되어야할 것이다.

경제통합에 대비해서 북한의 경제 수준을 끌어올리기 위한 남북경협이 촉진되어야 하며 이때에 교역보다는 생산협력에 주력할 것이 요구된다. 상호 교역만으로는 북한의 경제를 발전시키는 데 한계가 있고 또 교역량도 큰 제한을 받을 것이기 때문이다.

위기관리를 위한 기구의 기능과 역할*

1 체제통합을 위한 담당 기구의 필요성

만약 한반도 통일이 독일식으로 진행된다면 이에 어떻게 대응해야 하는가? 그 방법은 크게 두 가지로 나뉜다. 하나는 독일식 급진주의 통합이고 다른 하나는 북한지역을 한시적으로 특별 관리하면서 적응을 위한 과도기를 설정하는 '경제특구' 안이다. 첫 번째의 경우가 바로 동서독 간의 통합방식이며 이에 뒤따르는 부작용은 이미 많이 알려져 있다. 양 독일 간의 국경이 개방되자 동독민의 대량 이주가 커다란 정치적 문제로 대두되었고 이를 방지하기 위해서 경제여건을 무시하고 통화 및 경제통합을 전격적으로 성사시켰다. 그 결과 동독인들이 제일 먼저 경험한 것은 대량실업, 기업도산, 생필품 가격의 폭등 등 '자본주의의 매운 맛'이었다. 두 번째 방식은 혹시라도 북한체제가 갑자기 붕괴되더라도 독일식 충격요법을 지양하고 계획과 절차에 따라 점진적으로 남북 간의 경제통합을 달성하는 방법이다.

---

* 「통일 후 북한토지소유권의 처리방안」, 현대경제사회연구원, 『통일경제』, 통권 제6호, 1995년 6월 중 일부.

‘경제특구’ 방식의 경우 한시적 이주 제한, 보호주의적 산업육성, 마샬 플랜 식의 대규모 원조 계획 등이 필수적인 전제조건이 된다. 이와 함께 한편으로는 한 단계 높은 시장경제로의 남한체제 정비가, 다른 편으로는 북한주민들을 포용할 수 있는 사회정책적인 보완이 요구된다. 여기서 보완이란 정치적으로는 1국가 1체제로 즉각 통일을 하지만 경제적으로는 적응을 위한 과도기를 설정하고 이 기간 동안에 북한 전역을 하나의 ‘경제특구’로 지정하여 대규모 개발계획을 수립, 시행하자는 것이다.

구체적 조치들은 앞서 제시한 바 있다. 과도기는 체제통합을 위한 준비기간이다. 이 기간 중 또 하나 할 일은 북한재산 소유권 처리를 위한 기구의 설립과 운영이다. 즉, 통일로 제기되는 사유화와 소유권 문제의 해결을 위해서 필연적으로 그 과제를 수행할 기구가 필요하다. 이 기구는 과거 사회주의 특성상 소유권 없이 토지나 부동산을 점유, 이용 혹은 해당 시설에 고용되어 생산활동에 참여했던 주민들에게 소유권을 확보할 수 있는 기회를 제공한다. 이는 주민들에게 자금 지원을 위한 기금 운용이나 기타 재정지원 방안의 모색까지를 포함한다.

2 외국의 사례로 본 사유화기구의 역할과 과제

북한에는 실질적으로 개인재산이 없다. 따라서 남북 간의 경제통합은 국유나 협동소유로 되어있는 북한재산의 소유권 변경을 전제로 하며 이 과제를 주관할 기구의 필요성이 제기된다. 체제전환에 따른 사유화 과제를 수행할 기구의 대표적인 예로 독일의 신탁관리청을 들 수 있다.

동서독 간의 통화 및 경제통합 직후 서독정부에 의해서 임시기구로

1990년 7월 14일 부터 업무를 시작한 신탁관리청은 특정 과제의 수행을 위해서 몇 개의 자회사를 두었는데 유통과 서비스부문의 민영화 전담을 위해 유통업 사유화 공사(GPH=Gesellschaft zur Privatisierung des Handels)를, 그리고 부동산과 토지의 관리와 매각을 위해 신탁관리부동산회사(TLG =Liegenschaftgesellschaft der Treuhandanstalt mbH)를 두고 있다. GPH는 소규모 상점, 식당, 약방 등의 사유화를 담당하며 주로 구동독 지역의 주민들을 대상으로 공개입찰을 통하여 사유화를 추진하였다.

폴란드의 사유화 기관은 사유화부였다. 사유화부가 모든 국영기업의 사유화를 통제하며 자치정부와 협동조합 차원의 사유화에 법률 및 운영지원을 담당하고 있다. 폴란드 국영 외국인투자청은 외국인투자 증진을 전담한다. 그 외에 공업개발기구(IDA)와 폴란드개발은행(PDB) 등이 사유화의 금융지원을 위해서 설립되었고 폴란드 시민에게 무료로 배분된 사유화증서(Voucher)를 위탁관리 하는 기구도 설립되었다.

헝가리의 사유화 기구는 국가재산관리청(State Property Agence: SPA)이다. 구동독 지역과는 달리 사유화 대상 기업과 기타 소유권을 원소유자에게 반환하지 않는다는 원칙이 적용된 헝가리의 사유화는 재사유화를 포함하지 않는다. 또한 사유화는 노동 자치기구나 국민들에게 국영기업의 자산을 무상으로 이전하는 것도 배제하고 있다. 1990년 3월의 국유재산관리법에 따라 설립된 SPA는 국영기업의 사유화 승인을 위해서 해당 기업으로부터 기업의 사정가치와 사유화계획을 제출받는다.

체코슬로바키아의 사유화는 각 공화국 책임 하에 추진되며 연방정부에서는 재무부가 사유화에 관련된 기본정책을 수립·시행한다. 국영기업을 외국인에게 매각하는 경우 대개는 연방경제부 산하 외국인투자청이 관여한다. 이러한 행정부서 외에 국가재산재단(National Property Fund)과 투자기금(Investment Fund)이 사유화를 위해서 중요한 역할을 한다. 국영 지주회사의 성격으로 각 지자체에 지부를 둔 국가재산재단은 국영기업의 사유화 계획이 승인되면 그 기업의 모든 재산을 인수한 후 주식회사나 유한책임회사 형태로 전환한 다음 주식이나 지분의 매각을 통해서 사유화하거나 임대계약을 체결한다.

러시아에서의 사유화는 연방국가 재산기금(State Property Fund)을 대행하는 러시아 연방 국가재산 관리위원회(State Committee for State Property Management: Goskomimushchestvo)가 담당한다. 동 위원회가 사유화 프로그램의 작성, 실행, 평가 등을 총괄하고 연방재산기금(Federal Property Fund)은 국영기업 및 그 주식의 판매를 전담한다. 기업 단위에서는 기업사유화 평의회(Enterprise Privatization Commission)가 조직되어 지방당국 및 기업 노동자집단과의 협의 하에 사유화 계획을 작성하여 해당 국가재산 관리위원회에 제출한다. 그 외에 각급 재산 관리위원회가 정한 절차에 따라 그 매각을 준비하고 실행하는 연방 재산기금 및 지방재산기금이 있다.

이상 여러 나라의 예에서 많은 시사점을 얻을 수가 있으나 현재의 상황에서 북한의 소유권 처리를 위한 기구의 조직이나 기능 등을 확정적으로 단정하는 것은 매우 위험하다. 설사 한반도에서 독일식 통일이 적용된다고 해도 재산문제를 꼭 독일식으로 하는 것이 좋다는 논리는 더구나 단견이다. 독일과 한반도의 경제적 여건이 다를 뿐만 아니라 북한의 재산관리제도 역시 동독과 전혀 다른 내용을 가지고 있기 때문이다.

지금까지 살펴본 각 국가별로 사유화를 담당한 기구들을 요약하면 <표 5-1>과 같다.

〈표 5-1〉 동구제국의 사유화 기구 및 소유권처리 방법

	사유화 기구	사유화의 특징
독일	신탁관리청 (THA)	ㅇ 신탁관리부동산은 유한회사가 담당 ㅇ 반환은 관재청에서 담당 ㅇ 반환원칙과 배상원칙 병행
폴란드	사유화부	ㅇ 협동조합차원 자율 사유화 ㅇ 구 소유권 반환원칙 ㅇ 지방정부도 자율성 보유 ㅇ 외국인 투자청 ㅇ 사유화 기금: 사유화증서(바우처) 위탁관리
헝가리	국가재산관리청(SPA)	ㅇ 원소유자에게 반환 배제 ㅇ 국민에게 무상분배 배제 ㅇ 사유화증서(바우처)를 통한 배상 ㅇ 자발적, 적극적, 소규모사유화 등으로 구분
체코-슬로바키아	재무부 (국가재산 재단, 투자기금) 외국인투자청 사유화성 산업성(체코) 경제성(슬로바키아)	ㅇ 구 소유권 반환원칙 ㅇ 대규모 사유화와 소규모 사유화 구분하여 추진 ㅇ 사유화증서 판매 ㅇ 투자기금이 사유화증서를 바탕으로 기금운동
러시아	국유재산관리(GKI)위원회 지방재산관리위원회 연방 및 지방재산 기금	ㅇ 협동조합 차원 자율 사유화 ㅇ 토지 무상분배와 토지재분배 기금에 의한 사유화

3 체제전환 시 사유화기구의 기능과 역할

그동안 국내에서도 통일 연구의 일환으로 통일 후의 소유권 문제와 함께 그 처리를 담당할 기구에 대한 논의도 있었다.

대표적으로 '국유재산관리청(가칭)'[1], '토지소유권중재원(가칭)'[2], '북한토지개편연구위원회'[3], 가칭 '국유재산관리청'[4] 등이 있는데 이들의 공통점 중 하나는 독일의 신탁관리청을 기본모형으로 하고 있다는 점이다. 독일의 신탁관리청은 부동산 처리를 위해서 별도의 자회사(TLG)를 설립하였다. 이에 대해 일부에서는 남한 지역에 이미 유사한 기능을 가진 기구가 존재하는 관계로 이러한 기관에게 위임하여 과제를 수행토록 하자는 제안도 있다.

이러한 기구는 사유화해야 할 모든 생산수단과 주거용 및 업무용 건물, 토지와 기타 자산에 대한 현황파악과 동시에 초기 대차대조표를 만드는 과제를 수행한다. 또한 소유권문제의 해결방안에 대한 연구과제를 수행하는데 그 중에서도 토지의 일제조사와 이용에 대한 조사가 가장 핵심적이라고 보인다. 일제조사는 대상물의 규모, 경계, 부속토지의 용도, 토지 이용 실태 등 현황을 파악하고 또한 현재 이용 토지, 개발용 토지, 보존용 토지 등으로 이용구분을 철저히 하는 것이 시급한 과제일 것이다.[5] 토지 일제조사와 이용구분의 필요성은 현재의 토지 이용 상황에 대한 조사를 바탕으로 보존용 토지와 개발용 토지를 구분함에 있다. 이 과제는 자료의 구득이 어려움에도 불구하고 하루속히 시작되어야 할 과제이다. 동시에 소유권을 알 수 있는 근거자료의 복구작업도 이루어져야 하는데 이러한 작업은 정부기관이나 기타 행정기관이 수행하는 것보다는 민간 전문기관에

---

[1] 박성훈, 「구동독 국유재산의 사유화과정에 나타난 신탁관리공사의 역할과 의의」, 대외경제정책연구원, 1993.

[2] 토지연구 1993년 11 · 12월호, 99~100쪽.

[3] 김상용, 「북한의 토지제도와 통일 후의 개편방향」, 위의 책, 52쪽 이하.

[4] 김용학, 「통일 후 북한의 재산권 확립방안」, 한국토지개발공사, 『토지연구』, 1994년 9 · 10월호, 49~71쪽.

[5] 류해웅, 「북한의 토지이용제도」, 『토지연구』, 1993년 1 · 2호, 129쪽.

용역을 주어서 수행하는 것이 훨씬 효율적일 것이다. 왜냐하면 이러한 과제는 행정부서의 일상 업무가 아닌 한시적인 일이고 민간기구만이 가질 수 있는 기동성과 상황에 탄력적으로 대응하는 유연성이 절대적으로 필요하기 때문이다.

북한의 주택 중에는 기업소, 협동조합 등이 소유한 아파트가 많다. 사유화기구는 재산권 처리 이전까지 이를 관리하고 매각절차도 진행하면서 등기와 소유의 증명을 위해서 재산목록을 보관, 관리한다. 이 목록에는 재산 자체와 이에 관련된 중요한 정보, 예를 들면 지번, 재산의 명칭, 주소, 대지와 부동산의 크기, 건물의 종류, 현재의 사용 상태와 과거 사용자로부터 이의제기 가능성 등을 기록하고 이를 표준화하여 데이터뱅크로 관리한다.

주택과 토지의 매각은 현재의 거주자 또는 점유자를 우선 대상으로 하고 거주자나 점유자가 분명하지 않은 공동이용물에 대해서는 투자자에게 매각하는 것을 원칙으로 한다.

위기관리를 위한 원조계획의 수립과 시행*

만약 북한의 체제가 붕괴되면 즉시 위기관리에 들어가야 한다. 우선 경제에만 국한해서 보면 의식주의 보장과 대량실업, 가격체계의 붕괴와 교환질서의 혼란, 생산체계 붕괴, 대량이주 등에 대한 방안이 마련되어야 한다. 이러한 과제는 북한이라는 한 국민경제 전체에 동시에 일어나는 엄청난 것이기 때문에 개별적인 행정적 조치로는 도저히 감당할 수 없을 것이다. 너무 큰 '통일비용과 후유증'을 방지하고 체제형성을 위한 준비를 위해서 북한 전역을 일정기간동안 특별 관리할 필요가 생긴다. 이것이 앞의 글에서 제시한 경제특구 가설의 내용이다.

준비 없는 통일 시 가장 시급한 문제가 치안 유지와 북한주민들의 민생 안정이다. 여기에 해당하는 항목들을 간추리면 대략 다음과 같은 목록이 작성된다.

---

* 「북한경제의 체제적 특성과 단기적 경제통합의 과제」, 『산경논집』 제XI권 제1호, 1992년 2월, 서울시립대학교 산업경영연구소, 69~83쪽.

첫째, 북한 주민들의 식량, 연료, 기타 생필품, 의약품 등의 조달
둘째, 여러 방어조치에도 불구하고 발생할 난민들의 구호와 수용
셋째, 일시적인 치안공백기를 메꿀 수 있는 최소한의 행정적 조치
넷째, 북한 내의 시장거래를 위해서 북한주민들에게 최소한의 무상 현금지급 등.

이제 이들 긴급조치들의 내용을 차례로 살펴보자.

1 북한주민들의 최저생계를 위한 생필품 지원

1992년 현재 북한은 인구 2200만에 약 450만 가구를 가지고 있는데 체제가 붕괴되면 아직 자유시장이 형성되지 않은 마당에 생필품을 조달할 길이 막히게 될 것이다. 따라서 초기에는 식량, 연료, 부식 및 기초생필품 등을 무상 배급해야 한다. 여기에는 물자의 구매에 드는 비용 외에 수송비용과 최소한의 행정비용이 필요하다. 식량은 최소한 가구당 평균 20kg을 배급하면 총 90만 톤이 들 것이며 톤당 비용을 국제가격 기준으로 40만 원으로(쌀을 기준으로) 계상하면 1992년 불변가격 약 3600억 원이 소요된다. 편의상 부식과 연료, 비누, 치약 치솔, 최소한의 의류 등 기타생필품 등에 드는 비용을 식량에 소요되는 비용과 같은 금액을 계상하면 북한주민들의 가장 기초 생활을 보장하는 데 약 7200억 원이 된다. 위기관리 기간을 약 3개월로 잡을 때 이정도의 지원으로는 부족할 것이다. 따라서 부족분의 상당량은 경제계, 민간사회단체, 가계 등의 지원체제를 동원할 필요가 있다. 또 행정인력은 추가적 비용을 들여 충당하는 대신

현지인의 자구노력과 남한에서 파견된 자원봉사자 및 사회단체의 지원에 의존하여야 할 것이다.

2 난민 구호와 수용을 위한 준비

준비 없이 통일된다면 당국에서는 남북한 간의 경계선을 당장에 개방시킬 것이 아니라 질서유지와 대량난민의 방지를 위해서 상당기간 통제하는 것이 필요함은 앞에서 강조한 바 있다. 그럼에도 불구하고 경계선 또는 제3국을 통해 유입되는 난민도 상당수 예상된다. 그 수가 얼마일지에 대해서는 여러 변수가 있어서 예측이 어렵지만 초기 3개월 간 약 50만 명으로 잡고 그중 30만은 기업체나 친인척 등에 의해서 흡수되고 또 일부는 자력으로 해결한다고 보아도 20만은 당분간 집단수용이 불가피할 것이며 여기에 큰 경제적 사회적 비용이 들 것이다. 그 비용 중 수용인의 식비가 1인당 3개월에 50만 원씩 (최저생계비와 비슷한 수준) 총 1000억이 들며, 수용시설 관리비를 (신설과 기존의 시설 사용 포함) 3000억으로 계상하면 총 4000억 원이 소요된다(역시 1992년 불변가격). 이러한 비용은 위기발생 시 즉시 지출될 준비가 평소에 되어있어야 한다.

3 최소한의 거래를 위한 신화폐의 지급

북한의 초기 혼란을 조기에 진정시키기 위해서는 시장이 빨리 형성되어 화폐를 매개로 한 거래가 성립되어야 한다. 이를 위해서는 북한의 경제 및 거래규모에 맞게 최소한의 현금을 지급함으로서 새로운 경제활동을 출발시키는 것이 필요할 것이다. 그런데 현금지급의 규모를 얼마로 할 것인지도 쉽지 않은 문제이다. 한 가지 고려할 수 있는 것은 남한의 평균 일인당 현금보유액을 산출하여 이에 상응하는 액수를 북한 주민들에게 분배하는 방법이다. 그러나 아무런 대가없이 현금을 유포시킬 수도 없을 뿐만 아니라 경제적 규모, 부가가치 창출에의 공헌도, 총 거래규모 등에 비추어 볼 때도 이러한 방법은 불합리하다.

따라서 서독에서 1948년 화폐개혁 때, 그리고 동서독 간 경제통합 때처럼 통일이 되면 북한주민에게 북한화폐를 일인당 일정 한도 내에서 남한화폐로 교환해 주고 나머지는 일단 예치시키는 조치가 필요하다. 이때 현금으로 교환해 주는 금액이 얼마가 적정한지는 별도의 전문적 추계가 있어야 하겠으나 우선 다음과 같은 계산을 해볼 수 있다. 남한 일인당 국민총생산은 1994년 현재 대략 560만 원, 그리고 감가상각과 간접세를 뺀 국민소득은 그 4분의 3인 420만 원, 한 달 평균 소득은 35만 원으로 잡고 현금보유율을 35%로 보면 남한 일인당 현금보유율은 12만2500원이 된다. 북한주민들의 소득이 남한보다 훨씬 못 미침을 감안, 북한주민 일인당 남한주민의 약 절반인 6만 원의 현금을 필요로 한다고 보자.

남한화폐의 즉시적인 도입과 전파는 북한의 경제혼란을 최소한으로 막고 또 북한주민들이 남한의 경제에 빨리 적응할 수 있도록 하기 위한 최선의 방법이 될 것이기 때문에 신화폐의 도입은 즉시, 그리고 가능하면 비관료적으로 시행되는 것이 중요하다.

4 위기관리는 사전 계획에 따라 기간을 정해서

한 체제의 붕괴는 해당 지역에 무정부상태의 혼란이 도래함을 의미한다. 따라서 가장 시급한 과제는 치안과 질서유지이며 다음으로는 주민들의 생계보장이다. 실업, 물가불안 및 생필품 조달의 어려움 등 경제적 혼란은 통일에 따른 풍요사회에의 환상에 젖어있을 국민들에게 일종의 배신감으로 느껴지기 마련이다. 더구나 사회주의 국가, 특히 북한에서는 국민들에게 실업, 인플레이션, 생필품 시장의 불안 등이 마치 전형적인 자본주의 시장경제의 폐단인 것처럼 선전되어 왔다. 이러한 와중에서 만약 생계 자체를 위협하는 위기상황이 지속되면 수습하기 힘든 정치 및 사회적인 혼란으로까지 발전할 위험성이 크다.

경제특구 가설은 가장 직접적 당사자인 주민들에게 확실한 미래 비전을 제시하여 닥쳐올 미래에 대한 불확실성을 최소화하는 것을 전제로 한다. 따라서 이 구상이 다른 대안에 비해 당사자들에게 어떠한 이점이 있는지를 설득시킬 수 있어야 한다. 그러기 위해서는 포괄적이고 민주적인 계획이 치밀하게 수립되어야 한다.

종합적으로 볼 때 만약에 예측 불가의 상태에서 한반도에도 동서독처럼 통일의 기회가 갑자기 온다면 군사, 정치, 외교적으로는 기회를 놓치지 말고 남한의 주도 하에 통일을 해야 할 것이다. 문제는 경제적으로 북한을 즉시 남한에 통합하는 것은 많은 무리가 따른다. 따라서 북한을 일정 기간 경제특구로 특별 관리하면서 점진적으로 남한경제에 통합시키는 방안이 연구되어야 한다. 이때 물론 여행의 자유는 보장되어야 하나 이주, 거주, 영업의 자유는 당분간 제한하면서 특히 일정 기간 동안 근로자가 기존의 직장에서 이탈하지 않도록 배려하는 조치가 요구된다.

북한 경제의 체제적 특성과 체제통합*

한반도가 통일되면 경제 사회적 통합에는 많은 시간이 걸릴 것이고 이를 단축시키기 위해서는 '인민재산'의 신속한 사유화와 민영화, 사회간접자본의 확충, 근로자들의 기술훈련, 남한기업과 외국인들의 대북한 투자 촉진 등이 최우선적으로 추진되는 것이 바람직하며 북한 경기의 활성화에 부담을 주는 불확실 요인들은 시급하게 제거되어야 할 것이다.

1 너무 다른 남과 북의 경제체제

통일이 되고 안 되고를 떠나서 한반도의 평화와 안정은 남북의 공존공영을 전제로 하며 공존과 공영은 다시 적극적인 경제협력을 통한 체제의 이질성 극복이 필수적이다.

남한의 경제체제는 유도적 시장경제 체제이다. 유도적 시장경제는 첫째, 사적 재산제도, 둘째, 분권적 계획과 시장조정 셋째, 경쟁을 통한 경제

* 「통일 후 남북 간 경제통합을 위한 새로운 경제체제의 모색」, 통일원 『통일문제연구』, 제5권 3호, 1993년 가을호, 123~148쪽.

권력의 통제 넷째, 형평성을 고려한 정부개입 등을 갖추고 있다. 유도적 시장경제에서도 정부가 의도적 목적에 따라 경제에 간섭하지만 경제 과정은 원칙적으로 민간경제주체에게 일임되고 이해 당사자 간의 조정은 시장에서 이루어진다.

북한의 경제체제는 중앙통제형 계획경제로 모든 생산수단에 대해 사회주의적 소유제도가 지배한다. 뿐만 아니라 소비생활도 국가의 배급제도에 의존한다. 북한에서는 '국가가 인민의 생활을 보장해주고 한사람의 실업자도 없으며 무상치료제, 무료 의무교육제가 실시'된다고[1] 체제의 우월성을 선전한다. 하지만 명령에 의한 수급의 조정은 시간이 갈수록 재화부족과 생활수준의 하락으로 치닫고 있다. 모든 노동력은 일단 국가의 배치명령에 따라 생산활동에 투입된다. 수요와 무관한 노동력 배치는 부품이나 원자재 조달의 잦은 차질 때문에 근로중단으로 이어지고 이는 곧 높은 잠재실업으로 이어진다.

높은 잠재실업, 생산설비 부족, 부품과 원자재 조달의 차질 등은 바로 낮은 노동생산성을 의미한다. 자본의 경우 사유재산의 소유가 허용되지 않기 때문에 생산수단의 활용은 효율성이 문제가 아니라 일단 계획수치의 달성이 지상과제이다. 그렇기 때문에 과잉투자와 중복투자가 다반사여서 낮은 자본생산성을 초래하고 그 결과 생산요소의 활용은 비효율적일 수밖에 없다.

또한 비교우위와 국제분업을 무시한 중공업 우선정책의 지속은 사회 각 분야에 심각한 불균형을 야기한다. 국방과 경제건설의 병진정책이라는 미명 하에 경제를 정치와 군사논리의 예속물로 전락시킨 것은 북한을

---

[1] 1993년도 金日成의 신년사 중 일부를 <월간 북한동향>『統一院』1993년 1월호에서 인용함.

'경제학이 없는 전형적인 원시사회'로 후퇴시켰다. 이러한 점으로 미루어 남북 간의 체제적 수렴은 시장논리로 풀 수 있는 과제는 아니다. 따라서 남북 간의 체제통합은 북한의 부분 개방이나 시장요소의 부분 도입이 아니라 전면적인 체제전환을 통해서만 가능하다.[2] 그러나 남북 간에 체제의 이질성 너무 크기 때문에 앞서 논의한 과도기적 조치가 필요한 것으로 판단된다.

2 사회주의 경제의 체제전환과 사유화의 중요성

체제전환의 과제는 한두 가지가 아니다. 이질적인 두 경제를 사전 준비 없이 통합한다는 것은 마치 혈액검사를 하지 않고 수혈하는 것처럼 매우 위험하다. 사회주의 경제의 체제전환은 가격개혁을 전제로 하는데 가격개혁은 임대료, 에너지와 교통통신비, 생필품 가격의 인상 등 인플레이션을 동반한다. 물가 인상으로 구매력의 상실을 경험하면 임금인상 요구가 뒤따르기 마련이고 임금-물가의 나선형 인플레이션이 유발된다. 지나친 임금 인상은 기업의 경쟁력을 떨어뜨려 기업도산과 실업증가로 이어지는 것을 우리는 동독과 동구 사회주의 국가에서 보아왔다. 위기관리 단계에서 가격개혁, 통화통합, 그리고 소유권 처리방안 등이 먼저 마련되어야

---

[2] 이러한 의미에서 코르나이(Kornai)의 지적대로 체제전환이 성공하기 위해서는 1. 사회의 완전한 자유화 2. 민법적 계약자유의 보장 3. 사유재산의 보장 4. 조세제도의 정착을 통한 민간투자의 장애제거 5. 금융지원을 통한 민간투자의 촉진 6. 민간자율성에 대한 사회적 인식전환 등의 조건이 충족되어야 비로소 가능할 것이다. J. Kornai[1990], *The Road to a Free Economy, Shifting from a Socialist System: The Example of Hungary, New York/London* 참조.

한다. 그 다음 기업의 사유화를 통한 민간기업의 육성과 토지문제의 해결을 통한 소유권 제도 등 중기적 작업이 시작될 수 있다.

사유재산제도는 시장경제의 필수조건이다. 계획경제를 시장경제로 전환하기 위해서는 임금과 가격의 신축성, 법적 제도적 확실성 외에 국유 및 협동소유재산의 사유화가 필요하다. 그런데 남북 간의 경제통합에서 가장 큰 과제 중 하나가 소유권과 재산제도의 해결일 것이다. 구사회주의 국가들도 외국자본 유치를 위해서, 그리고 민간분야의 역동성과 창의력 활성화를 위해서 체제전환 초기부터 먼저 국가재산의 사유화를 서둘렀다. 국가재산의 사유화 방법으로는 구소유주에게 반환, 종업원들에게 지분의 유・무상 배급, 매각을 통한 사유화, 분할과 재편을 통한 자본주의식 공기업으로의 전환 등 여러 가지가 있으며 순서, 속도 등에도 다양한 변형이 있다.

사유화에서 일차적으로 대두되는 문제는 구소유권의 처리 방법과 대상, 재산 가치의 평가에 대한 결정이다. 이미 정권수립 이전인 1946년에 '무상몰수 무상분배'의 원칙 하에 토지개혁을 실시하고 주요 산업의 국유화를 끝낸 북한은 협동조합제와 사회주의 소유제도가 확고히 정착되었다.[3] 시장경제적 가격이나 자본주의식 회계가 없는 상황에서 사유화를 할 경우 재산 가치 산정도 어렵고 토지, 부동산, 산업재산의 구소유권 및 주택과 협동농장에 대한 지분 확인 등 다양한 종류의 문제가 대두되어 그 혼란은 엄청날 것이다. 따라서 통일이 구체화되기 이전에 북한소재 재산에 소유권이나 연고권을 가진 사람들이 통일과 동시에 소유권 반환을 주장할 경우 통일 후 경제는 물론 사회적으로 커다란 혼란을 야기시킬 것이

---

3 안성호, 「북한식 사회주의 모델에 대한 연구」, 통일원, 『북한 통일연구 논문집(3)』, 1991년, 이상우, 『북한 40년: 김일성체제의 특징』, 을유문화사, 1989년 등 참조.

분명하므로 이에 대한 정치적인 해결방안이 사전에 모색되는 것이 절대적으로 필요하다.

동독이나 기타 사회주의 국가의 경험에 비추어 볼 때 기업 사유화도 결국 토지문제와 깊은 관련이 있다. 왜냐하면 구사회주의 국가가 시장경제로 전환할 때 활용 가능한 가장 큰 자산은 토지뿐이기 때문이다. 따라서 기업을 사유화하기 위해서는 먼저 기업을 분류하고 해당기업에 소속된 토지와 기타 부동산을 평가해야 한다.

3 기업 사유화의 방향

현재 북한이 가진 연합기업소와 국영기업소 등은 모두 거대한 기업군으로 이들은 먼저 체제전환 후 국영기업으로 남겨둘 기업과 사유화할 기업으로 분류하는 작업이 선행되어야 한다. 그리고 사유화 대상으로 분류된 기업은 다시 그 방법과 순서를 정해야 되는데 구동독과 동구의 경험에 비추어 가능하면 현지 주민들의 경제활동과 생계 기반을 구축하는 유통과 서비스업 등을 우선 사유화하는 것이 필요하다. 이때에는 현지 소기업과 개인을 상대로 일괄 매각, 중소기업을 대상으로 하는 소규모 사유화 및 주식 분산이나 국제적 자본참여를 유도하여 사유화할 대규모 사유화 등 세 부류로 나누어 추진하는 것이 바람직하다.

유통업과 서비스업은 1차적으로 북한주민에게 사유화하고 2차적으로 남한 및 외국인이 참여하도록 하는 것이 바람직하다. 그래야만 기존에 운영을 맡고 있던 관리자와 해당 기업의 종사자가 기업을 인수할 수 있기 때문이다. 이러한 1차 사유화 과정에서 남은 기업은 감정과 평가를 통해서 자산가치를 산정, 경매의 적정가를 제시하여 남한 및 외국 업체가 참여하는 제2차 사유화로 넘겨진다.

소규모 사유화와 대규모 사유화 이전에 먼저 상업화를 추진하여 주식회사나 유한회사로 전환한 후에 사유화를 실시하는 방안도 있다. 상업화가 선행되어야 할 필요성은 명확한 의사결정 구조를 확립하고 사회주의식 기업의 의사결정 구조를 시장경제로 바꾸어야만 남한과 외국 자본이 확실성을 가지고 참여할 것이기 때문이다. 상업화는 사유화의 전 단계이므로 상업화된 기업의 주식은 한시적인 성격을 가진 국가기관이 관리하다가 새로운 소유자에게 양도하는 것이다. 사유화는 주식공매, 기업경매, 근로자에게 우선매각 등의 방법이 있으며 이러한 소규모 사유화 대상 기업은 북한의 국영기업소와 연합기업소를 분할 해체하면서 독립시킨 산하기업이 될 것이다.

동구 국가들의 경우 공공 매각은 지분의 15~20% 정도를 무상 또는 저가로 해당 사업소의 소속 근로자에게 배분하고 30%를 지주회사에, 그리고 나머지 55~60%는 내국인과 외국인에게 매각하였다. 이때 공공매각으로 얻는 재정수입은 내국인 및 외국인에게 매각하여 얻은 부분이 된다. 이런 방식은 외부인에 의한 북한 산업의 지배라는 부작용을 방지하고 북한 주민들에게 '개시 소득'도 가능케 할 뿐만 아니라 새로운 체제에서의 적극적인 참여를 가능케 한다. 지주회사에 배분된 지분도 장기적으로는 사유화되는 것이 타당할 것이다.

유통업과 서비스업을 제외한 산업에서 경매에 의한 소규모 사유화는 응찰 대상을 초기에 내국인만으로 할 것인지 아니면 외국인에게도 허용할 것인지는 또 다른 고려사항이다. 대규모 기업의 사유화에는 막대한 자본 동원이 필요하므로 북한 거주 개인에게는 기회가 주어지기 힘들다. 따라서 콤비나트 식으로 구성된 연합 혹은 국영기업을 분산 해체하여 대기업과 소기업으로 분류하는 작업이 선행되어야 한다. 대규모 사유화를 통한 수익은 근로자에게 일부는 무상, 일부는 우대조건으로 일정지분을 분배해야 하기 때문이다.

북한 주민들에게 자산형성 기회를 주기 위해서 산업재산의 지분에 대한 사유화증서(voucher)를 분배하는 방법도 있다. 이때에는 일정 이상의 연령자(예를 들면 18세 이상)에게 무상 분배한 다음 지주회사가 이를 일정기간 관리한 후 주식으로 환원시켜주는 방안이 활용될 수 있다.

북한 토지 소유권 처리방안과 북한 주민들의 생존권*

1 북한토지 소유권구조의 특징[1]

1946년 3월 북한은 토지개혁을 실시하여 일본인과 친일 인사들 소유 토지 10만325정보(경지 98만3954정보, 대지 1만6371정보)를 무상으로 몰수하였다. 이 중 98만1390정보를 머슴, 품팔이 및 소농과 72만4200가구에 무상으로 분배하고 나머지는 국유화시켰다. 북한은 이어 1947년 3월 과수원 2692정보, 관개시설 1165개, 산림 343만2986정보, 건물 1만4477동을 몰수하여 국유화하거나 학교, 병원기관, 사회단체 등이 이용하도록 하였다.

토지개혁 초기에는 분배된 토지의 매매, 저당, 소작은 금지하였지만 사유와 자영이 함께 허용되었다. 아울러 개인 운영의 상공업을 허용하여

* 「통일 후 북한토지 소유권의 처리방안」, 현대경제연구소, 『월간 통일경제』, 1995년 6월호, 50~60쪽.

1 북한이 소유권에 관한 부분은 池海明 著「北韓의 国営企業·協同農場 管理制度와 인센티브 構造」, 韓国開発研究院, 北韓経済研究센터의 政策資料에서 정리하였음.

농민과 연계 속에서 시장경제가 운용되도록 하다가 1953년부터는 농업협동화가 본격 추진되었다.

이때부터 개인 소유나 분배가 허용되던 공동경작조합[2] 형태의 농장은 없어지고 반(半) 사회주의적 협동조합[3]과 사회주의적 협동조합[4] 형태가 주류를 이루었으나 1958년부터는 이마저 사라지고 오직 공동소유와 노동에 따른 분배만 허용되는 사회주의적 협동조합 형태로 완전히 전환하였다. 이와 함께 소농경영의 판매를 맡고 있던 사영(私営) 상업과 이의 제조를 맡고 있던 사영(私営) 공업도 1957년 국정 소매가격제 실시와 곡물수매 제한조치를 계기로 폐지되었으며 이에 따라 농업의 생산과 판매기반이 완전히 바뀌게 되었다.

2 토지문제의 중요성

북한의 토지 중 경지가 차지하는 비중은 17.4%, 임야는 76.5%이며 경제적으로 가장 큰 비중은 농업이 차지하고 전체 인구 중 37%이상이 아직 농업에 종사하고 있다. 그런데 만약 체제전환이 일어난다면 농업분야는 여러 이유로 여타 산업분야보다도 적응이 더 어려울 것이다. 그리고 타 산업보다 토지의 중요성이 더 크기 때문에 소유권문제의 해결 여부에 따라

---

[2] 공동경작조합은 개인이 소유하고 사용권도 개인이 갖고 있으며 토지면적에 따른 배분기준을 갖는다.

[3] 半사회주의적 협동조합은 소유권은 아직 개인이 갖고 있으면서 사용권이 공동이며 노동력의 투입과 토지면적을 기준으로 배분된다.

[4] 사회주의적 협동조합은 공동소유형태와 생산수단의 사용도 공동으로 이루어지며 배분도 노동력의 투입을 기준으로 이루어지는 전형적인 사회주의의 협동조합 형태를 말한다.

토지의 활용 정도가 결정적인 영향을 받는다. 북한의 농업분야는 여타 사회주의 국가와 마찬가지로 협동조합 중심의 생산단위로 구성되어 있기 때문이다.

통일이 되면 협동조합에서 이탈하는 조합원들의 '기득권'을 어떻게 보상해 주느냐 하는 것도 어려운 과제이다. 이렇게 볼 때 토지문제는 장기적인 안목에서 접근해야 할 것이다. 또한 소유권문제는 농업이나 토지문제에 국한되지 않은 종합적인 경제 및 사회적 문제이다. 즉 토지의 소유권문제는 비단 산업 경제적인, 혹은 법률적인 문제에만 국한된 시각에서 고찰할 수 없는, 많은 이해당사자들의 생존과 관련된 심대한 문제인 것이다.

토지문제는 또한 역사적 유산과도 맞물려 있다. 즉 토지의 소유권문제는 분단, 6·25전쟁 및 후퇴와 수복, 정치적 억압과 자발적 비자발적 이주 등 역사적 사건과 밀접한 관련이 있다. 이처럼 역사적 법률적 및 사회정책적 문제를 감안할 때 북한의 토지 소유권 처리와 관련하여 많은 문제들이 제기될 것이다.

첫째, 우리나라 헌법 제3조의 영토에 관한 규정에 비추어 북한 당국은 불법단체이고 따라서 북한당국의 토지개혁을 포함한 모든 소유권 관련 조치도 불법화되어야 하지 않겠는가? 다시 말하면 통일 후 북한지역 토지에 대한 소유관계는 남북분단 이전의 상태로 원상회복되어야 마땅하지 않겠는가? 그러면 북한의 주민이나 협동단체 등의 토지에 대한 점유취득시효는 어떻게 보아야 하는가?

둘째, 남한에서는 1950년 유상매수 유상분배 방식으로 농지개혁을 실시한 바 있는데, 전쟁이 끝난 후 이 법정신에 의거 38도선 이북의 수복지구 농지는 농지개혁에 의한 보상을 신청할 수 있었다. 그리고 수복지구의 토지에 관하여 원소유자는 관할 관청에 1991년 말까지 소유자 복구등록을 신청할 수 있었다. 이에 비추어, 통일 후 북한지역에 있어서도 구소유권 복구등록을 허용하거나, 가상적인 농지개혁에 의한 보상을 인정해 주는 것이 형평성 원칙에 부합하지 않겠는가?

셋째, 독일의 경우 1945~1949년 사이 소련의 점령고권에 의해 수용된 재산은 반환원칙에서 제외시켰다. 한반도 통일의 경우에도 1947년 2월 북조선 인민위원회 수립 이전이나 1948년 9월 조선민주주의 인민공화국 정부 공식 출범 이전의 재산권 관련 조치와 그 이후의 조치 사이에 법적 성격상으로 차이가 있고 따라서 그들 조치를 다르게 취급하여야 하지 않겠는가? 예컨대 1946년 북조선 임시 인민위원회가 소련군 사령부의 재가하에 시행한 산업의 국유화와 토지개혁은 독일의 경우에서와 같이 그 효력을 인정하고, 1950년 이후에 취해진 토지의 사유화조치는 무효화시키는 것이 어떤가?

사실상 원소유자의 권리를 어떤 형태로든 인정하는 식으로 북한지역 토지의 소유권 문제를 접근하게 될 경우 월남인 등의 북한지역 토지에 대한 권리문제, 토지 등기부 등 원소유자를 확인할 자료의 존재여부, 원소유자 사망 시의 상속인 확인 및 지분 할당 문제 등 여러 법적인 문제가 제기될 것이다.

토지문제가 어떤 방식으로 처리되느냐에 따라서 통일 이후의 남북한 경제가 지는 부담이 전혀 달라지며 특히 통일비용 문제와도 결부되어 있다. 이와 관련하여 통일이 되면 구소유권을 주장하는 측과 그동안 북한에서 토지를 점유 또는 이용했던 이해당사자 간의 첨예한 대립이 예상된다. 이 문제가 원활하게 해결되지 못하면 통일 후의 남북 간 경제통합 과제

자체가 위험에 빠질 수 있을 것이다.

이때 가장 우려되는 것 중 하나는 원소유자와 해당 토지의 연고권자인 북한주민 사이의 분쟁이다. 독일의 경우 통일 3년 후 소유권반환청구 신청이 250만 건에 달하며 이는 전 동독 총면적의 3분의 1에 해당되는 면적이었다. 이러한 분쟁은 그동안 경제재건의 큰 장애요인으로 작용하였음은 앞서 밝힌 바 있다. 한반도에도 비슷한 상황이 벌어지면 집이나 건물 혹은 토지를 빼앗기는 주민은 통일을 원망할 위험성이 크다. 더 나아가 통일과 동시에 열악한 북한지역에 대한 공공투자와 기업과 개인의 투자가 절실한데도 불확실한 소유권 때문에 투자가 지연된다던지, 정책방향이 채 정립되기도 전에 과거 남한이 경험했던 토지와 부동산 투기가 만연된다면 민족의 염원이었던 통일이 오히려 장기간 경제적인 부담으로 남을 위험성이 크다.

3 북한주민의 생존권 보호와 이용권 중심의 토지체계 정비

통일 후의 토지문제는 이해당사자가 누구이며 이들이 통일 전에 어디에서 어떠한 정치적, 경제적 및 사회적인 지위를 누리고 살아 왔는지에 따라서도 처리방향이 영향을 받을 수 있다. 우선적인 이해당사자는 본인의 의사와는 상관없이 토지의 소유권 혹은 경작권을 포기해야 했던 월남인과 월북인 등이라고 할 수 있다. 그러나 이들의 실제 수자가 얼마나 되는지를 파악하는 자료는 매우 불완전하다.[5]

5 월남인과 월북인의 현황에 대한 좀 더 자세한 논의는 김민배/최민경, 위의 책; 이진욱, 위의 책 등 참조

또한 월남자라고 해서 모두 지주였던 것은 아니다.[6] 여러 정황으로 미루어 6·25 전쟁 중이나 그 이후보다 전쟁 이전에 월남한 대부분이 토지 소유권과 관련될 소지가 많을 것으로 추정된다. 그 이유는 토지개혁으로 직접적인 재산상의 피해를 입은 인사들은 지주, 자본가, 관료, '친일파 반민족행위자', 기독교 신자 등으로 이들은 공산주의 체제가 북한에 정착하면서 대부분 곧바로 월남하였기 때문이다.

통일 후의 토지문제는 소유권에 관한 한 월북인 역시 월남인과 똑같은 차원에서 취급되어야 한다. 당시 남한에서 토지를 소유하고 있다가 월북했기 때문에 월남인의 토지 소유권이 거론된다면 월북인의 토지 소유권 역시 나름대로의 해결책이 요구될 것이다. 결국 토지 소유권 문제는 월남인의 북한 토지 소유권, 월북인의 남한 토지 소유권 등이 주축을 이루겠지만 고려해야 할 사항은 또 있다. 즉, 북한에서 토지를 몰수당하고도 북한에 머무른 사람들의 토지소유권, 그리고 체제적 특성으로 토지보유가 불허되었기 때문에 소유 대신 점유 또는 경작한 북한 주민들의 권익을 어떻게 보호해야 하는가의 문제도 있다.

이상의 사안을 고려해 볼 때 제시될 수 있는 대안으로는 반환, 보상, 혹은 구소유권의 무효화 등 배타적인 처리방안 외에 다음과 같은 타협적인 방안이 있겠다.

여기 나열한 다섯 가지 대안들은 상호 보완적이기 때문에 실무에 있어서는 둘 혹은 다수의 대안들이 혼합적으로 사용될 수 있을 것이다.

---

[6] 월남인사들의 월남시기와 동기의 문제를 제대로 추적할 수만 있다면 북한에서 토지 몰수에 의해서 피해를 입은 인사들의 수자를 어느 정도 정확하게 파악할 수 있겠지만 이 또한 근 50년이 지난 현시점에서는 불가능한 일이 아닐 수 없다.

〈표 5-2〉 통일 후 북한 토지 처리 방안

국유화로 비축	북한의 모든 토지를 계속 국유로 유지하여 북한의 경제재건을 위해 필수적인 토지비축을 우선하는 방안
개인소유와 협동단체소유로 구분	생활수단으로서의 토지에 대한 북한의 개인적 소유권은 인정하되 협동단체소유는 국유화하는 방안
이용우선제도	현행 남한의 '소유 우선' 토지제도를 북한의 토지에 한해서 당분간 '이용 우선' 제도로 전환시키는 방안
소유권자 우선 이용권 부여	북한의 토지소유에 대한 권리가 있는 자에 대해서 우선적으로 토지 이용권을 부여하는 방안
국토 종합 이용 계획에 따른 공영개발	통일 후 북한의 토지를 포함한 전 국토 종합이용계획을 세운 후 이 계획에 따라 북한 토지를 공영 개발하고 민간인에게 용도에 따라 분양하는 방안

반환원칙이 적용되면 반환을 위한 직접적인 재정부담도 매우 크다. 또한 소유권자 확인 과정에서 예측 불허의 법적 사회적 혼란이 일어날 것이고 이로 인해 남북 간 통합 자체를 위험에 빠뜨릴 소지가 있다.

북한의 토지문제는 현행의 헌법 테두리 안에서는 논의하기 어려운, 즉 법적인 차원을 넘어서는 정치경제적 차원의 문제까지를 내포하고 있다. 따라서 통일국가의 헌법은 토지문제에 관한 원칙을 사전에 정립하여야 할 것이다. 이때 고려해야 할 사항은 크게 두 가지이다. 첫째, 1946년 북한의 토지개혁에 의해 몰수당한 토지 소유권과 월북자들의 남한 내 토지의 소유권을 통일헌법에서 보장해 준다면 이는 원상회복 원칙이 적용되며 절차상으로는 가장 간단한 방법이 될 것이다. 둘째, 그러나 이 방법은 많은 북한인들에게 오히려 좌절과 분노를 맛보게 하여 통일 거부 움직임으로 치달을 가능성도 없지 않다. 통일은 과거 소유권을 박탈당한 지주들의 권리회복을 위해서 이루어지는 것이 아니라는 점을 분명히 할 필요가 있으며 따라서 현재의 소유권자와 특히 제도적으로 토지의 소유 가능성을 박탈당했던 북한주민들의 보호가 우선될 수밖에 없을 것이다.

4 정치적 고려사항

북한에서 '무상몰수 무상분배' 식으로 이루어졌던 토지개혁, 6·25전쟁과 1·4 후퇴, 9·28수복과 정전협정에 의한 3·8선 이북 땅의 일부회복 등이 모두 토지와 재산의 소유권에 커다란 영향을 미쳤다. 더구나 이러한 일련의 사건들이 적법한 것이었는지는 통일 과정과 방법, 통일 후 정치 및 경제체제 등에 대한 '정치적' 결정에 의해서 달라질 수밖에 없다.

북한 토지 처리에 적용될 수 있는 원칙에는 반환원칙, 보상원칙 및 국유화원칙 등 세 가지가 논의될 수 있다. 물론 통일 후 당분간은 국유화해도 반드시 계속 사유화를 배제할 필요는 없을 것이다.

상당수의 학자들은 북한토지의 전부 혹은 상당 정도의 토지를 국유화하자고 주장하는데 그 이유로는 공공개발을 위한 토지 비축의 필요성, 북한 주민의 현재 이용권 및 소유권의 보호 필요성, 토지투기 방지 등을 언급하고 있다. 그 외에도 원소유자에 대한 확인의 곤란성과 반환에 따른 많은 부작용, 남북 간의 경제력 격차, 소득의 불균형 심화에 대한 우려 등도 국유화를 위한 '제2의 토지개혁'을 추진하는 근거로 들고 있다.

독일은 토지의 보상을 1935년 시가기준으로 농지와 임야는 4배, 대지는 7배로 하고 실제 대금지불은 1996년 이후부터 하도록 했다. 독일이 초기에 취한 반환원칙은 투자기피, 사회간접자본 확충 제약, 지나친 재정부담, 택지부족 등 많은 피해와 혼란을 야기시켰다.

북한의 경우 소유권에 대한 증빙서류를 토지개혁 때 폐기하였기 때문에 과거의 소유권을 증빙하는 것이 독일보다 더 어려울 것이다. 동독의 토지 중 약 45%는 사적 소유였으며 토지대장이나 등기부등본 등이 보관되어 있었음을 상기할 필요가 있다.

장기간 유지되던 토지제도의 갑작스러운 변화는 북한 농민들에게 많은 혼란을 초래 할 것이다. 이와 관련하여 김운근은 집단농장을 개인농장체제로 전환할 때에도 심각한 문제가 야기될 것이라고 경고하고 있다. 즉 '북한 집단농장에는 농부가 없고 농업노동자만' 있기 때문에 집단농장을 당장 사유화해도 농지구매자금, 영농자금, 운송수단, 유통망 등의 문제 때문에 북한농업 전체가 심각한 어려움에 직면할 것이라는 지적이다.[7]

토지의 사유화 필요성을 인정하더라도 통일과 동시에 사유화 작업을 서두를 필요는 없다. 오히려 상당기간 기존의 사회적 소유형태를 존중하면서 용도에 따라 점진적으로 사유화시키는 것이 효율성이나 형평성의 측면에서 보다 바람직할 것으로 보인다. 북한지역 토지의 사유화와 관련한 몇 가지 구체적인 정책제안을 다음과 같이 정리했다.

첫째, 통일 초기 또는 통일 이전이라도 북한당국에 의해 몰수된 토지에 대한 원소유자의 권리는 원칙적으로 인정하지 않는다는 점을 특별입법이나 긴급명령을 통하여 명백히 해 둘 필요가 있다. 원소유자는 그 권리를 인정받지 못하므로 몰수 토지의 반환은 물론 그 피해보상도 청구할 수 없게 된다. 만약 북한소재 토지에 대한 원소유자의 권리가 어떤 형태로든 인정되면 그 후의 사유화과정은 걷잡을 수 없는 혼란과 방대한 규모의

---

[7] 김운근(1993), "통일 후 북한 토지문제 어떻게 할 것인가?" <월간조선>, 1993년 11월호, 494~503쪽.

비효율성을 수반하기 때문이다.

북한의 토지문제에 있어서 가장 경계해야할 것은 바로 형식논리에 빠질 위험성이다. 즉 헌법 제3조의 규정대로 대한민국 정부가 한반도 유일 합법정부이고 북한당국은 불법단체라면 토지개혁을 포함한 북한당국의 모든 소유권 관련 조치도 당연히 불법이고 따라서 통일 후 토지소유관계를 남북분단 이전의 상태로 원상회복 시켜야 한다는 논리를 경계하지 않으면 안 된다.

둘째, 통일 후 일정기간 내에 북한주민이 남한지역으로 이주할 경우 그 주민은 북한지역의 토지 등 국공유 재산에 대한 권리의 전부 또는 일부를 상실한다는 식으로 이주와 재산권을 연계시킬 필요가 있다. 물론 이러한 이주와 재산권의 연계방안은 북한의 근로자나 주민이 토지 등 국공유 재산의 사유화에 즈음하여 남한의 주민이나 기업 혹은 외국투자자에 비해 어떤 특권 내지 우선권을 가질 것을 전제로 하는 것이다. 이 방안은 북한주민의 사유재산 형성에도 많은 도움을 줄 것이다. 이 방안은 또 통일 후 북한의 경제재건을 위해 일정기간 특별한 보호와 지원이 필요하며 급진이 아닌 점진적 경제통합방식을 채택하는 것이 보다 바람직하다는 문제의식과 맥을 같이하고 있다.

셋째, 북한지역 토지에 대한 종합계획을 수립하여 어떤 토지는 사유화시키고, 토지 용도에 따라 어떠한 사유화 과정을 거칠지 등의 문제에 대한 방안을 확정할 필요가 있다. 농지, 택지, 공업용지, 상업용지 등은 사유화의 대상으로 삼을 수 있을 것이며 공공용지, 가까운 장래에 도시개발 등으로 수용될 토지와 임야 등은 국공유 상태를 그대로 유지시켜야 할 것이다.

농지의 경우 종국적으로 사유화되는 것이 바람직하지만 농민의 안정적

생활보장, 농업생산성 제고 등의 요소를 고려, 점진적 사유화가 추진되어야 할 것이다. 우선은 협동농장의 구성원에게 일정기간 경작권을 부여하여 생활을 안정시키고, 차후에 이들 농민들에게 유리한 조건으로 농지를 구매할 수 있도록 제도적 장치를 마련해 주는 것이다.

앞에서 통일의 초기단계나 통일 이전에라도 북한당국에 의해 몰수된 토지에 대한 원소유자의 권리는 원칙적으로 인정하지 않는다는 점을 명백히 해둘 필요성을 강조했다. 이때는 원소유자 권리의 인정을 전제로 한 법적인 제 문제를 고려할 필요성이 없게 된다.

결국 통일 후의 토지소유권 처리문제는 좁은 법체계 내에서 형식논리에 의해서보다 경제적·정치적 차원에서 해결되어야 할 성질의 것이다. 그리고 효율성과 형평성의 관점에서 보아 바람직한 처리방향은 북한지역 내의 이용 및 점유관계를 최대한 존중하고 이에 기초하여 북한주민의 이익을 최대한 고려한 점진적 사유화를 진행시키는 것이다. 이점에 대한 국민적 합의가 초기에 이루어질 수 있다면 혼란과 낭비를 줄일 수 있을 것이다.

제5부

남북 교류와 접촉 지렛대로서의 경협

동유럽 사회주의는 몰락했지만 북한은 여전히 사회주의적 계획경제 체제를 견지하고 있다. 이러한 북한의 경제체제를 남한체제와 통합하기 위해서는 먼저 동질성 회복을 위한 쌍방 간의 노력이 필수적이다.

그 동안 남북관계 개선을 위한 많은 선언과 계획들이 있었지만 실효를 거둔 것은 별반 없다. 실천방안 없는 구호로서의 '통일 지상주의'는 한반도 긴장완화에 도움이 안 된다.

따라서 남북경협이 실효를 거두기 위해서는 현실적으로 실현 가능한 방법부터 동시다발적으로 시작하되 정치적 이념적 장애를 극복하는 방향에서 꾸준히 실천되어야 함을 주장한다.

필자는 여러 글에서 당장 통일이 어려운 상황임을 전제로 우선 한반도 평화와 안정을 위해서 남북 간의 대화와 접촉의 창구가 마련되어야 하며 경협이 그 지렛대 역할을 해야 함을 강조한다. 여기에는 핵문제나 이념적인 조건과 연계시키는 대신 정경분리 원칙을 적용하자는 주장도 포함된다.

남북경협은 왜 필요한가?*

1 경제협력 과제의 다양성

남북 간의 관계개선에 대한 논의는 분단이후 계속되어 왔다. 또 우리보다 먼저 통일과제를 완수한 다른 나라들의 경험에 대해서도 많은 분석이 있었다. 그러나 국민들의 입장에서 보면 논의와 제안은 많은 반면 구체적으로 실천된 것은 별로 없기 때문에 혼란스러움을 느낄 때도 많고 또 제안이나 논의에 대한 신뢰가 크지 않은 것도 사실이다.

남북교류협력의 정의나 포괄범위는 학문분야, 연구목적, 또는 접근방식과 적용하는 이론에 따라서 상이하다. 이 글은 교착상태에 있는 남북 간의 교류와 접촉를 촉진하고 민족의 동질성을 회복하는 한 수단으로 경제협력이 필요함을 강조하는 목적을 가지고 쓰여졌다.

남북경협은 고유 가치를 가진 것이 아니고 한반도의 긴장완화, 북한 주민의 식량난 극복과 생활기반 유지, 남북의 공동번영 등, 단기, 중기 및 장기적 목적을 추구하는 한 수단이다. 경협은 일단 통일과 무관하게

* 「북한을 개방으로 이끌기 위한 전략」, 강원대학교 통일문제 세미나 발표 논문, 1993년 8월 29일(원고 제출일).

남북 간 교류와 접촉을 통하여 한반도의 긴장을 완화하고 남북이 모두 경제적 이익을 얻으며 장기적으로는 민족동질성을 회복하는 한 수단이라고 할 때 경협의 과제는 결코 쉬운 것은 아니다.

아래의 <표 4-1>에는 통일의 진행과정에 따라 추진되어야 할 정책의 기본방향, 추구하는 목표 및 거기에 상응하는 수단들이 정리되어 있다. 이 표에서 우리는 하나의 수단으로 파악한 경제협력도 시기적 구분에 따라 매우 다양할 뿐만 아니라 정책목표가 다수이며 목표에 따라 상이한

〈표 4-1〉 남북 간 경제현안의 시기별 구분에 따른 과제

과제의 시기적 구분		정책 방향	정책 목표	정책 수단
통일전의 과제		통일 준비	○ 북한 개혁과 개방유도 민족동질성 회복 ○ 경제력의 비축(통일비용 준비)	○ 정경분리 원칙하에 남북경협 적극 추진 ○ 개인, 민간단체, 기업, 정부당국 간의 분업체계 구축
통일후	단기 과제	위기 관리	○ 통일직후 혼란방지 ○ 북한주민들의 생계보장 ○ 생필품시장의 활성화	○ 생필품 조달체계 구축 ○ 주민이주억제책 마련 ○ 주거공간 대책 마련 ○ 시장제도의 활성화
	중기 과제	체제 전환	○ 남북 간 생산, 소비, 분배제도의 접근 ○ 남북 간 소유, 생산, 기업경영제도의 접근 ○ 북한주민의 경제활동 참여 확대	○ 통화통합 ○ 가격개혁 ○ 토지소유권처리 ○ 재정・금융제도개혁 ○ 공기업민영화 ○ 사회보장제도의 통합
	장기 과제	체제 통합	○ 단일 경제체제의 정착 ○ 사회간접자본의 연결 ○ 남북 요소시장의 통합 ○ 남북 경제력격차의 해소	○ 노동시장과 자본시장의 완전통합 ○ 지역 간 개발격차 해소 ○ 산업구조조정

자료출처: 안두순, 자체작성

수단들이 동원되어야 함을 알 수 있다. 또한 경협을 포함한 남북 간 경제 현안이 매우 광범위하고 다의적이기 때문에 특정 사안에 대해서 논의할 때는 해당 논의대상이 전체의 틀에서 어디에 속하는지 거시적 맥락에 유념할 필요가 있다.

남북한은 분단 이전 장구한 세월 동안 단일민족으로 단일국가를 형성・유지해 온 것이 사실이지만 다시 통일이 되어도 단일 경제공동체로 통합되는 데에는 많은 난관이 예상된다. 이는 분단기간이 길다든지 그 동안 구축한 체제와 이념이 달라서 만이 아니다. 또 남북 간의 경제력 격차가 크고 경제구조가 매우 상이해서 만도 아니다. 더욱 중요한 난관은 분단 이후의 단절로 서로 교류와 접촉이 없었고 주민들은 상대편의 체제가 갖는 약점에 대해서만 주입식으로 이념교육을 받아온 관계로 서로를 너무 모르는 데 있다.

2 남북경협에 대한 여건은 변했는가?

이미 1988년의 '7・7선언'에 이은 후속조치에서, 그리고 1989년의 '한민족공동체 통일방안' 발표에 이어 '남북한경제공동체 건설 방안'이 제안되었다. 또 1992년의 '남북기본합의서'와 부속합의서에서 경제공동체 구성을 위한 물자교류와 대금결제방안, 통신・통행협정의 체결, 통행로 개설 등에 합의하고 '경제공동위원회'를 구성하여 사업을 추진하기로 하였으나 합의서가 이행되지 않아 현재까지 사문화된 상태이다.

따라서 정치적으로 통일이 된다고 해도 남북 간에 단일 경제공동체가 곧바로 형성되기를 기대하기는 어렵다. 다른 한편, 설사 남북 간에 통일이 늦어진다고 해서 경제공동체가 형성될 수 없다고 보는 것도 단견이다. 왜냐하면 경제는 정치나 군사 등 외부적인 제약만 없다면 국경을 초월해서도 얼마든지 하나로 통합되려는 특성을 가졌기 때문이다. 더구나 남한은 세계 어느 나라와도 교류와 협력이 활발하게 이루어지는 개방경제이면서 유독 같은 한반도 내의 단일민족인, 그리고 통일을 함께 이루어야 할 북한과만 단절과 대립을 일삼아온 현실을 고려한다면 통일과 상관없이 경제 분야에서 할 일이 무궁무진하다고 해도 과언이 아니다.

현 단계에서 남한과 북한의 시급한 과제가 교류와 접촉을 촉진하는 것임에 틀림없다. 그런데 북한이 내부사정으로 거의 모든 분야의 접촉을 경계하고 있는 마당에 어떻게 하면 경제협력을 추진할 수 있겠는가?

외형적으로 보면 1990년대에 들어서면서 남북 간 경협여건은 그런대로 변화를 보였다. 1991년 남북 간 유엔 동시가입은 북한을 개방으로 유도하고 남북관계의 관계정상화를 위한 하나의 돌파구가 될 수 있으리라는 기대를 낳게 했다. 1991년 말에 이루어진 '교류협력에 관한 합의서'와 '한반도의 비핵화에 관한 공동선언'은 남북분단 50년 사상 공존과 평화를 위해서 이룩된 가장 획기적인 사건으로 평가받았다. 이어서 채택된 3개 부속합의서와 화해 · 군사 · 경제 · 사회문화 등 4개 분과위원회를 가동키로 한 합의는 남북 간에 본격적인 교류 · 협력시대가 도래할 것 같은 기대를 낳게 했다.

그러나 그 이후 지금까지의 전개상황은 모든 낙관적 기대를 무색하게 하고 있다. 과거 남북한 양측으로부터 제시된 다양한 종류의 경협방안에도 불구하고 현재까지 별다른 진전이 없기 때문이다.

3 적극적 경협을 통해서 돌파구를…

필자가 주장하는 바는 통일이 비록 늦어지더라도 한민족 경제공동체의 건설을 위한 노력은 지금부터 당장 시작해야 하고 또 지속적으로 추진해야 한다는 것이다.

지금부터라도 우리는 과거의 '대북 압박전략'과 차별되는, 하나의 새로운 전략을 세울 필요가 있다. 북한의 붕괴를 바란다든지 북한이 먼저 변해야 관계를 개선하겠다는 식의 조건부 접근방식에서 탈피하여 남한이 꾸준히 인내심을 가지고 포용하는 자세를 취하면 북한도 장기적으로는 결국 차츰 개혁과 개방으로 유도될 것이 아니겠는가? 체제유지에 대한 불안감이 해소되면 북한의 대남 경계심도 완화되어 남북한 경제협력에도 좀 더 유연한 자세로 돌아설 것을 기대해 본다.

과거 남북관계가 경색된 것은 남북 간 경제문제를 이념, 정치 및 군사문제와 연계시켜서 이러한 분야에 아무런 문제가 없어야만 북한과 경제협력을 한다는, 철저한 정경연계주의 때문이다. 그렇기 때문에 쌍방 간에 특정 협력사업을 합의, 추진하다가도 군사 분야나 정치 분야에서 어떠한 사건이 터지면 해당 사업이 즉시 중단되거나 연기되어 경제협력이 지지부진할 수밖에 없었다.

이제 남북경협은 체제적 이념이나 국제 정치적 역학관계와는 독립적으로 추진시켜야 할 때가 되었다. 이러한 정경분리원칙은 경제문제를 정치와 분리함으로써 남북 간에 현존하는 정치적, 이념적 이질성에도 불구하고 교류와 협력을 통해서 상호 접근할 수 있는 돌파구를 마련하자는 데 있다. 이러한 원칙의 적용은 최소한 남한 측의 경협 장애요인 중 하나가 해소된다는 것을 뜻하며 이로 인해서 북한 측의 태도 역시 전보다 유연해지기를 기대할 수 있을 것이다.

분단 반세기를 넘긴 남북한은 민족상잔의 전쟁이라는 불행을 겪은 외에 상호 단절과 불신으로 한반도는 아직도 세계에서 가장 전쟁 위험이 큰 지역 중 하나로 꼽힌다. 이러한 대립과 불신, 그리고 단절의 세월이 지속 될수록 남북 주민 간의 이질성은 커지고 통일은 물론 공존과 공영이라는 대 원칙 하에 한반도의 평화가 보장될 가능성은 점점 희박해진다.

당장 통일을 기약하기 어렵다면 우선 평화와 안정이 담보되어야 하며 그러기 위해서는 최소한 두 조건이 충족되어야 한다. 첫째, 남과 북 간의 대화와 접촉의 창구가 마련되어 있어야 한다. 둘째, 북한이 무력도발이라는 모험을 통해서 체제 위기를 탈피하고자 하는 극한상황에 처하지 않도록 북한경제가 안정되어야 한다.

가장 바람직하기는 남북기본합의서에 명시된 제반 교류와 협력을 통해서 위의 두 가지 조건을 충족시키는 것이다. 그러나 개방에 따르는 위험을 우려하는 북한당국이 여타 분야의 교류와 협력은 극력 거부하는 마당에 경제협력만이 유일한 대안으로 남아있다.

북한의 경제발전을 위해서 남한이 적극 협력하는 것은 인도주의적인 입장에서 당연할 뿐만 아니라 통일 후 남과 북이 단일 경제권으로 통합되는 데 따르는 어려움을 사전에 약화시키는 효과도 있다. 즉, 통일비용을 최소화하기 위해서도 남북경협이 적극 추진되어야 한다.

남북경협은 남북경제공동체 구성의 피할 수 없는 한 과정이자 구성요소이다. 그 동안 제의는 수없이 많았으나 실현 된 것은 거의 아무것도 없는 상태이다. 독일의 통일을 부러워만 하면 뭐하는가? 그들이 어떻게 통일을 성취했는가를 거울삼아 우리도 이제는 냉전시대의 사고에서 벗어나 가능한 분야부터 교류와 접촉을 시작하자.

대북 쌀 지원을 계기로 남북경협이 활성화되기를*

우여곡절 끝에 성사된 쌀 지원에 대해서 국민들은 엇갈린 반응을 보이고 있다. 긍정적 시각은 그 동안 되는 것이 없던 남북관계에 그나마 한 건이라도 '성사'된 데 대해서 위안을 삼거나 북한주민들의 굶주림을 덜어주어 동포애를 발휘할 수 있다는 자긍심을 느낀다고 한다. 그 외에 교착상태에 빠진 남북관계의 돌파구가 마련되고 다른 교류 · 협력 분야까지 파급되는 계기가 되기를 바라는 기대감이 작용하는 듯하다.

비판하는 쪽에서는 우리 국민 중에도 아직 굶주린 사람이 있는 마당에 국민의 세금으로 정부가 인심을 쓰는 것을 못마땅해 한다. 더구나 북한의 농간에 놀아나서 쌀을 주면서 북한 주민들에게는 우리의 호의를 전하지도 못하고 단지 북한 당국자들의 수명만 연장한다고 주장한다. 또 '수입을 해서라도 북한이 원하는 만큼 쌀을 보내주겠다'는 대통령의 발언에 대해 남북관계를 정치적으로 이용하려는 것이 아닌가 하는 의구심도 갖는다.

* 「대북 쌀 지원과 남북경협 활성화」, 민주평화통일자문회의 경제과학분과위원회 회의자료, 1996년 7월 11일.

우리는 독일이나 예멘의 통일에서 중요한 교훈을 얻었다. 그것은 분단 지역 간의 경제력과 생활수준의 격차가 클수록 통일 자체가 어려울 뿐만 아니라 통일 후에도 진정한 통합을 위해서는 많은 시간 및 노력과 함께 많은 비용도 든다는 것을 배운 것이다.

북한은 우리 영토의 일부이고 북한주민은 우리와 같이 공존 공영해야 할 동포이다. 따라서 북한 주민들이 생활고에 시달리고 북한 경제가 점점 피폐해지는 것을 방관만 할 수는 없다.

주변 열강이나 심지어 유럽의 여러 나라들까지도 북한이 절박한 경제 위기에 빠져있음을 이용하여 미개척지 중 하나인 북한시장을 선점하기 위해 갖가지 방법을 동원하고 있다. 대 북한 식량 외교도 분명 이러한 맥락에서 보아야 할 것이다. 체제유지에 급급한 북한 당국이 남한을 배제하고 중국, 일본이나 미국 등에 무분별하게 북한의 경제권과 시장을 내주면 남한이 소외됨을 물론 남북 간의 긴장이 고조되고 동질성 회복이 더욱 멀어지며 분단 관계가 고착화될 위험성이 커진다.

이런 점을 고려할 때 대북 쌀 지원을 비판하는 것은 온당치 않아 보인다. 다만 당국자가 나서서 홍보에 열을 올린다던지 북한 당국자의 자존심을 건드리는 발언을 하는 것은 삼가야 하지 않을까? 그보다는 당연한 일을 하였다는 조용하고 차분한 자세였으면 더 좋을 것이다.

우리는 항상 대북정책의 방향과 기조가 무엇이며 대 북한 접근을 추구하는 근본 목적이 무엇인지에 대해서 분명하고 확실한 목적의식을 정립할 필요가 있다. 이번 쌀 지원은 '천 리 길도 한 걸음부터'라는 속담대로 남북한 관계 개선을 위한 하나의 조그마한 출발이라는 마음 가짐이 필요하다. 경협이나 정상회담 등의 가시적인 효과가 곧바로 나타나는 것을 기대하거나 북한 당국을 몰아붙이는 것은 또 다른 실패와 좌절을 맛볼 가능성이 크기 때문이다. 서독이 1984년과 1985년 동독에 각각 10억 마르크와 9.5억 마르크의 차관을 제공함으로써 당시 외채위기에 빠진 동독을 국제 신용위기에서 탈출하도록 도와준 사례는 우리에게 시사하는 바가 크다.

이번 쌀 제공을 계기로 남북 간의 경협이 활성화되기를 기대한다. 지금 (1996년 하반기) 상황으로는 적극적인 남북경협만이 쌍방 간 대화의 물꼬를 트는 것이고 경협을 통해서 북한이 위기에서 탈출하여야 만이 교류와 접촉의 길이 확대될 것이다. 실제로 그동안 교착 상태에 있던 남북경협사업들이 서서히 활기를 띠기 시작하고 있다. 지금까지 수차례에 걸친 기대가 무산되었던 점을 상기한다면 이번만은 꼭 성사되기를 바라며 경협이 결실을 맺는 것이 중요하면 할수록 너무 단기적인 전시효과를 노린다던지 각부처 간, 그리고 각 기업군 간에 지나친 '경쟁보다는 장기적인 안목에서의 조정과 공동보조가 요구된다.

남북한 관계를 핵문제와 연계시키면…*

분단 이후 지금까지 통일을 반대한다는 사람은 아무도 없었고 남북을 막론하고 당국자는 기회가 있을 때마다 통일을 꼭 이루어야 한다고, 또 꼭 달성하겠다고 다짐하곤 했었다. 그러나 지금까지 달라진 것은 국민의 실질적인 생활면에서 보면 아무것도 없다. 이제 우리 국민은 세계 어디나 갈 수 있지만 오직 하나의 예외가 북한이다. 가족과 친지를 북한에 두고 온 이산가족도 한 번만 가보았으면 소원이 없겠다는 바로 그곳에 갈 수가 없다.

인적 교류나 상호방문이 실현되지 않는 데는 물론 북한당국의 책임이 크다. 그러나 남한당국도 아무런 잘못이 없다고 할 수는 없다. 국민의 입장에서 보면 남북 간의 긴장 완화와 관계 정상화만 되면 꼭 통일이 아니어도 좋다. 그런 의미에서 북한을 계속 궁지에 몰아넣기에 급급했던 과거는 차치하고 남북합의서의 조인 이후에도 북한이 개방과 개혁으로 나오도록 유도하는 노력이 충분했는가를 재검토해 볼 필요가 있다.

남북 관계정상화란 정치나 사상 이전에 일반 국민들이 서로 왕래하고 통신하며 상담하고 거래하는 등 남북한 주민들의 생활이 정상화됨을 의미

* "민족의 비극을 막으려면…", <세계일보> 세계시평, 1993년 4월 25일, 5면.

한다. 여권과 비자만 있으면 세계 어디든 가듯이 남북 간에도 허가만 있으면 서로 왕래할 수 있도록 하는 것이 관계정상화이고, 그러면 통일은 한걸음 더 가까워질 것이다. 우선 목표를 정치적인 통일이 아니라 실제적인 통일 상황의 조성에 둘 것을 제안한다.

최근(1993년 현재) 또다시 남북교류를 위한 거창한 추진계획들이 쏟아지고 있다. 우선 신경제5개년계획에 포함된 남북경협 촉진방안 중에는 각종 경제교류협력 방안의 수정 보완, 청산계정의 설치와 직항로 개설, 남북 간 연결 철도망의 복원 등이 눈에 띈다. 또한 판문점에 경제상담소를 설치하고 서울과 평양에 남북경제대표부를 설치하여 경협촉진을 위해서 적극적으로 대처한다는 방안도 등장했다.

통일장관회의에서는 이산가족 문제를 남북관계의 최우선 과제로 정하고 이의 해결을 위해 판문점에 '이산가족 면회소'와 '우편물 교환소'를 설치하여 가족 상봉의 실현을 적극 추진한다고 발표하였다.

이러한 방안들이 실현되기만 한다면 얼마나 좋겠는가? 그러나 이와 비슷한 추진 계획들은 과거에도 많았고 그 내용에 있어서 별반 새로운 것은 없다. 정부는 북한의 핵문제가 해결될 때까지 남북 간의 경협과 기업인의 북한 방문을 불허하기로 했다는 단서를 달고 있으며, 신경제5개년계획 중의 추진 사항도 남북한 관계가 개선되는 것을 전제로 하고 있기 때문에 이번에도 별 진전을 기대하기는 힘들 것 같다.

이와 관련하여 니혼게이자이(일본경제)신문이 제시한 북한 태도의 향방에 대한 시나리오가 우리의 관심을 끈다.

제1시나리오는 미국이 만약 북한의 체제 유지를 보장해 준다면 북한이 핵무기를 포기하고 현 체제를 유지할 것이라는 가정으로, 그 확률을 35%

로 보았다. 이 경우 북한은 경제난의 타개를 위해서 남한과의 경제협력에 적극적일 것임을 쉽게 예측할 수 있다. 그러나 50%라는 가장 큰 확률을 가진 제2시나리오는 북한이 체제 유지에 대한 보장을 받지 못하고 핵문제가 교착 상태에 빠져 현재보다 더욱 강경자세를 취할 것이라는 예측이다. 이때에는 국제적인 대북 경제제재가 가해지고 북한의 경제는 한층 더 악화될 것이다. 마지막으로, 확률은 15%로 가장 작지만 가장 위험한 시나리오가 한반도에 무력 충돌이 일어나고 그 결과 북한이 붕괴된다는 내용이다.

한반도에서 무력 충돌은 어떻게든 막아야 하지만 제2의 시나리오가 실현되어도 시간이 가면 자연히 제3의 시나리오로 연결될 가능성이 크다. 왜냐하면 국제적인 고립이 심화되어 경제여건이 최악으로 치달으면 정권붕괴의 위험에 직면한 북한당국이 무력도발을 감행할 수도 있기 때문이다. 따라서 이상의 어느 시나리오도 우리에게는 결코 달갑지 않다. 가장 바람직하기는 남북 당사자 간에 체제 접근과 통일을 위한 단계적 실천계획을 합의하여 착실히 실현에 옮기는 일이다.

만약 남한이 우방 및 국제기구와 함께 북한에게 경제제재를 가해서 북한을 굴복시켜 핵사찰과 체제개방 쪽으로 유도할 수 있다는 확신만 선다면 이 또한 하나의 옵션이 될 수 있다. 그러나 이러한 작전이 성공하리라는 보장이 없고 실패했을 경우 그 대비책은 무엇인가도 생각해 보아야 한다. 즉 계속 궁지에 몰린 북한이 극심한 경제난에도 불구하고 핵개발에 더욱 박차를 가하여 결국 핵무기를 보유하게 될 경우 어떻게 할지를 생각해 보아야 한다.

이렇게 보면 북한이 더 이상 버티지 못하고 굴복할 때 관계 정상화도

기하고 통일도 하겠다는 정부의 수동적인 태도는 재고되어야 한다. 핵문제와 연계시켜 대북 강경자세를 견지하면 남북관계는 더욱 악화될 수밖에 없다.

즉 남북 간 경색국면이 지속되면 북한이 결국은 핵무기를 개발하고 남북관계는 예측불허의 새로운 역학관계로 치닫든지 아니면 경제난 때문에 북한의 체제가 붕괴될 경우도 상상이 가능하다. 후자의 경우 남한에게 북한 경제를 재건시켜야 할 책임이 돌아오는데 이것이 과연 남한 측이 바라는 바인지를 묻지 않을 수 없다. 그 이전에 북한이 체제의 위협을 느끼면 무력 도발을 해올 가능성도 없지 않을 것이기 때문이다. 폐쇄성이 강화될수록 핵무기 개발의 매력은 커질 것이므로 핵개발 저지를 위해서도 북한을 적극 개방으로 유도해야 한다.

이상의 논의에 비추어 지금의 대 북한정책, 즉 모든 것을 핵과 연결시켜서 북한을 압박하는 정책은 성공만 한다면 모르되 성공하지 못할 경우에는 큰 위험을 동반할 것이다. 동족인 북한주민의 고통을 줄이기 위해서, 또 북한당국이 너무 궁지에 몰려 군사 도발이나 핵개발 등 극한적인 행동을 하지 않도록 하기 위해서도 인적 교류와 남북경협은 적극 추진되어야 하리라고 생각된다. 그 길만이 북한을 개방과 개혁으로 유도하여 민족의 비극을 막을 수 있기 때문이다.

남북경협은 정경분리 원칙에 입각해서 추진해야*

정부가 제시한 '3단계 3기조 통일정책'은 바로 남북의 모든 국민들이 통일 과정에 적극 참여하여 다 같이 잘사는 통일을 이루자는 점진적인 통일방법으로 해석된다. 그 과정은 남북한 각계각층 인사들이 자주 만나는 데서부터 시작될 수밖에 없다. 따라서 가장 좋은 방법은 남북 간에 아무런 제약 없이 인적인 교류와 접촉이 활발해지는 것이겠으나 그에 따르는 위험성을 잘 알고 있는 북한이 이를 받아들이지 못하는 이상 서로 택할 수 있는 차선책은 남북 간의 경협뿐이다.

그동안 남북한은 쌍방 모두 지속적이고 반복적으로 경협의 필요성을 강조했고 또 경협에 대한 의지를 천명해 왔다. 휴전 이후 60년대 말까지는 북한이 남북 간의 수직적인 분업, 원조제공, 남한의 '실업자 구제' 등 다분히 정치적인 계산 하에 적극적인 경협 방안을 제시하고 이에 대해 남한은 묵살 내지는 거부하는 자세를 취했었다.

그러던 것이 1992년 9월 남북 고위급회담에서 채택된 3개 부속합의서

* "남북경협, 정경분리로 돌파하자", 통일한국 청문회, <통일한국>, 1993년 10월, 11쪽.

등을 통해 드디어 남북 간의 경제협력이 활발해지고 통일로 한걸음 더 가까이 간다는 기대를 낳았다. 특히 부속합의서 중 교류협력분야에 대한 합의에는 직교역과 직접 계약체결, 각종 교통로의 연결, 남북 물자교류에 대한 무관세, 청산결재 방식의 도입, 판문점을 통한 우편·통신 및 통행 등이 명시되어 있어서 사람들은 이제는 무언가 이루어지나보다고 기대했다. 그 이후에도 남한의 재벌 총수나 북한의 비중 있는 당국자들이 남북한을 오갈 때마다 국민들은 남북경협에 대한 기대에 충만해 있었다. 그러나 지금(1993년 현재)까지 그 많던 제안, 성명서, 선언문, 회담, 합의서 등은 모두 아무런 결실도 못 맺고 아직도 상황 논리만이 지배하는 것이 우리 통일정책 50년의 '성과'이다.

물론 정부의 고충을 모르는 바 아니다. 정부의 대북관계를 위한 행동반경은 국내외적으로 많은 제약을 받고 있고 또 북한이 매우 독특한 상대임도 주지의 사실이다. 현 상황에서 정부의 힘만으로 남북 간의 경색국면에 돌파구를 마련하는 것은 매우 어려운 과제임에 틀림없다.

따라서 정부 혼자서 안간힘을 쓰는 대신 정부, 경제계, 민간분야 간에 확실한 분업체계를 구축하자. 즉 정부는 정치, 군사, 외교에 전념하고 경제협력은 경제계에, 그리고 인적 교류와 무상 원조는 민간분야에 맡기는 것이다. 원래가 경제협력은 기업분야의 몫이다.

정부의 개입을 완전히 배제하라는 말이 아니다. 남북 간 교류와 접촉 및 경제협력이 국익에 위배되지 않고 또 불필요한 혼란과 부작용을 유발하지 않도록 틀을 정하고 질서유지를 하는 것은 필요하다. 제시된 틀과 규칙의 범위 내에서 기업이나 경제계는 교역이나 생산 협력을 위해 자유로이 대북 접촉을 할 수 있도록 적극 지원하는 전향적인 자세가 요구된다.

남북경협은 우선 남북 쌍방 간에 경제적인 상호 이익을 얻을 수 있을 뿐만 아니라 북한의 주민이나 당국자들이 외부 세계와 접촉할 수 있는 기회가 마련되기 때문에 중요하다. 활발한 경협은 북한 주민과 당국자들의 사고 체계를 개방적이고 유연하게 바꾸는 데 일조 할 것이고 또 남북 간의 경제력 격차를 좁히는 데도 도움이 될 것이다. 일단 기업 차원의 경협으로 물꼬가 트이면 개인이나 사회 및 종교단체 중심의 비 상업적인 물자교류, 즉 생필품이나 의약품 등의 원조와 북한의 낙후된 사회간접자본 투자를 위한 대규모 공공투자 계획도 마련될 수 있을 것이다.

남북관계의 경색과 교착에 대한 한탄이나 북한의 태도에 대한 비난만으로는 아무 것도 이룰 수 없다. 남북경협을 진척시키기 위해서 '정경분리' 원칙에 입각한 정부, 경제계, 개인과 사회단체 간의 분업체계를 구축하자.

북한의 경제는 어떻게 조직, 관리되는가?*

남과 북이 통일을 맞기 위한 준비 중에는 경제체제의 이질성을 극복하는 과제도 포함된다. 북한의 경제는 어떻게 조직되었으며 체제적 특징은 무엇인가? 남한과는 얼마나 어떻게 다른가?

1 명령형 계획경제

이질적인 경제를 하나로 통합하는 방안을 모색하기 위해서는 해당 경제의 체제적인 특색을 살피는 것이 필연이다. 한 국민경제의 체제적 특성의 기준은 여러 가지가 있으나 경제계획과 행위의 주체, 자원배분을 위한 조정, 효율성 증대를 위한 성과유인, 소유권제도와 소유구조 등을 중요한 지표로 삼는다. 하일브로너의 통찰대로 비자본주의 사회에는 경제와 정치 간의 구분이 없이 경제가 정치에 예속되어 있다. 현존하는 국가 중

* "시장경제 체제를 유지, 발전시키는 경제동합방법 모색", 중앙일보 통일문화연구원 워크숍 주제발표 논문 중 일부, 1996년 9월.

가장 폐쇄적이고 사상중심적인 노선을 걷고 있는 북한에서는 경제논리보다 통치이념이 우선하고 이러한 의미에서 경제통합의 문제는 체제적인 문제에서 실마리를 찾아야 할 것이다

다른 사회주의 경제나 마찬가지로 북한도 역시 전체주의적 계획경제의 특징을 가지고 있다.[1] 사전 결정된 생산 및 비용계획, 고정된 임금과 가격체계 등을 근간으로 하는 계획경제는 수요와 공급 간 불균형이 일반적 현상이고 개별 주체의 성장과 발전을 위한 동기가 결여되어 효율성 문제를 안고 있다. 그중에서도 특히 '혁명사상'을 실현하기 위하여 '노동당의 영도 밑에 모든 활동을 전개한다'는 주체사상의 절대적 지배력과 중앙인민위원회나 당 중앙위원회 등 경제운용에서 핵심역할을 하는 모든 기구가 지도자 개인의 직접적인 지휘를 받는다.

북한체제를 사회주의 계획경제라는 말로만 표현하기는 문제를 너무나 단순화시킨 것이다. 그 내면을 들여다보면 구소련이나 동구라파 또는 구동독과도 다른 북한 나름대로의 특색을 가지고 있다. 이하에서 북한의 경제체제가 남한의 그것과 비교하여 얼마나 이질적인지를 확인하고 나아가 남북 경제통합의 과제가 얼마나 어려운 것인지를 살펴보자.

2 북한의 소유권구조와 경제관리체계

북한은 출범 당시부터 사회주의 혁명을 기치로 식민지 유산과 봉건적

---

[1] 서울대학교 사회주의 연구팀(編), 『사회주의 개혁과 북한』, 형성사, 1992년 및 고성준, 『전환기의 북한 사회주의: 정치이념과 전통정치문화의 상호연관성 분석』, 대왕사, 1992년 등 참조.

잔재를 청산하고 자본주의적 요소의 제거를 통해서 프로레타리아 계급이 권력을 장악하는 것을 목표로 삼았다. 1972년 사회주의 헌법 이후 모든 생산수단은 국가소유로 전환하여 국가만이 생산수단의 소유주체가 되는 사회주의적 경제질서를 확립하였다. 모든 토지, 산림, 지하자원, 공장과 기업, 상업과 각종 운송수단 등은 국영 혹은 협동단체 소유로 전환되고 생활수단과 소비생활도 국가의 배급제도에 의해서 분배된다. 이는 '하나는 전체를 위하여 전체는 하나를 위하여'(김삼용, 41쪽)라는 집단주의적 정신에 입각한 사회주의적 생산양식이 관철된 것이다.

1972년 12월에 채택된 '조선민주주의인민공화국 사회주의헌법'은 북한에서 모든 생산수단이 국가 또는 협동단체 소유임을 확인하고(제18조) 1992년 4월에 수정된 헌법에도 마찬가지의 규정이 있다 (제20조). 북한의 소유 형태는 북한의 민법(1990년 9월 채택) 제37조에 따라 재산을 국가소유, 협동단체소유, 개인소유 등으로 구분하고 있다.[2]

국가소유 재산

그중 국가소유란 인민 전체의 소유를 의미한다. 여기에는 국유화한 재산, 국가 투자에 의하여 마련한 재산, 국가 기업소의 생산물, 국가기관이나 기업소가 매입한 재산, 국가의 결정에 따라 국가기관이나 기업소에 넘어온 재산, 협동단체나 공민이 국가에 바친 재산, 그밖에 국고에 넣기로 된 재산 등으로 이루어진다. 국가소유 대상에는 제한이 없는데 그중에서도 특히 다음의 재산들은 국가만이 소유할 수 있다.

---

[2] 법조문과 구체 내용은 김상용, 「북한의 토지제도와 통일 후의 개편방향」, 『현대이념연구』 제8집, 1992, 47쪽과 박동삼, 「북한의 집단농장과 통일 이후의 토지문제」, 『북한』 1993. 10월호, 123~124쪽 등을 참조할 것.

- 지하자원, 산림자원, 수산자원을 비롯한 모든 자연자원,
- 중공업, 경공업, 수산업, 임업을 비롯하여
- 여러 부문의 중요 공장과 기업소
- 농기계작업소, 관계관리소 같은 농촌경리부문에 종사하는 기업소
- 수매양정, 도시경영, 중요상업 및 출판인쇄기업소
- 항만, 은행, 교통운수 및 체신시설
- 방송기관, 각급 학교 및 중요 문화보건 시설

국가소유 재산에 대한 헌법상의 조항들을 좀 더 살펴보면 다음과 같은 규정들이 있다. 국가는 나라의 경제발전에서 주도적 역할을 하는 국가소유를 우선적으로 보호하며 성장시킨다(헌법 제21조). 국가소유권의 담당자는 전체 인민을 대표하는 국가이다(민법 46조). 국가소유권은 국가가 직접 또는 개별적인 국가기관·기업소를 통하여 실현 한다(민법 제47조). 국가는 살림집을 지어 그 이용권을 노동자, 사무원, 협동농민에게 넘겨주며 그것을 법적으로 보호한다(민법 제50조). 임자 없는 물건은 국가소유로 한다. 임자 없는 물건에는 소유권을 가진 자가 없거나 소유권을 가진 자를 알 수 없는 물건이 속한다(민법 제52조).

협동단체소유 재산

북한 헌법 제22조에는 국가가 협동단체를 보호하고 협동단체는 자기의 소유재산을 그 구성원들의 의사에 따라 민주주의 원칙에서 차지하거나 이용 · 처분할 수 있다고 규정하고 있다. 협동단체 소유재산이란 협동단체에 속한 근로자들의 집단소유를 말한다. 여기에는 단체의 구성원들이 들여놓은 재산, 협동단체의 자체투자에 의하여 마련한 재산, 협동경리의

생산물, 협동단체가 산 재산, 국가에서 협동단체에 소유권을 넘겨준 재산 등이 있다. 또 협동단체소유 재산을 종류별로 보면 토지와 건물, 농업용 가축('부림짐승'), 농기구, 고기배 등, 중소공장과 기업소, 문화보건 시설, 그밖에 경영활동에 필요한 대상 등이 있다.

협동단체 소유권의 주체는 개별적인 협동단체이다. 이 말은 농업의 경우 리(里) 단위의 집단농장이 소유권자라는 말이다. 협동단체는 소유재산을 그 구성원들의 의사에 따라 '민주주의 원칙에서 차지하거나 이용, 처분할 수 있으나 토지에 대한 처분은 법이 정한 범위 내에서만 할 수 있다' (민법 제55조)고 되어있다.[3]

개인소유재산

북한의 법령에 개인소유권자는 개별적 공민이며(민법 제60조) 국가는 근로자들의 개인소유와 그 상속권을 법적으로 보호한다(헌법 제24조)고 되어 있다. 개인소유란 근로자들의 '개인적이며 소비적인 목적'을 위한 소유에 국한된다. 여기에는 노동에 의한 사회주의 분배, 국가 및 사회의 추가적인 혜택, 텃밭경리를 비롯한 부업에서 나오는 생산물, '공민'이 샀거나 상속 혹은 증여받은 재산, 그밖의 법적 근거에 의하여 생겨난 재산 등이 있다.

북한에서 개인이 소유할 수 있는 재산은 실제 극히 한정되어 있다. 살림집, 가정생활에 필요한 가정용품, 문화용품, 그 밖의 생활용품과 승용차(민법 제59조) 등이 이에 속하며 이들은 상속도 가능하다(민법 제63조). 텃밭 이용에 의한 생산물은 개인소유인데 협동농장원들은 협동농장의 규약에

---

[3] 이상 박동삼, 앞의 책, 124쪽.

의해서 20~30평이 텃밭을 개별적으로 이용할 수 있고 거기에서 나오는 생산물을 개인소유로 할 수 있으나 텃밭 자체는 개인소유가 아니라 협동농장의 소유이다. 주택은 주로 국가가 지어 협동농장, 기업소 등에 공급하며 개인소유권도 인정하지만 그러나 실제로 개인소유의 주택은 극소수에 불과하다.

3 사상우위와 계획 및 명령에 의한 조정

북한은 주체사상을 바탕으로 하는 사회주의를 표방하는데 이를 실현하기 위해서는 사상과 행동의 일심단결이 필요한 것으로 되어있다. 여기서 '사상의 일심단결이란 혁명대오 안에 그 어떤 이색적인 사상요소도 없이 오직 하나의 사상만이 유일하게 차 넘친다는 것'과 '전체 인민이 수령의 사상과 의도대로 한사람같이 움직인다'는 표현으로 주체사상과 유일체계를 연결하고 있다.

특히 1967년 이후 주체노선을 국가 활동의 지침으로 정한 북한은 사상에서의 주체, 정치에서의 자주, 경제에서의 자립, 국방에서의 자위 등 4대 원칙을 국정의 기조로 삼고 1980년 10월 제6차 당 대회에서는 온 사회의 주체사상화를 선언했다. 이때 사회주의 경제건설을 위한 새로운 노선으로 도입된 것이 '인민경제의 주체화, 현대화, 과학화'이다. 그중 인민경제의 주체화란 '자기나라의 자원과 자기나라의 기술에 의거하여 자기나라의 실정에 맞는 경제를 건설, 발전'시키는 것이라고 하였다.

북한이 주창한 3대 지도원리의 하나인 사상우선의 원칙은 첫째, 지도를 통하여 공산주의 혁명가를 만드는 사상개조가 선행될 것을 요구하고 둘째,

모든 활동을 당의 노선과 정책으로 무장하는 '정치우선의 원칙'을 지키도록 하고 있다.

북한경제의 체제적 특성 중 빼놓을 수 없는 요소가 중앙집중식 경제계획이다. 시장경제에서의 경제주체는 민간기업과 소비자이지만 북한에서 경제계획과 행위의 주체는 수령, 당, 군부 등이며 개인은 경제적 자율권을 갖지 못한다. 경제학적으로 표현하면 미시질서가 존재하지 않는다. 모든 경제적 행위는 수령의 교시, 당 중심의 정책결정, 군부집단으로부터 영향을 받을 뿐만 아니라 정책 자체가 이데올로기에 의해 지배를 받는다. 1972년 사회주의 헌법 채택 이후 '조선노동당의 주체사상을 자기활동의 지도적 지침으로 삼는다'고 규정하여 이념의 우위를 분명히 하고 있다.

경제가 성숙도를 더할수록 분업이 심화되고 생산과 소비의 주체가 분리된다. 이에 따라 수많은 경제주체 또는 단위 간의 조정문제가 제기되는데 북한에서는 이 조정문제가 노동당의 단계별 '경제관리'에 의해서 이루어진다. 우선 중앙에서는 노동당위원회 비서국과 정무원이 계획과 관리를 담당하고 지방에서의 관리는 각급 당위원회와 행정기구에 의해서 이루어진다. 행정기구에는 인민위원회, 행정위원회, 농촌관리위원회, 협동농장위원회 등이 모든 생산활동에 대한 관리를 하며 감독은 국가계획위원회를 중심으로 이루어진다.

4 주체사상과 주민동원을 통한 성과유인

사회주의 생산방식이 갖는 가장 큰 한계는 성과유인의 결여인데 북한은 '혁명적 군중노선'을 통해서 이 한계를 극복하고자 한다. 이는 교양과

학습으로 혁명사상의 무장을 통해 성과를 유인하는 것이다. 북한이 말하는 혁명에는 사상, 기술, 문화 등 3대혁명을 포함하는데 이를 지속적으로 수행한다는 '계속혁명'을 통해서 민족경제와 자립노선을 달성하려는 것이다. 이 목적을 당의 '영도적 역할'을 통해서 달성하기 위해서 대대적 대중동원을 활용한다. 대표적인 사례로 '천리마운동'이 있다. 노동력 동원을 통한 생산력 증대방안으로 추진되는 천리마운동은 전 산업에 예외없이 적용된다. 공업부문에 적용되는 '대안 사업'체계나 농업부문에서의 '청산리방식'도 결국은 또 다른 이름의 민중동원이다.

주체사상은 역사의 주체가 개인이나 특정 계급이 아닌 '인민대중'이라는 전제에서 출발하는데 이러한 사상을 실현하기 위해서 생산수단의 사회주의 소유제도와 지도의 필요성 등 두 가지 전제조건이 요구된다. 그중 지도의 필요성은 '자주적 입장, 창조적 방법' 그리고 '사상우선'이라는 '지도원리'를 유도한다. 자주적 입장 중 중요한 것이 경제에서의 자립인데 '경제가 남에게 예속되지 않고, 자기 나라 국민의 힘에 의해서 자기 국민의 요구와 이익을 위하여 관리 운영되며 자기 나라의 자연 자원과 구체적 조건에 맞는 경제를 건설'하는 데 있다.[4]

여기서 유의할 점은 경제의 운영도 주체사상에 입각해서 이루어지기 때문에 경제논리가 아니라 주체의 영도 방법이 이를 대신한다는 점이다. 따라서 '인민대중에 대한 지도'가 매우 중요한 위치를 점한다. 지도란 당과 대중들 사이의 '상호 신뢰'를 바탕으로 당의 노선과 정책에 대중을 동원할 수 있는 능력을 의미한다. 그리고 영도의 주체는 다름 아닌 '수령'으로

---

[4] 이상만, 「북한경제와 남북경제통합」, 『통일경제론』, 형설출판사, 1994년, 54쪽 참조.

'모든 문제를 수령의 유일적 영도 밑에서 풀어나간다'고 하며 영도 체계는 당, 국가기관 및 근로단체로 규정하고 있다. '보이지 않는 손'에 의한 조정이나 '자기 이익을 위한 자기노력'을 통한 효율성 제고가 아니라 인민대중을 움직이는 방법이라고 규정된 '영도예술'이 경제의 효율성을 제고시키는 수단으로 이용된다.

생산수단이 사회화된 경제에서는 그것을 계획하고 관리하는 기구의 기능과 관리방식이 결정적인 역할을 한다. 북한의 경제가 경제논리가 아니라 정치와 군사논리, 그리고 사상의 볼모로 잡혀있다는 사실은 경제가 당의 집체적 지도와 획일성, 집단화, 관료화, 군부세력 등의 권력에 의해서 '관리'되고 있는 경제관리 체계의 구조에서도 확인된다. 북한의 경제관리 방식은 김일성의 표현에 의하면 정치적 지도와 경제기술적 지도, 국가의 통일적 지도와 매개단위의 창발성, 민주주의와 유일적 지휘, 정치도덕적 자극과 물질적 자극을 옳게 결합시키는 것이다.[5] 모든 단위가 밀접하게 연결되어 하나의 유기적인 통일체를 이루고 있는 만큼, 전 사회적 규모에서 계획적으로 관리 운영되어야 하고 그러자면 경제에 대한 국가의 통일적 지도가 필요하다는 것이다.

북한의 총 노선인 천리마운동은 경제, 문화, 사상, 및 도덕의 모든 분야를 포괄하는 전 국민의 일대 혁신운동으로 추진되고 사회주의 건설을 촉진하는 강력한 추진력으로 이용하고 있다. 그러나 그 한계는 이미 수많은 북한 주민들의 기아상태에서 드러나고 있다. 자기이익을 위한 각자의 노력

---

[5] 김일성, "주체의 혁명적 기치를 높이들고, 공산주의 위업을 끝까지 완성하자", <월간조선자료>, 1988년 10호, 11쪽, 고승효 지음/이태섭 옮김, 『현대북한경제입문』, 1993년, 184쪽에서 재인용.

이 자연스럽게 전체의 이익으로 연결된다는 시장경제적 사고와 정면으로 배치되는 것으로 앞으로 남북 간의 체제통합의 심각한 애로로 작용할 것으로 예상된다.

5 연합기업소 중심의 공업관리체계

인민경제의 중심적 지위를 부여받고 있는 북한의 공업은 어떻게 관리되는가?

1946년 8월 중요 산업의 국유화를 계기로 사회주의 공업관리체계는 각 부문별 성(省)의 증설, 당과 기관의 지도강화, 관리요원의 독려 및 증산 캠페인 등 여러 가지가 배합되어 개선이 시도되었다. 그러나 각 공장단위 독립채산제와 '지배인 유일관리제'라는 기본원칙에는 변함이 없었다. 이 제도는 국유화가 완성된 직후, 공업생산력이 낮고 관리요원들의 자질이 부족할 때는 어느 정도 성과가 있었다고 한다. 그러나 공업 규모가 확대되고 기업소 간의 연관관계가 복잡해지면서 한계를 보였다. 이에 새로운 관리체계로 대두된 것이 '대안의 사업체계'이다. 이는 '계획성과 통일성을 강화하는 한편 근로 대중의 광범한 참가를 보장'하여 사회주의 경제관리의 본질적 요구를 충족시킨다는 것이다.

'대안의 사업체계'는 1961년 12월 대안전기공장에 대한 김일성의 현지지도를 통해서 그동안 농업관리에 적용되던 '청산리방식'을 공업관리에 적용시킨 관리방식이다. 경제관리에서도 대중노선을 구현하려는 취지에서 도입된 이 관리체계는 내용면에서는 공장 당위원회를 최고지도기관으로 하는 집단지도체계이다. '대안 사업체계'가 도입되면서 중앙집권화가 전보다 더욱 강화되었다. 이는 관리와 운영에서 통일적인 계획성을 더욱 강조한 때문이다.

차츰 공업 규모가 커지고 산업부문 간, 지역 간 그리고 기업 간의 수급관계가 복잡해지면서 기존의 지도체계가 한계를 보이자 새로운 관리체계의 필요성이 대두되면서 등장한 것이 '연합기업소 체계'이다. 이는 '원료, 연료를 생산하는 기업소들과 그것을 이용하는 기업소들로 이루어진 하나의 거대한 공업생산 유기체'라고 정의된다. 연합기업소란 동구 사회주의 국가의 콤비나트와 비슷한 취지에서 주로 규모의 경제와 통제의 용이성 때문에 도입된 것으로 보인다.

북한의 기업형태는 크게 국영기업소, 연합기업소(聯合企業所), 국영농목장의 세 종류로 나눌 수 있다. 그 중 연합기업소가 중심적 역할을 하는데 1985년부터 기간 공업을 연합기업소 형태로 재편하기 시작하였으며 1986년에는 이미 120여개의 연합기업소가 있었고 이 중 61개는 중앙, 59개는 지방의 관할로 배치되어 있다. 연합기업소는 다시 다음과 같은 3가지 형태로 구분된다

1. 중심적 모기업체와 연관된 공장이나 기업소 간에 조직된 형태, 예를 들면 제철소와 광산 및 운송회사 간의 연합
2. 일정지역 내에서 조업하는 동종기업 간의 연합
3. 전국적으로 분포되어 있는 전문화, 협업화 기업 간의 연합, 예를 들면 공장기계 생산업체와 기계부품을 만드는 공장 간의 연합 등.

이들 연합기업소들은 계획단위, 생산단위, 집행단위로서 기능상 하나로

연계되어 대부분 2중의 독립채산제, 즉 연합기업소 전체수준에서의 채산과 그 산하 단일기업소 수준의 채산을 각기 따로 산출하여 분배에 반영한다.

연합기업소의 수는 1985년 이후 꾸준히 증가했는데 이는 기업조직 확대와 관료주의 비효율성을 최소화하고 규모의 경제와 기술개발을 촉진하며, 전문화의 이익을 도모할 수 있는 체제라고 본 때문이다. 연합기업소 산하 기업소들은 모기업의 일부로 자체적인 생산과 경영보다는 모기업의 지시와 평가를 받는다. 연합기업소는 자체적 자재조달을 위한 상사와 운송기관도 갖고 있다.

6 협동농장 중심의 농업관리체계

북한의 모든 농지는 협동단체 또는 국가 소유이며 경영의 주축은 협동농장이다. 북한 농업의 발달과 그 관리체계를 이해하기 위해서는 먼저 1946년의 농지개혁을 알 필요가 있다. 북한은 1946년 3월 5일에 '토지개혁에 관한 법령'에 의하여 토지개혁을 단행했는데 핵심은 농지개혁이었다. 토지개혁의 목표는 일본인 및 조선인 지주의 토지를 몰수하고 소작제를 철폐하여 농지를 실제 농민에게 분배하는 데 있었다. 김일성의 '토지개혁의 기본원칙'에 따르면 '…일제놈들과 그 앞잡이인 친일파, 민족반역자들의 토지와 5정보 이상을 가진 지주의 토지, 그리고 자기가 경작하지 않고 남에게 소작을 주는 모든 토지를 몰수 대상으로 규정'한다고 밝혔다.[6] 몰수한 토지는 농민에게 분배하고 분배된 토지는 토지대장에 등록함으로서 분배받은 토지의 매매, 저당, 소작을 금지시켰다.

토지개혁이 일단락된 후 곧바로 여타 재산에 대한 국유화 작업이 시작되었는데 1946년 8월에 산업, 철도, 운수, 체신, 은행 등의 재산이 국유화되었고 토지개혁과 국유화 조치는 1946년 9월 8일 공포된 북한의 헌법에 의하여 추인되었다(1948년 헌법 제5조 및 제6조). 이 헌법에서는 아직 토지의 사적 소유를 일부 인정하고 토지 소유의 최대 한도는 지역 및 조건에 따라 5 내지 20정보로 한다고 헌법(제6조)에 규정되어 있었다.[7] 1954년부터 사회주의 초기단계의 제도가 정착되었는데 이때에 농업이 집단화되고 분배는 노동의 기여도에 따라 이루어졌다. 이 단계를 거친 다음 1958년부터 토지를 포함한 모든 생산수단은 협동조합 소유로 이전되고 노동에 따라서만 분배되며 토지의 사적 소유는 전면 폐지되었다.

공업기업에 적용되던 '생산에 대한 기술 지도를 강화하여 기업의 모든 경영활동을 계획화하고 조직화하는 것'을 농업에도 적용하여 농업관리체계의 근간으로 삼았다. 1960년 2월에 도입한 청산리방식은 김일성이 청산리 협동농장에서 실시한 현지 지도에서 비롯된 것인데 이는 '그때까지 주로 개인 경영을 대상으로 하던 지방 기관의 낡은 지도체계와 사업방법을 사회주의 경영의 지도에 맞는 새로운 체계와 방법으로 전환시킨' 것이다.

---

[6] 단 학교, 병원소유지, 독립유공자 가족의 소유지, 민족문화발전에 특별한 공이 있는 자와 그 가족의 소유지는 몰수대상에서 제외하였다. '기본원칙'에 천명된 '친일파나 민족반역자'는 구체적으로 일제당국에서 공작, 후작, 남작 등 귀족의 칭호를 받은 자와 일진회, 일심회 등 친일단체에 관련자를 지칭하며 '지주'란 봉건사회 및 자본주의 사회에서 자기가 일하지 않고 토지를 농민에게 소작을 주어 지대를 받는 모든 반상계층을 말한다. 이상은 손전후, 『토지개혁경험』, 평양, 사회과학출판사, 1983년, 42~43쪽을 신재명, 「북한토지정책의 전개과정과 특징」, 『북한』 1991년 10월호, 129~144쪽에서 재인용.

[7] 이상 김상용, 42~43쪽 참조.

혁명적 군중노선이라 불리는 '청산리방법'은 첫째, 군 협동농장 경영위원회가 협동농장을 주도하는 '집체적 합의제'이며 둘째, 계획, 생산, 기술지도체계나 생산보장체계 등의 조직기구가 '생산현장 속으로 깊이 들어가 위가 아래를 도와주는' 체계이고 셋째, 협동농장의 생산·경영활동에서 제기되는 기술·경제적 문제들이나 생산자 대중의 요구가 제때에 해결될 수 있도록 군 협동농장 경영위원회가 도와준다는 것이다.

여기에서 알 수 있듯이 군 협동농장 경영위원회의 역할이 매우 중요하다. 1961년 12월에 설립된 군 협동농장 경영위원회는 국가소유의 물적 기술적 수단들과 기술역량, 그리고 협동농장 소유의 생산수단과 노동력 등을 통일적으로 장악하여 이용할 수 있는 단일 지휘체계의 수립으로 이어졌다. 그 결과 '국가적, 전 인민적 소유'의 비중이 커지고 '협동적 소유의 사회화 수준이 현저하게 높아지면서 전 인민적 소유에 더욱 가까워졌다.' 이 방식에 의해서 첫째, 리(里) 인민위원장이 협동농장 관리위원장을 겸함으로써 행정단위와 생산단위가 결합되고 둘째, 소비조합, 신용조합 등 모든 농민단체가 협동조합에 통합되어 생산 및 소비에 대한 포괄적인 기능이 단일체계로 묶였다. 셋째, 이로써 협동조합이 교육, 문화, 후생을 포함한 구역 내 모든 경제생활을 총괄하여 생산, 분배, 소비가 단일 계획에 의해 수행되게 되었다.[8]

---

[8] 자연부락을 중심으로 형성되었던 농업의 집단화는 효율적인 운영을 위한다는 명분하에 1958년 10월에 里 단위로 통합되었다. 이때의 총 조합 수는 3843개였으며 평균 농가는 약 300호, 농장규모는 대략 500정보였다고 한다. 리 단위의 협동농장 관리위원장은 리인민위원장이 겸직하도록 하여 협동농장은 자연스럽게 리 내에 전체생활체계(정치, 경제, 문화, 교육 등)를 총괄하는 기구로 발전되었다. 좀더 자세한 것은 박동삼, 「북한의 집단농장과 통일이후의 토지문제」, 『월간 북한』, 1993년 10월호, 122쪽 및 김상용, 위의 책, 44쪽 참조.

북한 개방유도 전략*

최근(1993년) 북한체제의 갑작스러운 붕괴 사태에 대한 대응책을 한·미·일 3국간에 작년부터 협의 중이라는 외신보도가 있었다. 비록 공식 부인이 있었으나 이러한 보도를 접하면서 그동안 우리의 대북정책이 잘못된 방향으로 가고 있지 않는가 하는 걱정이 앞선다. 실제로 한-미 간 및 우리의 각 부처 간에도 의견의 불일치가 있는 것으로 알려져 있고 또 우리 정부는 그동안 여러 이유로 경협에 유보적 입장을 취하고 있다. 거기에는 핵문제 외에도 가만두면 금방 쓰러질 운명인 북한체제의 명을 구태여 남한이 경협을 통해서 연장시킬 필요가 있는지에 대한 반론도 작용하는 듯하다.

먼저 이러한 사고방식은 몇 가지 관점에서 위험을 내포하고 있음을 지적하고자 한다.

첫째, 갑작스러운 북한의 체제붕괴는 우리가 감당하기 힘든 혼란을 동반한다.

둘째, 준비 없는 상황에서 북한 체제붕괴는 열강들의 틈에서 통제 불능의

---

* “북한 개방유도 전략”, <세계일보> 세계시평, 1993년 3월 9일.

상황으로 끌려가 또 다른 민족의 불행을 초래할 위험이 크다.

셋째, 설사 통일이 된다고 하더라도 남북 간의 동질성 회복이 안된 상황에서 과연 국토만이 아닌, 진전한 민족의 통일이 달성될 수 있을지 극히 불확실하다.

진정한 의미의 민족통일은 어떻게 앞당길 수 있는가? 먼저 광범위한 민족동질성 회복작업이 선행되어야 한다. 그러려면 남북한 주민들이 서로를 객관적으로 알 기회가 커지고 특히 북한이 폐쇄성을 탈피하여 주민들이 남한뿐만 아니라 외부 세계를 직-간접적으로 체험하는 기회가 주어져야 한다. 폐쇄적인 국가의 국민들이 상대적 빈곤감을 느끼기 시작하면 체제의 지탱이 어렵다는 사실을 우리는 동유럽 국가들의 경험에서 배웠다. 빈번한 인적 교류, 동서진영 간의 활발한 교역과 경협, 문화 및 학술교류, 언론 매체의 상호교환 등은 동유럽 사회주의 국가의 국민들에게 동서진영 간의 물질적-문화적 및 정치사회적 차이가 얼마나 큰지를 알게 해주었다. 실상의 비교가 가능하고 이를 통해서 자신들의 상대적인 빈곤감을 절감하도록 한 것이 체제붕괴의 도화선으로 작용했었다.

북한사회의 폐쇄성은 전례가 없을 정도로 심함을 우리는 알고 있다. 북한 같은 폐쇄사회에서 주민들은 빈곤의 하향평준화 때문에 대내외적으로 상대적 빈곤감을 느낄 여유가 없다. 외부 정보가 차단된 상태에서 가상의 적을 설정하고 지속적인 공포분위기를 조성하여 체제를 유지했던 과거 동유럽 국가들의 경험이 시사하는 바를 바로 알자.

북한체제의 변화는 단지 북한의 경제사정이 극도로 악화되었을 때가 아니라 그들이 상대적 빈곤감을 느낄 수 있을 때에야 기대할 수 있다.

그들의 처지가 국내적으로는 물론 국제적인 비교에서도 얼마나 비참한지를 알 기회가 없기 때문에 북한 내부로부터의 변화를 기대하기가 어렵다는 말이다.

북한주민들은 언제 상대적 빈곤감을 느낄까? 그것은 그들에게 외부와 접촉할 기회가 주어져야만 가능하다. 이산가족의 상호방문 등 활발한 인적 교류 촉진이 우선적 방법이겠지만 북한당국이 이를 거부하는 현실에서 물자교류라도 활발해야 하지 않겠는가.

지금까지 이루어진 경협은 일부 임가공을 포함한 간접교역뿐이고 그 효과도 매우 제한적이다. 따라서 직교역의 길을 트는 노력이 절실히 요구된다. 다만 남북 간의 경제적 격차와 북한의 산업구조상 획기적인 교역의 증대를 기대하기는 힘들다. 따라서 교역보다 한 단계 높은 생산 협력이 하나의 대안으로 떠오른다.

북한은 최근(1993년 초 현재) 외국 자본과 투자를 겨냥한 제반 법 체제를 정비하고 특히 남한으로부터의 투자와 기술 협력도 환영한다는 입장을 누차 천명한 바 있다. 정치체제는 폐쇄적으로 유지하면서 부분적 경제개방으로 외부 자본을 유치하여 경제난을 극복하고자 하는 북한의 전략은 이미 알려진 것이다. 그렇다고 남한의 입장에서 이러한 전략을 방해하면서 저절로 무너지기만을 기다릴 것이 아니라 오히려 십분 활용하여 북한 경제와 사회를 개방으로 이끄는 접근 방법을 택하는 지혜가 아쉽다.

북한과의 적극적 경협이 꼭 북한 체제를 도와주는 것이라 보는 것은 단견이다. 경협은 북한 땅에 시장경제적 요소를 파급시키는 첩경이며 시장경제적 요소는 북한체제를 서서히 개방으로 유도하는 '해독제' 역할을 할 것이기 때문이다.

북한이 바라는 남북 간의 협력은 남한의 자본, 기술 및 경영방식과 함께 전문 인력의 파견으로 파악된다. 이는 남북 간의 인적 교류와 접촉으로 연결될 것이다. 처음에는 접촉 범위가 한정되어 그 파급 효과가 제약적일 수 있다. 그러나 접촉 범위가 계속 한정적으로 머물 수만은 없다. 시장경제적 사고와 행태가 공업단지 혹은 생산현장 내의 근로자 자신을 비롯해서 가족, 친지, 지역사회 등으로 퍼져나가면 그 파급 효과는 확산될 것이다. 폐쇄된 사회일수록 이러한 접촉의 파급효과도 크게 마련이다.

이러한 과정을 통해서 정보의 확산과 분위기의 변화는 북한주민들의 남한사회에 대한 인식의 전환을 가져오고 외부 세계에 대한 인식이 바뀔 때 북한의 체제변화를 기대할 수 있다. 남북한 주민 사이에 의식의 이질성이 점차 해소되면 갑작스러운 체제붕괴 대신 북한의 체제전환을 유도해낼 수 있다. 통일은 그 다음의 문제인 것이다.

'통일'을 너무 큰소리로 외치지 말자. 통일이 지상 과제라고 구호만 외쳐보았자 이산가족의 재회가 이루어지는 것도, 우리의 국력이 커지는 것도 아니다. 통일을 앞당기는 준비와 함께 통일을 감당할 능력을 배양하는 것이 더 급한 일이다. 남북 간의 동질성이 회복되면 통일은 저절로 우리에게 다가올 것이다. 통일을 앞당기는 돌파구는 적극적인 경협에서 찾을 때가 왔다.

서독이 동독을 흡수하겠다는 통일정책은 있어 본적이 없다. 서독이 오히려 단일 민족이라는 이유 때문에 동독이라는 '세기적인 부실기업' 하나를 억지로 떠맡았다는 표현도 결코 과장만은 아니다.

북한의 자구노력을 지원하는 남북경협 방안*

동일민족이 상이한 체제를 유지 운영함으로써 발생하는 이질화의 문제는 경제운용방식, 소비생활과 가치관, 재산제도와 자원배분 방식의 차이를 극복하고 체제를 전환 또는 통합을 하는 등 다차원적 과제를 동반한다.

남북 간의 경제 및 체제통합이 점진적으로 일어난다고 전제할 때 그 과제는 장기적일 수밖에 없다. 이를 촉진하기 위해서는 첫째, 북한이 개혁과 개방을 통해서 시장경제로 전환하도록 유도 둘째, 북한주민들이 시장경제에 적응하도록 생산, 유통, 소비, 저축 등에 대한 자유시민으로서의 소양을 갖출 기회를 제공 셋째, 북한이 당과 정부조직 및 군대 위주로 운영되는 경제에서 탈피하여 시장경제적 기업인이 생성되도록 유도하는 등이 동시에 모색되어야 할 것이다. 이러한 목표를 실현시키는 도구는 현 단계에서는 남북 간의 경제협력이 유일한 것으로 보인다. 인도주의적 차원의 지원, 민간기업 중심의 남북 간 경제협력, 공공협력사업 등 모든

* 「동질성 회복을 위한 남북한 경협추진 방안: 통일을 위한 사전준비로서의 경협」, 『통일경제연구회 창립 1주년 기념 통일경제토론회 발표논문집』, 1994년 3월 15일, 3~17쪽.

종류의 동시다발적인 경제협력은 많은 비용을 요구하고 장애요인 또한 작지 않을 것이다. 그렇더라도 민족의 평화와 번영을 위하여 포기할 수 없는 미래에의 투자라고 보아 타당하다.

이처럼 남북 간 경제협력의 당위성은 매우 크다. 그러면 이를 활성화하기 위해서 무엇이 필요하고 어떤 방법들이 있을까?

1 제도 정비와 지원체계의 강화

첫째, 관련 제도나 장치의 마련 및 정비가 요구된다. 여기에는 청산결재 방식의 도입, 투자보장, 이중과세방지, 분쟁조정절차 등에 대한 협약의 조속 발효, 그리고 특허권이나 상표권 등 재산권 보호 등에 대해서도 법적・제도적 장치가 필요하다.

남북교역 참여 업체가 대부분 중소기업인 점을 감안, 중소기업정책자금(중소기업구조조정자금)의 일부를 대북경협사업체에 지원하는 방안, 임가공 교역을 위한 원부자재 구입에 대한 부가세 면제 등 세제지원과 아울러 대북사업에 대한 보험혜택을 부여하는 방안이 포함된다.

둘째, 금융・세제상의 지원 등 남한 기업의 대북 진출 지원을 위한 시스템이 구축되어야 한다. 과거 동서독 간의 무역수지 불균형에도 불구하고 교역을 지속시켰던 신용공여(swing)제도를 참고, 남북 간에도 이러한 제도 마련이 바람직해 보인다. 또한 수출보험공사의 '시장개척보험'이나 '해외투자보험' 대상에 대북경협사업도 포함시키는 등의 조치도 검토해 봄직 하다. 그 외에 물류비 지원과 함께 민간기업의 해운, 항로 개설을 위한 금융 세제상의 지원방안도 강구되어야 한다.

셋째, 남북경협을 위해 남북경협기금을 탄력적으로 활용할 필요가 있다. 1990년 8월 1일 제정된 '남북협력기금법'에 의해 설치된 남북협력기금은 원래 민간경협은 지원 대상에서 제외되었다. 그러나 1999년 10월 남북교류협력에 대한 남북협력기금 지원방침을 마련, 민간기업의 대북사업도 지원할 수 있는 길을 열어놓았으며 2003년 5월 현재 약 3조5000억 원 정도 기금이 조성되었다. 그러나 그 적용 범위가 매우 제한적이어서 실질적 도움이 되도록 탄력적 운용을 위한 제도 정비가 필요하다.

2 통합촉진을 위한 사회간접자본 망의 연계

한반도의 경제협력 중 사회간접자본의 연계는 하나의 중요한 과제 영역이다. 여기에는 개성공단 등 중소기업을 위한 공단조성, 철도, 항만, 도로, 항공로의 연계, 에너지개발과 송배전시설의 연결, 통신시설의 연결과 확충, 공동수자원개발 및 수방대책사업 등 실로 광범위한 사업들이 포함된다.

2003년 6월 15일 비무장지대를 관통하는 남북 간 철도연결식이 거행된 바 있다. 그러나 아직 아무런 운행 실적이 없다. 육로관광을 위한 도로개설은 나름대로의 진전을 보았지만 임진강 공동수방대책, 전력공급과 철도연결 및 공동개보수작업은 논의만 무성할 뿐 별 진전이 없다. 남한이 동북아 경제중심국가로 부상하기 위한 전략과 연계, 북한을 동북아 물류중심의 한 중추로 발전시키기 위해서는 이러한 사업이 성사되어야 한다. 더 나아가 통신망 현대화사업(민간기업이 담당), 공단개발(다수 기업의 컨소시엄), 농업구조개선(관 · 민 합동 추진) 등도 고려될 수 있을 것이다.

이질적인 체제 하에서 경제협력 사업을 할 때에 당사자 간에 분쟁이 발생할 수 있다. 이런 경우를 대비해서 분쟁을 해결할 수 있는 남북한 공동기구 설립이 필요할 것이다. 만약 남북한 당국 간에 중재가 어려울 경우 국제상업회의소(ICC) 산하 국제중재법원을 통해 해결하는 방법도 있으나 '중재판정의 승인 및 집행에 관한 뉴욕협약'에 북한이 적극 가입하도록 유도하는 것도 한 방법이다.

또 남북 간 현안과 과제 개발을 위한 공동협의조정기구로 '남북경제공동위원회' 또는 유사기구의 모색도 필요하다. 가능하면 쌍방 간의 해결장치를 마련하는 것이 최선이기 때문이다.

참고로 독일이나 대만의 경험에 따르면 정부 간의 직접접촉이 거북한 상황에서 경제교류를 원활하게 하기 위한 장치로 비정부 중개기관을 설치, 소기의 목적을 달성하였다. 그 중 서독은 동독과의 교역과 협력창구로 공상신탁관리소(Treuhandstelle für Industrie und Handel)를 활용하였고 대만은 대륙과의 교류를 위해서 1991년 3월 정부와 민간이 공동 출자하여 비영리 재단법인 형태의 해기회(海基会)를 설립, 운영하고 있다.

대만과 독일의 사례를 참조, 민간과 정부가 출연한 대북경협 추진기구의 결성, 기업의 북한진출과 관련한 제반 업무와 창구 역할을 수행할 체제가 필요할 것이다.

3 북한의 자구노력 지원

대북교역은 외형상 꾸준한 증가를 보여 왔으나 간접교역이 주를 이루고 또 반입이 큰 비중을 차지하고 있다. 비정상적 결제방식, 운송로 미비와 높은 물류비용, 투자안전보장협정과 2중과세 방지협약 등의 미 발효, 분쟁중재 장치의 미비 등이 계속 장애요인으로 작용하고 있다. 더구나 교역장애요인의 제거에 대해서 남한은 요구하고 북한은 거부하는 입장으로 일관하여 남한 측의 많은 노력에도 불구하고 지금까지 별다른 진전이 없다.

이러한 점을 감안, 북한의 문호개방만을 지속 요구할 것이 아니라 북한의 경제주체가 남한시장에서 교역, 투자하고 남한의 각종 프로젝트에 참여하는 등 북한기업에게 남한에서 사업할 기회를 제공하면 북한이 좀더 적극적이지 않을까 기대해 본다. 이제 발상의 전환이 필요한 시기가 아닐까?

북한에게 남한 진출기회를 제공하는 것은 북한이 수동적인 자세에서 벗어나 능동적인 경제주체가 되도록 하여 남북교역을 한 단계 발전시키자는 취지이다.

빈곤의 탈피는 무상 원조가 아니라 자조 능력 제고가 더욱 중요한데 의런 의미에서 '교역을 통한 원조(aid by trade)' 전략이 남북 간의 경협에 적용하는 것이 필요하다고 본다. 즉, 북한의 특산물, 수공예품, 천연건강식품 등을 판매하는 '북한상점'을 남한에 열어 북한사람들이 직접 운영하게하고, 그 외에 북한 음식점이나 북한의 문화상품들, 예를 들면 그림, 조각, 도자기 등의 판매도 초기 단계에 성공가능성이 커 보인다.

4 남북경협의 추진 원칙과 방향

그럼 남북경협은 어떤 식으로 추진되어야 하는가? 지금까지의 논의를 바탕으로 몇 가지 원칙을 정리하면 다음과 같다.

첫째, 동시 다발적으로 추진되어야 한다.

남북경협은 실현가능성이 큰 사업부터 동시다발적, 다단계적, 그리고 점진적으로 추진하는 것을 원칙으로 한다. 이때에도 준수해야 할 세부 지침들이 있다. 즉, 국민공감대 형성을 바탕으로 재정부담 능력을 감안하여 상업적 사업은 민간경제계의 자율성을 존중하는 방식으로, 국제사회와의 공조체제하에서 일방통행 식이 아니라 북한의 대남 및 국제사회로의 진출을 촉진하는 방안도 동시에 추진한다.

둘째, 일관성과 합목적성 원칙을 준수한다.

남북경협은 긴장완화, 관계정상화 등 민족공영을 위한 목적에 부합하는 것이어야 한다. 이때의 세부 준수 사항은 경협의 지속 확대를 위한 체계적 종합계획과 구체적 실천방안(action plan)을 마련하여 수시로 변하는 상황논리보다 일관성 있는 장기적 접근을 우선한다.

셋째, 대북경협은 민・관・경제계 간의 역할분담을 통해서 실시한다.

역할분담은 인도주의적 지원, 기업차원의 협력, 공공사업 등으로 구분한다. 이때에 민간, 종교 및 사회단체는 인도주의적 지원을 무상으로 조건 없이, 기업과 경제단체는 수익성에 근거한 상거래나 투자 우선으로, 그리고 정부 및 공공단체는 남북 간 물리적 통합과 자원 및 사회간접자본 개발 사업에 집중하는 식으로 추진한다.

넷째, 정경분리 원칙 하에 점진적으로 추진한다.

단절 극복과 단일 경제권 유지를 위해 지속적으로 추진하는 것을 우선한다. 독일의 경험을 거울삼아 점진적으로 꾸준히, 그리고 안정적으로 추진하되 모든 것을 한꺼번에 해결하겠다는 조급증이나 지나친 기대를 한다든지 경협을 정치적으로 이용하려는 자세는 지양되어야 한다. 그보다는 범 정파적인 협조체제 하에 국제적 공조로 해결할 사안과 민족 자체 사안으로 구분하여 일관성 있게 추진한다.

5 결론

그 동안 추진해온 교류협력 정책은 나름대로의 역할을 했다. 대표적으로 교역과 위탁가공의 안정적 증가, 경제 및 사회문화 분야 교류협력 및 인적교류 확대, 분단비용 감소 등 많은 편익이 유발되고, 한반도의 긴장완화에 이바지했다.

비록 적지 않은 비용이 들었지만 남북경협은 장기적인 안목에서 사전준비를 통한 통일비용과 분단비용 축소, 분단에 따른 고통의 감소와 한반도의 미래가치 증대 등 통일편익의 사전 실현이라는 긍정적 효과가 있었다. 한마디로 **남북경협**은 민족경제공동체 구성의 필수 수단이다.

만약 법・제도적으로 통일이 된다고 하더라도 동질성회복의 과제는 여전히 남는다. 동서독의 경험에 비추어볼 때 사회주의 생산 및 분배방식에 젖어있던 동독주민들은 서독주민에 비해 욕구에 대한 자기통제가 부족하고 소득증대 노력과 소비결정 방식에서 덜 합리적인 것으로 파악된다. 통일이 되면 북한 주민들이 남한 내의 빈부격차를 보는 시각도 남한주민들과 다르겠지만 경제통합이 진행될 경우 남한주민들에 비해 열악할 수밖에 없는 자신들의 생활수준과 사회적 경제적 계층상승의 기회에 대해서도 상대적 박탈감을 가질 수밖에 없다.

획일적이고 경직된 사회주의 체제에 익숙한 동독주민들의 비타협성, 비적극성, 비자율성 등은 외부환경 변화에 거부적이고 정책에 비협조적인 반응을 보이는 것으로 나타났다. 경제활동 면에서 창조적 정신과 책임감의 부족, 경제적 자립보다 외부의 도움이나 지도에 의존하는 경향이 강하다.

남북 간 경제적 이질성 극복은 다단계적 과제이다. 상황인식, 경제적 유인과 책임에 대한 균형감각, 민주시민으로서의 소양에 대한 교육 등을 위한 사회 및 경제교육이 필요하다. 그러나 이러한 수단들은 통일 이후에나 활용 가능한 것으로, 당장 필요한 것은 먼저 현재 존재하는 남북 간의 경제・사회적 이질성이 고착되지 않도록 하고 다음으로 이러한 이질화가 더 이상 진행되는 것을 막는 일이다. 장기간의 분단과 상이한 정치 및 경제체제의 지배로 상실된 남북 간의 동질성을 회복시키는 일은 그 다음의 일이다. 이처럼 남북 간의 경제사회적 이질화 방지와 동질성 회복은 매우 복잡하고 장기적인 접근을 요하는 다단계적 과제임을 알아야 한다. 그렇다고 이러한 작업이 순차적으로 일어나야 한다는 주장은 아니다. 많은 일이 한꺼번에, 혹은 순서가 뒤바뀌어서 일어날 수 있는, 동시다발적인 접근을 요하기 때문에 그 과제는 더욱 어렵다고 할 수 있다.

통일에 앞서 분단의 고통을 감소시키는 데에는 대가를 요구한다는 사실을 인식하고 경협비용은 소모적인 경비가 아니라 한민족의 장래를 위한 투자라는 점을 국민들에게 홍보할 필요가 있다. 즉, 남북 간의 경협은 통일비용을 줄이기 위해서, 또 통일에 대비한 사전 준비를 위해서 활용할 수 있는 유용한 도구이다.

남북 간 경협은 가능한 것부터 동시 다발적으로*

남북한의 경제협력 당위성에 관해서는 많은 논의가 필요 없다. 북한을 고립에서 끌어내어 개방으로 유도해야만 민족분단의 벽이 허물어질 수 있다. 그 외에 남북간 경제구조가 상호보완적이며 제3국과의 교역과 협력에서 오는 애로와 손실을 상호협력으로 극복할 수 있을 것이다. 또한 통일에 대비한 남북한 경제통합 수단으로서의 경협도 당위성이 인정된다.

이러한 당위성에도 불구하고 객관적 여건은 결코 낙관적이지 못하다. 과거 남북한 모두가 많은 경협방안을 제시한 바 있지만 아직까지 아무런 진전도 없다. 실현을 위해서 노력하기보다는 정치적 공세와 역공세로, 혹은 상대방을 궁지에 몰고자 하는 일방적이고 선언적인 제안들이 지배적이었기 때문이다.

---

* 「蘇·中·日 을 통한 삼각경협부터 시작하라」, 『世界와 나』, 1990년 11월호, 70~74쪽.

1 추상성 못 넘은 남북한 경협제안

학계나 연구기관의 연구 수준도 이와 비슷한 평가를 면치 못할 것이다. 문헌을 조사해 보면 뜻밖에도 많은 연구실적과 정책보고서들이 존재한다. 그러나 그 내용이나 실용성 면에서 보면 실망스러운 것들뿐으로 남북한 당국의 제안이나 선언과 마찬가지로 추상적이고 관념적이다.

첫째, 목적-수단-효과의 상관관계에서 실현가능성과 조작성(操作性)을 가진 대안의 제시보다는 개괄적이고 추상적인 틀을 벗어나지 못하며 이상론이 빠져서 기술적 자유(어떻게 목적을 달성할 것인가)와 비용으로부터의 자유(어떠한 기회비용을 부담하면서)라는 오류를 범하고 있다.

둘째, 객관적이고 가치중립적인 자료와 여건에 근거한 정책대안의 제시보다는 당위성만을 강조하거나 비현실적 이론 전개에 그쳐서 탁상공론식 논의가 많았다.

셋째, 한편으로는 정치적 돌파구를 마련하기 위해서 경협을 적극 추천하면서 다른 한편으로는 경협이 실현되려면 정치적인 여건조성이 선행되어야 한다는 식의 순환논리에 빠지는 모순을 범하는 경우가 많다.

1988년의 '7·7선언' 후속조치로 마련된 그해의 10·7조치는 과거의 추상적이고 관념적인 틀에서 벗어나 정책수단으로서의 구체성과 조작성을 어느 정도 갖추었다고 평가된다. 10·7조치는 남북한 간 경제협력을 위해서 몇 가지 근본적인 원칙을 천명한 것으로 ①민간상사의 북한물자 교역을 허용한다 ②민간상사의 북한물자 중계를 허용한다 ③취급하는 북한제품에 원산지표시와 상표의 부착을 허용한다 ④직·간접적인 북한물자의 교역에 관세를 면제한다 ⑤남북 경제인 간의 상호접촉과 방문을 허용한다 ⑥북한에 적을 둔 상용선박의 국내입항을 허용한다는 등이다.

이 내용들은 우리의 과거 경험과 답답한 현실에 비추어 볼 때 정치적 목적에 앞서 경제적인 교류를 위한 하나의 돌파구로 볼 수도 있다. 그러나 일반 외국인의 눈으로나 혹은 지금까지 동서로 분단되어 있던 독일인의 시각으로 보아도 이상의 조치들은 너무나 당연하고 원칙적이기 때문에 그러한 것들이 도대체 어째서 필요하며 또한 무엇이 획기적인지조차 의문을 제기하지 않을까 생각된다.

우리에게는 매우 획기적으로 보이는 것이 제3자의 눈에는 너무나 당연하다 못해 유치하게까지 보이는 것이 우리의 남북관계이다. 이것이 우리의 현실이고 또한 현실이 이처럼 한심하기 때문에 남북한 간의 경협을 어떻게 실현시킬지에 대한 깊이 있는 연구는 더욱 절실하게 요구된다고 말할 수 있겠다.

이러한 상황인식 하에서 남북의 경협추진방안을 크게 다음과 같이 세 가지로 압축시켜 보고자 한다. 첫째, 소련, 중국, 일본 그리고 해외교포를 포함한 삼각경협. 둘째, 지역공동체와 국제기구를 통한 다자간의 남북경협. 셋째, 제한된 범위 내에서의 남북 간 직접경협의 가능성과 한계.

2 현실적 방안으로서의 삼각경협

남북경협은 말할 것도 없이 직접적이고 민간주도적인 협력이 가장 바람직하다. 그러나 분단의 현실에서 우선 실현 가능한 방안부터 검토가 요구된다. 남북한 간의 간접적인 경협방안으로는 크게 다음과 같은 방법을 들 수 있다.

첫째, 제3국의 중계를 통한 간접무역의 지속 확대 방안.

최근(1990년) 업계에서 큰 관심을 보이는 시멘트, 무연탄, 비철금속, 수산물, 민예품 및 수공예품 등의 협력은 남북의 경제구조상 상호 보완적이다. 뿐만 아니라 물자교류는 접촉기회 확대와 민족적 연대감 강화로 연결되어 동족 간 이질화 방지에도 어느 정도 도움이 될 것이다. 또 간접무역 규모가 커지면 자연히 직교역의 필요성에 대한 인식이 커지고 그에 따라 대금결제, 물자수송, 교역방식 등에 대한 협정체결로 연결될 가능성도 있다.

둘째, 남북 공동의 해외개발사업 참여.

현재 한국기업에 의한 만주나 시베리아의 개발이 활발히 논의되고 있다. 이 지역은 과거의 외교, 정치적 관계나 지리적 인접성으로 보아 북한과 밀접한 관계가 있다. 따라서 여타 해외투자나 개발사업과 달리 이 지역의 사업진출에는 합작 상대방과의 충분한 사전 조정을 통해서 북한이 소외감을 갖지 않도록 북한 참여를 유도하는 방안을 연구할 필요가 있다.

셋째, 남한의 해외투자 사업에 북한의 인력과 물자를 투입하는 방법.

자료에 따르면 북한은 60년대 말부터 소련, 아프리카와 중동에 노동력을 수출하고 있다. 또한 최근 보도에 의하면 우리 기업이 석탄이나 삼림개발을 위해 시베리아에 진출할 때 만주의 한인과 북한의 노동력을 적극 활용하기로 방침을 정하고 중・소당국과 원칙적인 합의를 보았다고 한다. 우리 측에서 직접 앞장서지 않고 현지 파트너가 북한당국과 접촉하여 인력을 조달하고 또 필요하다면 노무관리도 북한에 일임하는 등 주의를 기울인다면 성사될 가능성이 큰 것으로 기대된다. 이러한 시도가 성사되면 남한의 건설업체들이 해외에서 북한 인력을 활용함으로써 남북 간 접촉의 기회는 커질 것이다. 또한 경쟁력 있는 북한의 원자재나 가공품을 해외의 한국 업체가 구매하는 방법도 기대해볼만하다. 이때에도 처음 단계에는 구태여 남한 기업이 전면에 나서기보다 현지의 파트너나 상사를 중개인으로 활용하는 등의 배려가 요구된다.

넷째, 중·소·북한 간 변경무역지에 한국 상사가 진출하는 방법.

소련은 아시아·태평양국가들의 투자유치를 위해서 블라디보스토크와 나호트카를 경제특구로 지정한 바 있다. 또한 블라고베시챈스크는 중국 헤이룽장(黑竜江)성의 헤이허(黑河)시와 접하고 있는 변경무역도시이다. 최근 한·소 수교에 따라서 북한과 소련의 관계가 냉각되기는 했으나 북한의 경제는 교역이나 자본협력 면에서 소련에의 의존도가 크기 때문에 경제적인 관계단절은 일어나지 않으리라고 보인다. 최근(1990년 10월 현재) 한·소 간의 교역량 급증과 활발한 합작투자사업을 감안하면 소련과 북한 간의 변경무역도시에 한국 상사가 진출하여 남북한 간의 간접교역을 촉진시키는 방안이 적극 고려된다.

중국과 북한 간의 교역규모는 북한과 소련의 그것에는 못 미치지만 한·소 수교로 인하여 북·중 간의 경제 관계는 더 긴밀해질 가능성이 크다. 북·중 간 변경무역이 큰 역할을 하는데 대표적으로 랴오닝(遼寧)성의 단둥(丹東)시와 평안북도의 신의주, 지린(吉林)성의 투먼(図們)시와 함경북도의 남양시, 지린성의 지안(集安)시와 자강도의 만포시 사이 등을 들 수 있다. 또한 북한도 두만강 유역에 있는 합산도(哈山島)에 경제특구를 건설하여 중국·소련과의 교역 및 투자유치를 꾀하는 것으로 알려졌다. 한·소 간의 교역이 1989년에 약 6억 달러에 이른 반면 한·중 간의 교역은 이보다 훨씬 많은 약 32억 달러인 점을 감안하면, 그리고 앞으로 양국 모두 우리와의 교역규모가 대폭 증가할 것을 고려한다면 북한과의 접촉이 용이한 중국과 소련의 여러 변경 무역지를 적극 활용하는 방안이 모색되어야 하겠다.

다섯째, 해외교포를 통하여 경협을 추진하는 방법.

북한은 외국의 자본과 기술을 유치하기 위해서 1984년 9월에 합영기업법(合営企業法)을 제정하고 1985년에는 그 후속조치로 관련 소득세법과 시행세칙을 발표한 바 있다. 1986년에는 특히 조총련계 상공인의 투자촉진을 위해서 조선국제합영총회사와 1989년에 조선합영은행을 설립하였다. 그 동안 부진했던 수출촉진을 위해서 여러 수출 진흥책과 일부 규제완화조치를 취하기도 하였다. 보도에 의하면 1989년 말 현재 조총련 상공인에 의한 합영 계약이나 합의건수는 98건이며 그 중 조업을 개시한 것은 42건이다. 그 외에 소련, 중국, 프랑스 및 재미교포의 추진 사례가 있으나 대부분 취소되거나 협의단계에 있다. 이로 미루어 북한의 '합영'은 전적으로 조총련계 교포에 의존하는 실정이고 그 성과도 매우 제한적이다.

북한은 해외자본 유치를 계속 추진할 것으로 보이므로 직접적인 진출이 불가능한 현 시점에서는 해외의 교포사업가들을 통한 간접진출이 연구해 볼 과제이다. 북한과 일본 간의 국교 정상화 논의가 시작되고 또 식민지 피해보상에 따른 일본의 자금이 북한에 제공되는 것을 계기로 조총련계뿐만 아니라 여타국의 해외교포들의 북한 진출가능성도 커질 것으로 판단되기 때문에 전망이 비관적이지만은 않다. 이때의 고려대상은 비단 시설투자만이 아니고 북한제품을 해외에 판매하는 교역활동까지를 포함하게 된다.

남북 간에 직접적인 경제협력이 어려운 현실에서 남북 간에 중국, 소련, 일본, 그리고 해외 교민을 통한 삼각경협 등이 논의되었다. 그리고 제시된 방안들은 주로 기업 차원에서의 접근방법이었다. 그러나 세계적으로 일고 있는 경제 권역별 블록화 추세가 아시아 · 태평양지역과 특히 한반도 주변의 동북아시아에서도 심도 있게 논의되고 있음에 주의를 기울일 필요가 있다.

3 활용가치 높은 국제기구

1960년대 말부터 일본은 '고지마 구상'이라는 아시아 · 태평양지역 경협체구상안을 지속 발전시켜 왔고 소련이나 중국도 동북아시아 국가 간 경협방안을 적극 검토하고 있다. 거기에는 필연적으로 남한과 북한이 포함되므로 남북 간 직접협력이 어려울 경우라도 다자간의 빈번한 접촉은 남북경협의 범위와 가능성을 확대하는 데 기여할 것이다.

북한은 그 동안의 경제관계 다변화 노력 결과 1988년부터 동유럽 사회주의 국가들과 경제 및 과학협력관계가 활발히 진척되는 듯 하였으나 동구의 개방과 개혁의 물결로 좌절되었다. 즉, 불가리아, 헝가리, 폴란드, 유고슬라비아, 체코, 루마니아 등이 모두 한국과 수교를 맺고 남한의 경협파트너가 되어 북한의 노력은 물거품이 된 것이다. 여기에 한 · 소 간의 수교는 북한을 더욱 곤경에 빠뜨려서 북한이 활용가능한 탈출구는 이제 전면개방이 아닌 이상 일본과의 국교정상화에 따른 지원과 여러 국제기구의 원조밖에 남지 않았다.

현재 북한이 접촉하는 국제경제기구로는 UNDP(UN개발기금)가 거의 유일한 것으로 전년도(1989년)와 금년도에 각각 1000만 달러 정도의 지원을 받은 것으로 알려졌다. 1978년경 중국이 개방할 때 UNDP외에 IMF(국제통화기금), UNCTAD(UN통상개발기구), UNIDO(UN공업개발기구) 등의 역할이 지대했음을 상기하면 UNDP와의 관계는 고무적인 것으로 평가된다. 북한이 국제적 고립에서 탈피하고 국제사회의 일원으로 책임

있는 처신을 하도록 하기 위해서도 UNDP 뿐만 아니라 UNIDO나 UNCTAD 등이 재정적으로 지원할 경우 북한의 개방도는 높아질 것이다. 우리가 북한당국이나 여타 인사들과의 직접 접촉이 어려운 상황 하에서 이러한 국제기구의 활용은 북한의 실정을 국제사회의 관심사항으로 부각시키는 방법 중 하나일 것이다.

이와 더불어 해외의 저명한 대학이나 학술단체가 주관하는 국제학술회의에 북한 대표와 학자들의 참석을 적극 유도하는 것도 하나의 방법일 것이다. 국제기구나 학술단체에 의한 공동연구, 학술용역, 학술 세미나 등의 내용은 구태여 남북한 관계에 국한시킬 필요가 없이 제3세계, 비동맹회의 등과 관련, 개도국 간의 경협(ECDC) 혹은 남남협력(南南協力)같은 주제에서 시작하여 범위를 꾸준히 확대할 수 있다. 그 외에 국가통상기구(STO) 간의 협력, 다자간의 공동상사(商社)설립(MME), 개도국 간의 관세특혜협정(GSTP), 기술협력(TCDC), 생산협력(ICDC) 등 다양한 의제들이 다루어질 수 있다.

이러한 의제들은 모두 선진 공업국이 주도하던 국제경제질서에서 개도국의 자율권을 증대하는 방안을 다루고 있고 체제나 경제구조가 다른 개도국 간의 협력을 내용으로 하므로 남북한 모두에게 관심이 큰 의제다. 남한이나 북한 일방이 주도하지 않고 국제기구나 학술단체가 주관하면 실현가능성도 더 크게 마련이다.

4 추구되어야 할 구상무역(求償貿易)

지금까지 남북한 양측은 여러 차례 경제협력증진 방안을 발표한 바 있다. 그 내용은 교역, 농림어업, 광업과 제조업에서의 협력과 분업체계의 확립, 당국 또는 업체 간의 공동회사나 경제협의기구의 설치, 상품교환전시회, 자본과 기술협력 등 거의 모든 분야를 총망라하고 있다. 학계에서도 이러한 추세에 맞추어 경협촉진에 관한 연구가 꾸준히 진행되어 왔었다. 평화 시의 건설, 남북합작기업의 설립, 남북한 경제교류 촉진방안 등이 대표적이다. 이들의 실용성과 한계에 관해서는 앞서 언급했거니와 대부분 정치적인 대결구도가 바뀐다는 것을 전제로 하기 때문에 현 단계에서는 현실성 부족이라는 비판을 면하기 가 어렵다.

외채를 갚아준다든지 남아도는 남한의 쌀을 북한에 무상 제공하자는 제안도 북한이 동의만 한다면 좋고 금강산을 공동 개발하여 관광수입을 증대시키자는 방안도 모두 훌륭하다. 문제는 남북한 간의 신뢰와 양측 모두에게 정치적 의지가 있을 때의 말이다.

실제 우리의 현재 상황에서 구체적이고 실무적인 경제협력방안을 제시한다는 것은 쉬운 일이 아니다. 그렇다고 직접적인 접촉과 교류가 불가능하기 때문에 오직 간접 교류만 하자든지 여건이 성숙되어 남북 간의 경제가 자연스럽게 통합되기만을 기다린다는 것은 더욱 무책임한 일이다. 따라서 우리는 체제, 이념 및 제도가 다른 국가 간의 경협, 선・후진국 간의 경협, 개발도상국 상호 간의 경협 등에서 교역이나 자본 및 기술협력의 형태와 방식 등을 배우고 그 경험에서 시사점을 찾아야 한다. 또한 독일이 과거 분단당사자로서 동서독 간에 경제교류를 어떻게 추진하였고 어떠한 효과를 보았는지를 연구하는 것도 값진 자료가 될 것이다.

체제, 이념, 제도 및 발전 정도가 다른 국가 간의 경제협력은 매우 다양하여 일목요연하게 체계화시키기는 매우 어려우나 몇 가지 특징이 있다.

첫째 교역은 신용장 개설을 통한 현금결제보다는 주로 구상무역(求償貿易)의 형태를 취하고 둘째, 자본이나 기술제공의 대가도 현금보다는 현물결제방식인 대응무역(対応貿易), 보상지불(補償支払) 혹은 역수출보장 등 특수한 협정거래가 지배적이다. 자본이나 설비의 제공이 없을 경우에는 OEM(주문자상표생산)방식이나 규격제품 주문생산 혹은 위탁가공이 지배적이며 기술협력에 대한 대가도 현물로 지불되는 경우가 있다.

북한의 무역거래 결제방식은 크게 세 가지로 구분된다. 첫째, 무환(無換)구상무역인데 이는 주로 사회주의 국가와 장기무역협정에 따라 수출입 차액을 1년에 한 번씩 청산하되 중앙은행 간에 무이자 청산계정을 설정하여 실시한다. 둘째, 유환(有換)구상무역인데 이는 주로 제3세계 국가와의 거래에서 적용된다. 수입대금은 일단 외환으로 지불하지만 수입금에 상당하는 만큼을 상대국에 수출하고 역시 외환으로 수취하여 무역균형을 이루도록 한다. 셋째, 코레스 체결에 의한 신용장 결제인데 이는 서방세계와의 무역에 주로 적용한다. 거래은행을 런던, 홍콩, 취리히 등에 정하고 수출입대금은 제3국 은행을 통해서 결제시키며 주로 파운드화, DM화, 루블화, 그리고 최근(1990년)에는 미국 달러화와 엔화도 사용한다.

북한의 외환부족을 감안하여 근년에 소련은 북한에 공장설비와 기술을 제공하면서 그 대가로 해당 설비에 의해 생산된 제품으로 받는 보상 지불과 제품역수출 방식의 협력이 이루어졌었다. 그 외에도 변경무역에서 북한은 주로 무환의 구상무역, 즉 바터 식 교역을 선호하는 것으로 알려졌다.

동서독 간의 교역이 채택한 특별한 대금결제방식도 남북교역을 준비하는 데 시사하는 바가 크다. 즉 양 독일 간에는 ①무역대금 결제를 위해서 청산단위를 설정하고 ②쌍방 간의 중앙은행 청산계정을 통해서 1년마다

한 번씩 청산을 하되 ③쌍방 간 무역수지가 불균형이어도 교역이 진행되도록 불균형한도(swing)를 설정하였으며 ④한도 내에서의 불균형(주로 동독 측의 적자)은 무이자로 차월(借越)될 뿐만 아니라 ⑤양 독일 간의 교역은 '내독교역'으로 간주하여 무관세 혜택을 줌으로써 동독제품의 서독 진입뿐만 아니라 EC시장에도 진출할 수 있는 배려를 했다.

5 간접무역에서 직접교역으로

우리의 입장에서 현재 당장 실천할 수 있는 방안은 극히 제한적이다. 그러나 우선은 간접적이고 우회적인 교류에 게을리 하지 않으면서 직접적인 경제협력이 현실로 다가올 때에 대비하여 다음과 같은 준비가 있어야 하겠다.

첫째, 북한의 가능성과 한계를 감안하여 동서독의 교역을 원활하게 했던 스윙제도 같은 특별한 청산방법을 모색하고 둘째, 북한의 경제구조와 외환사정을 고려하여 여러 형태의 구상 무역이 가지는 가능성과 한계에 대한 충분한 연구가 있어야 한다. 셋째, 북한 측이 제안했던 어업이나 자원개발분야의 협력을 앞당기기 위해서 남북경제협력기금의 확대와 대북투자에서 발생할 수 있는 위험에 대한 보장 장치가 마련되어야 한다. 넷째, 북한경제 자체에 대해서 꾸준한 연구가 있어야 한다.

현실적으로 실현 가능한 남북경협방안을 모색함에 있어서 정치적 이념적 긴장완화를 위한 노력도 병행되어야 함은 말할 필요도 없다.

남북경협의 확대를 통한 한반도 안정 유지가 관건*

대부분의 전문가들은 김정일의 후계구도가 어느 정도 안정되면 북한은 지금보다는 더 적극적인 대외개방을 통해서 (1994년 현재) 당면한 경제난을 타개하는 데 최우선 목표를 둘 것이며 그러기 위해서는 남한과의 경협에도 상당히 적극적으로 나올 것이라는 데 의견을 같이하고 있다.

북한의 후계체제가 핵 투명성을 보장하면서 그 대가로 경협을 원한다면 문제는 간단하지만 만약 핵문제에 대해서 지금까지처럼 매우 애매한 입장을 견지하면서 경협에만 적극적일 때 남한은 어떻게 할 것인가를 고민하지 않을 수 없다. 한 가지 대안은 지금처럼 북한의 핵문제와 남북경협을 연계시켜서 핵투명성 보장을 남북경협의 전제조건으로 견지하는 것이며 그것은 북한의 체제붕괴라는 최악의 경우까지를 예상해야 한다. 그러나 핵문제는 국제적 역학관계에서 해결되어야 할 중대사인 까닭에 남북한만이 당사자가 아니다. 따라서 경협을 핵문제와 연계시키는 것은 경협분야에 악영향을 미칠 수밖에 없다.

이와 관련, 경협 거부로 북한체제가 만약 붕괴된다면 이것이 과연 우리

---

* 「남북경협, 합작투자와 자원공동개발을」, 『憲政』 1994년 8월호 147호, 38~39쪽.

에게 바람직한 것인가도 진지하게 따져봐야 한다. 여러 가지 경로를 통해서 알려진 대로 북한경제는 1990년부터 1993년까지 지속적인 마이너스 성장을 보이는 등 큰 곤경에 처해있다.

1 북한의 다양한 개방 움직임

북한은 그동안 수차례에 걸쳐서 대외개방을 위한 법적 제도적 조치를 취함으로서 외국인투자를 촉진하기 위한 그들의 의지를 확실히 하고 있다. 1992년 10월에 외국인 투자법, 합작법, 외국인 기업법 등을 필두로 1993년 1월에는 자유경제무역지대법, 외국투자기업 및 외국인 세금법, 외환관리법을 제정했다. 또한 1993년 말에 토지임대법(10월), 외국투자 은행법(11월), 자유무역지대 외국인 출입규정(12월) 등 새로운 개방 관련 법령들을 공포했다. 이는 북한이 외국인 투자촉진을 매우 실무적인 차원에서 접근하고 있음을 보여준다. 특히 금년(1994년) 들어 수정보완한 신합영법은 그 적용대상을 과거에 쓰던 '재일 상공인을 비롯한 해외거주 조선동포'라는 표현대신 '외국법인과 개인 및 공화국 영역 밖에 거주하고 있는 조선동포'로 규정함으로서 남한 기업에게도 문호를 개방할 뜻이 있음을 보인 것으로 해석된다. 이 법은 동포와의 합영기업에는 세금감면이나 토지 이용 상의 우대조치를 한다(7조)고 되어 있고 '공화국 영역 밖에서의 합영기업창설'을 규제하지 않는다(2조)고 명시한 것은 중국이나 동남아 등 북한 이외의 지역에서 남한기업이 제3국과 합작기업을 만들어서 북한에 진출하거나 혹은 합작기업을 만들 수 있는 가능성을 열어놓은 것으로 해석된다.

나진·선봉지역에 자유경제무역지대를 개설하기 위한 준비와 신의주나 남포 등도 경제특구로 개방하기 위해서 상당한 노력을 기울이고 있는 것도 개방과 관련하여 많은 관심을 불러일으킨다. 보도에 의하면 북한은 '핵문제 해결 이후시대의 대외개방정책 실천방안'으로 '중국식 대외개방조치'인 경제특구 개설을 위해서 법체제의 정비와 중국의 경제특구에 대한 대대적인 조사를 실시한 바 있다고 한다.

2 직접투자를 위한 시장경제의 확산

남북 간에는 간접교역과 임가공형태의 거래 이외에는 경제협력이라고 할 만한 것이 아무것도 없다. 1988년부터 시작된 남북 간 교역추이를 보면 1993년 10월말 현재 총 1337건, 6억2741만 달러로 남한이 북한에 반출한 것은 136건, 5000여만 달러에 불과한 반면 북한으로부터 반입은 1201건 5억7700여만 달러에 이르러 절대적인 반입초과이다. 1993년 중 섬유제품 위주의 위탁가공교역 규모는 16건 142만1000달러로 전년 동기의 6건 374달러에 비하여 280% 증가하였고 하반기에도 계속 증가추세에 있어서 현 단계에서는 가장 활발한 움직임을 보이고 있다. 1992년 10월부터 계속 감소세를 보이던 남북교역은 1993년 8월 이후 증가세를 보이고 있으며 특히 위탁가공용 섬유류의 원부자재 거래가 반출증가의 주요원인을 이루고 있다.

남북 간 경협이 정상단계에 진입하지 못하고 미미한 간접교역과 임가공에 머무르고 있는 이유는 경제논리보다는 정치 및 이념적 논리와 국제적인 역학관계에 그 원인이 있다. 그러나 설사 직교역의 길이 열린다고 해도 남북 간의 산업구조나 경제발전 수준 및 북한의 외환보유 상황 등으로 보아 신속한 교역증대는 기대난이다. 따라서 한반도의 평화기조 정착과 한민족의 복지증진이라는 궁극적 목표달성을 위해서는 직교역 돌파구 마련과 함께 생산, 기술, 마케팅, 등 수평적 및 수직적 기업 간 산업협력이 필수적이며 이는 바로 쌍방 간 직접투자 실천을 의미한다.

남북 간 생산협력은 남한의 자본, 기술, 경영방식과 함께 전문 인력의 파견을 의미하며 이는 남북 간의 인적 교류를 동반한다. 남북 간의 잦은 교류와 협력은 개방적 자세와 시장경제적 사고가 점차 확산될 것을 기대할 수 있다. 이러한 과정을 통해서 정보 확산과 분위기 변화는 남한사회에 대한 인식의 전환을 가져오고 이에 따라 바로 북한주민들의 의식이 변하여 북한의 체제변화에 압력으로 작용할 것이다. 폐쇄된 사회일수록 이러한 제한적 접촉의 파급효과도 크기 마련이다. 남북 주민 사이에 동질성이 차츰 회복되면 통일이 되어도 체제붕괴에 따른 충격적인 부작용은 최소화될 수 있을 것이다.

종합하면 북한을 개방으로 이끄는 가장 현실성 있는 대안은 경제협력의 시작과 그 강화이며 상호이익을 바탕으로 하는 남북 간의 경협은 교역만으로는 한계가 있다. 물자 생산을 위한 합작 투자와 자원공동개발, 사회간접자본의 확충 등으로 확대될 때 실효성을 기대할 수 있다. 교류와 협력은 상황논리와 단계론에 입각해서 접근할 것이 아니라 실현가능한 부분부터 동시다발적으로 추진되는 것이 통일을 앞당기는 길이다.

남북경협 현황과 전망*

북한의 대남전략은 한편으로는 체제위협을 우려하여 긴장관계의 유지와, 다른 편으로는 경제난의 타개를 위해서 경제관계의 제한적인 확대로 요약된다. 이는 북한의 이중성과 함께 북한과의 대화통로로 유일하게 경제협력만이 열려있음을 뜻한다.

1995년도의 남북관계를 회상해보아도 쌀 제공을 위한 3차례 남북협상의 실패, 무장간첩의 남파, 상호비방과 군사훈련의 강화 등 긴장의 완화보다 오히려 악화로 치달은 것이 사실이다. 그러나 유독 경협에서만은 꾸준한 진전을 보여왔다. 우선 교역 면에서 11월말 현재 2억7400만 달러의 실적을 기록하여 전년 동기 대비 크게 늘어났고, 특히 위탁가공은 10월말 현재 승인기준으로 전년 동기에 비해 66.3%가 증가한 3800여만 달러를 기록, 남북 간의 중요한 경협방식으로 자리를 굳혔으며, 앞으로도 계속 증가할 전망이다. 투자와 교류협력을 위한 남한 경제인들의 방북도 20여 개사에 달하여 증가추세를 보이고 있다.

최근에 남북경협에 청신호를 주는 일련의 사건들도 일어났다. 지난 12월 6일 뉴욕에서는 두만강지역 공동개발을 위한 협정이 남・북한, 중국,

---

* 「95 남북관계 긴장 고조 속 경협은 꾸준히 진전」, 『민주평통』 1995년 12월 21일.

러시아, 몽골 등 5개국 간에 서명되었다. 이는 1991년부터 논의 되었던 이 사업이 본격적인 이행단계로 진입하게 됨을 뜻하며 또한 나진·선봉의 개발에 크게 기대하고 있는 북한에 한국기업이 진출할 수 있는 길이 열리기 시작했음을 뜻한다. 또 다른 사건은 12월 15일에 공식적으로 서명된 경수로협정이다. 그동안 남북관계에 커다란 걸림돌로 작용했던 북한 핵문제가 이번 협정으로 해소되면 남한 기술자의 대거 방북, 남한물자의 공급, 남한기업들의 북한 건설에의 참여 등 남북관계에 획기적인 개선이 이루어질 수 있다. 다만 경수로 설치나 두만강 개발사업 등 모두가 장기적인 사업이어서 가시적인 효과가 나오기에는 상당기간이 걸릴 것이다. 그럼에도 이러한 사업들을 위해 남북 간 빈번한 접촉과 협의는 남북 간 상호 이해의 기반이 구축되어 여타 경협에도 분명 긍정적인 효과를 기대할 수 있을 것이다.

북한의 심각한 식량난도 1996년 남북경협을 결정짓는 중요변수로 작용할 것이다. 이는 금년(1995) 8월까지 급신장세를 보이던 남북교역이 9월 이후 수해로 주춤하여 당초에 금년도 예상치였던 3억 달러에 못 미칠 전망임을 보아도 알 수 있다. 1996년에 들어 북한당국이 식량난 타개를 위해서 유연한 자세로 전환 한다면 남북 간 경협에 물꼬가 트일 가능성이 있다. 그러나 있고 만약 내부결속을 이유로 대남경색국면을 더욱 강화한다면 북한의 생산활동 감소, 교역량 감소 외에 불확실성 증대와 분위기 악화에 따라 경협도 위축될 것이다.

이제는 남북경협의 기본목표가 무엇인지를 뚜렷이 하여 기조를 분명히 세우고 이에 따라 정책의 일관성을 유지하는 것이 중요하다. 이는 남북경협을 추진하는 기업에게 뿐만 아니고 북한에게도 불필요한 구실을 제공하지 않는다는 점에서도 그렇다.

경제예측은 시나리오적 특성과 신호효과적 특성을 가지고 있다. 우리의 1996년도 남북경협에 대한 예측 역시 목표 지향적 시나리오와 함께 잘 되기를 기대하는 낙관적 예측으로서의 신호효과가 발휘되기를 소망한다.